독일의 일자리혁명

국가브랜드 1위의 비밀

독일의 일자리혁명

2019년 7월 15일 초판 1쇄 펴냄
2019년 7월 30일 초판 2쇄 펴냄

지은이 이상호

펴낸이 윤철호
펴낸곳 (주)사회평론아카데미
책임편집 이선희
편집 고하영, 고인욱, 장원정, 임현규, 정세민, 김혜림, 김다솜
디자인 김진운
마케팅 최민규

등록번호 2013-000247(2013년 8월 23일)
전화 02-2191-1128
팩스 02-326-1626
주소 03978 서울특별시 마포구 월드컵북로12길 17
이메일 academy@sapyoung.com
홈페이지 www.sapyoung.com

ⓒ 이상호
ISBN 979-11-89946-17-3 93320

국가브랜드 1위의 비밀

독일의 일자리혁명

이상호 지음

사회평론아카데미

감사의 글
노동이 희망이 되는 세상을 위해

이 책에 실린 글들은 2004년 중반 독일에서 귀국한 이후 『경상논총』, 『산업노동연구』 등 주요 학술지에 투고한 논문, 그리고 연구 프로젝트에 참가해 작성한 다양한 보고서 내용의 일부 등을 최대한 현재 시점에 맞게 재구성하면서 수정하고 보완한 것이다. 원본의 출처는 각 장제목에 각주를 통해 자세히 밝혔다. 이 자리를 빌려 논문의 수정게재를 허락해주신 한독경상학회와 한국산업노동학회에 다시 한 번 감사의 말씀을 드린다.

필자는 그동안 민주노동당 진보정치연구소, 민주노총과 금속노조 정책연구원, 국회, 한겨레경제사회연구원, 대통령직속 정책기획위원회 등에서 일하면서 다양한 고용·노동문제를 다루었다. 이 과정에서 생각하고 고민했던 것을 글로 모아서 한 권의 책으로 만들고 싶다는 자그마한 소망을 이제야 이루게 되었다. 그래서 이 책은 20대 이후 나의 인생역정의 산물인 동시에, 고뇌의 응축물이기도 하다.

이 자리를 빌려 그동안 슬픈 일, 즐거운 일 모두 함께해준 사랑

랑하는 아내 명숙, 자랑스러운 아들 찬희와 찬영에게 고맙다는 말을 전하고 싶다. 또한 필자의 부족한 원고를 꼼꼼히 읽고 좋은 아이디어를 제공하면서 편집해준 사회평론아카데미에도 감사를 표한다. 마지막으로 이 책이 오늘도 세상 어느 곳에선가 노동이 희망이 되는 세상을 만들기 위해 나아가는 이들에게 작은 아이디어를 주는 참고서가 되기를 기대해본다.

2019년 6월 성산동에서
이상호

이론과 현장을 15년 이상 오간 고뇌의 결과물

이상호 박사의 책은 그가 지난 20여 년 동안 노사관계의 이론과 현장을 반복적으로 체험하는 가운데, '일자리혁명'이라는 화두를 중심으로 그간의 고뇌를 정리한 결과물입니다. 물론 노동전문가로서 현재 그가 가진 문제의식의 싹은 이미 그가 대학을 다니던 시절부터 생겨났습니다. 흔히들 노동문제라 하면, '붉은 띠'를 두른 노동자들의 파업투쟁만 생각하고 말 못할 두려움에 떨며 자신도 모르게 외면하고 싶은 마음이 생기기 쉽습니다. 그러나 청년 이상호는 그 두려움을 넘어 묻고 또 물었습니다.

"어떻게 해야 척박한 한국의 노동 현실을 바꿀 수 있을까?", 그리고 "과연 우리는 독일의 노사관계에서 무엇을 배울 수 있을까?"

이런 질문을 반복해서 던지며 차곡차곡 하나씩 답을 찾은 결과가 이 책으로 정리된 것입니다. 그는 이렇게 말합니다. "참여적 노사관계, 노사의 공동결정, 갈등적 협력관계, 사회적 동반자… 무척이나 어울리지 않고 이율배반적으로 보이는 단어의 조합이 바로 독일 노사관계를 상징적으로 보여주는 표현이다." 그렇습니다. 한국의 척박한 노동 현실과 비교해보면, '독일모델'은 몇 발자국 앞서 있습니다. 동일한 자본주의에서도 얼마든지 다른 모델이 가능하다는 점을 배울 수 있습니다. 이 책과 관련해 가장 핵심이라 여겨지는 세 가지 측면을 제 나름 요약하면 이렇습니다.

첫째, 독일의 노사는 서로 갈등과 대립의 측면을 갖고 있음을 인정하면서도 소통과 협력의 측면도 경시하지 않았습니다. 이 책에서도 강조하는 '갈등적 협력관계'가 지속될 수 있었던 배경입니다. 그래서 오늘날 여러 어려움에도 불구하고, 독일의 자동차, 정밀기계, 가전제품, 쌍둥이칼, 세탁기 등이 세계적으로 이름을 떨치고 있고, 유럽연합 안에서도 주도권을 행사하는 나라가 된 것입니다.

둘째, 독일은 모든 구성원이 교육에 대한 접근을 우리와는 전혀 다르게 했습니다. 우리나라 교육이 출세와 성공을 위한 교육이라면, 독일 교육은 교양과 적성을 찾는 교육입니다. 우리나라는 교육비가 비싼데 개별 가정이 감당하는 구조라면, 독일 교육은 무상이며 평소에 소득 있는 사람이 내는 세금으로, 즉 온 사회가 공동 책임을 집니다. 한국 교육이 대학입시에 치중한다면, 독일은 이 책에도 나오지만 직업교육을 중시합니다. 그것이 가능한 이유는 대졸자 내지 일류대 출신을 우대하지 않고 직업과 직장 간 소득격차를 줄일 수 있었기 때문입니다. 그리고 그 배경에는 상당한 영향력을 가진 산별노조가 있습니다. '사회적 동반자' 개념은 노동만이 아니라 교육 분야에도 적용됩니다.

셋째, 독일은 경제민주주의 내지 산업민주주의 차원에서 노사정

사이의 합의가 비교적 잘 이뤄지고 그 실천도 비교적 착실하게 되는 편입니다. '참여적 노사관계' 내지 '노사 공동결정'만이 아니라 '노사정 대화'가 독일의 특징인 까닭입니다. 사회민주주의 지향의 바이마르공화국(1919~1933) 당시에 나온 '경제민주주의' 지향성은 지금까지 독일의 사회경제 현실 형성에 일종의 등불 역할을 하고 있습니다.

어쩌면 이 모든 것의 결과가 이 책에서 말하는 독일 '일자리혁명'을 낳았을 것입니다. 물론 독일이라고 완벽하진 않습니다. 특히 상품물신주의와 경쟁을 극복하는 것은 전 세계적 화두입니다. 하지만 우리가 독일에서 배울 것도 많습니다. 2016~7년의 촛불혁명으로 탄생한 현재의 문재인정부 역시 '노동존중사회'를 지향하면서 일종의 '일자리혁명'을 당면과제로 제시했습니다. 그러나 이것은 정부뿐만이 아니라 대부분의 사회구성원이 꿈꾸는 것입니다.

모쪼록 이상호 박사의 이 책이 그런 꿈을 사회적으로 실현하는 데 작은 초석이 되길 빕니다. 동시에, 연구자들은 물론 실무자들도 이 책을 매개로 더 많은 소통과 토론을 꾸준히 해나가길 빕니다. 이 책이 그 과정에 중요한 역할을 할 것입니다. 왜냐하면 이 책은 저자 스스로 오랫동안 고민한 질문에 대한 나름의 해답을 제시할 뿐 아니라, 동시에 진정한 사회변화에 필요한 새로운 질문과 과제까지 던지고 있기 때문입니다.

2019년 여름

강수돌(고려대학교 교수, 『자본주의와 노사관계』 저자)

우리 사회의 노동과 자본에 보내는 중요한 메시지

이상호 위원과 함께 일하기 시작한 것은 2004년 민주노동당 정책연구원에서였습니다. 당시 민주노동당은 의원 10명을 배출하며 국회에 진입했고, 본인은 정책연구원 설립 추진단장을 맡아 출범준비 작업을 돕고 있었습니다. 이상호 위원은 상임연구위원으로 결합해 함께 진보정치연구소를 출범시켰습니다.

국민적 사랑을 받던 '바보 노무현'이 대통령이 되었고, 진보정당까지 국회에 진출하게 된 것이지요. 그뿐만 아니라 당시 민주노동당의 지지율은 의석수 비중을 훨씬 상회하는 수준이었습니다. 그만큼 2004년은 특별한 해였고, 우리는 진보정치연구소와 함께 진보정치를 키우고 사회변혁의 청사진을 만들 꿈에 부풀어 있었습니다. 하지만 세상은 그렇게 녹록하지 않았습니다. 민주노동당은 파벌정치 과잉으로 위기를 자초했고, 진보정치는 시민들로부터 외면받는 처지로 전락했습니다.

사회변화는 지지부진했고, 이명박·박근혜 정부 시기에는 정치적 민주주의의 퇴행마저 목도되었습니다. 그렇게 우리의 꿈은 산산 조각이 났고, 방황은 시작되었습니다. 진보정치의 위기와 사회변혁의 실패는 이상호 위원의 삶도 평안하게 내버려두지 않았습니다. 이상호 위원은 금속노조 노동연구원 연구위원, 민주노총 정책연구원 연구위원, 국회의원 보좌관, 한겨레경제사회연구원 연구위원을 거쳐 이제는 대통령직속 정책기획위원회 전문위원 일을 맡고 있습니다. 그의 역정은 사회변화의 희망을 포기하지 않은 진보적 지성의 몸부림이었고, 사회변화 프로젝트 실패에 대해 치른 그 나름의 벌과 금이었지만, 그에게 값진 경험을 안겨줬고 시각의 지평도 넓혀줬습니다.

다양한 곳에서 다양한 일을 해왔지만, 이상호 위원에게는 변하지 않는 일관된 무엇이 있습니다. 그것은 노동자문제에 대한 관심입니다. 제조업 쇠퇴와 일자리문제에 대한 사회적 관심이 커지던 무렵, 본인은 이상호 위원과 함께 일군의 노동문제 연구자들과 연구팀을 꾸려 한국산업노동학회와 민주노총 정책연구원이 공동기획한 『산업공동화와 노동의 대응 방향』(2005)을 출간했습니다. 이후 한국비정규노동센터와 서울노동권익센터가 공동기획한 『해외사례를 중심으로 본 지역 일자리·노동시장정책』(2018)에 이르기까지, 우리는 노동자문제와 일자리문제가 관련된 연구작업을 여러 차례 함께 수행해왔습니다.

그는 본인과 함께 연구작업을 진행하며 독일은 물론 다양한 주제를 맡아왔습니다. 연구비를 한 푼도 지급하지 않은 경우도 허다했지만, 단 한 번도 연구 수행 요청을 거절한 적이 없고, 단 한 번도 데

드라인을 어겨본 적이 없습니다. 그는 늘 팀작업에 모범을 보여주었고, 고집불통 먹물들하고도 양보와 타협을 통해 팀작업을 성공적으로 완료할 수 있게 해준 훌륭한 파트너였습니다.

이 책은 그의 노동자문제, 일자리문제에 대한 한결같은 관심과 애정이 빚어낸 성과물입니다. 독일은 영미형 자유시장경제모델에 대한 유럽식 대안으로서 경제적 효율성을 위해 사회적 통합을 포기하는 대신 사회적 통합을 통해 경제적 효율성을 확보하는 방식을 채택한 전형적인 대륙형 조정시장경제모델 국가입니다. 독일의 자본은 노동을 일방적으로 지배하지 않고 노동을 동반자로 인정하고 함께 공존하는 사회를 만들어왔습니다. 노동자가 경영에 참가하는 공동결정제 경험은 그러한 노사 파트너십을 일상화하고 사회적 대화를 제도화하며 노사간 상호신뢰를 축적하는 데 기여하였습니다. 직업훈련 산별협약, 고용과 경쟁력을 위한 노사협약, 자동차산업 고용안정협정 등에서 보듯이 노동계는 일자리와 경제성장을 위해 적극적으로 노사협약과 노사정협약을 체결하는 한편, 미래사회의 노동자·일자리문제를 전망하고 정책 대안을 제시하며 사회적 의제를 선도하고 사회적 합의 형성에 주도적으로 개입하고 있습니다.

과거 낮은 고용률과 높은 실업률로 악명 높았던 독일 노동시장이 현재는 높은 고용률과 낮은 실업률로 여타 국가들의 부러움을 사고 있습니다. 이러한 변화를 가져온 독일의 일자리혁명도 노동과 자본의 전략적 선택이 만들어낸 성과입니다. 물론 하르츠개혁을 위시한 일련의 정책적 개입은 노동시장의 효율성을 제고하는 한편, 저임금 일자리 창출을 통한 임금과 고용안정성 분절을 심화하는 폐해도 가져왔습니다. 이 책은 이러한 독일 노동시장의 문제점과 과제도 간과하지 않고 노동시장의 이중화를 지적하며 이를 극복하기 위한 시도들도 분석합니다. 이처럼 이상호 위원은 균형을 갖춘 관점에서 독일 노사정 행위주체의 의미 있는 시도를 빠뜨리지 않고 이 책에 담아놓았습니다.

이상호 위원은 아이디어와 열정이 넘치는 실천적 연구자입니다. 노동운동과 사회변화의 전망은 극심한 부침을 보여왔지만 그는 노동자문제와 일자리문제에 대한 관심을 놓지 않았고, 그 중심에 비정규직 노동자가 있습니다. 이상호 위원은 귀국 직후부터 본인이 이사장을 맡고 있는 한국비정규노동센터에 결합하여 정책연구위원회 비상근 위원으로 헌신해왔습니다. 나는 그의 한결같은 품성이 좋고, '이상호 박사'보다는 '이상호 위원'이란 호칭이 친근합니다.

이 책은 우리 사회의 노동과 자본에게 보내는 메시지들로 가득 차 있습니다. 이 중요하고 의미 있는 제안들이 소중하게 활용되면 좋겠습니다. 현재 꽉 막힌 우리 사회의 사회적 대화와 일자리정책이 출구를 찾는 데 이 책의 독자들과 이상호 위원의 역할을 기대해봅니다.

2019년 6월

조돈문(한국비정규노동센터 대표)

서문

노동과 자본이 상생하는 길을 찾아서

왜 이 책을 세상에 내놓는가

참여적 노사관계, 노사의 공동결정, 갈등적 협력관계, 사회적 동반자.

무척이나 어울리지 않고 이율배반적으로 보이는 이들 단어의 조합은 바로 독일 노사관계를 상징적으로 보여주는 표현이다. 대학 시절, 격렬하게 전개되던 노동자투쟁을 보면서 자본주의의 노사관계는 적대적일 수밖에 없다고 생각했던 내게 독일 노사관계의 모습은 그 자체가 충격이었다.

이러한 충격이 나로 하여금 노동문제에 대한 학문적 관심을 더욱 자극하게 만들면서 인생 플랜에 없었던 독일 유학의 길에 나서게 되었고, 지금까지 노동과 일자리문제를 인생의 화두로 삼고 살아가고 있다. 돌이켜 생각해보면 노사관계 이전에 독일이라는 나라 자체가 나에게는 특별한 관심대상이었다. 세계대전을 일으킨 전범국가의 멍에라고 할 수 있는 분단 상황을 깨고 반세기 만에 재통일의 길로 이끈 유럽의 대국, 보수와 진보를 대변하는 기독민주당과 사회민주당이 연립정부를 구성하기도 하는 나라, 세상에서 가장 일을 적게 하면서도 가장 높은 생산성을 달성하는 선진국으로 소개되는 독일은 항상 모순적 내용이 공존하는 미지의 세계였다.

무엇보다도 독일의 사회적 시장경제는 영미식 자유시장경제와는 다른 조정자본주의의 특성을 가지고 있었기 때문에 경제학을 전공한 나에게는 늘 흥미로운 고민거리를 선사하기도 했다. 전혀 다른 논리에 의해 작동할 수밖에 없는 사회와 시장이 만들어내는 긴장과 갈등관계, 이를 조정하기 위한 정부의 적극적 역할이 모범적으로 실현된 사회경제모델이 바로 '독일모델(Deutsches Modell)'이다. 1990년 소비에트 사회주의의 몰락 이후 '인간의 얼굴을 한 사회주의'에 대한 탐색은 나로 하여금 유럽 사회민주주의에 대해 눈뜨게 만들었고, 현실적 가능태로서 독일의 사회적 시장경제를 연구하게 되었다.

이 과정에서 나는 노동을 단지 비용요인으로만 취급할 수 없다는 사실을 발견하게 된다. 노동은 고생산성, 고품질, 고부가가치로 이어지는 '고진로전략'의 원천인 동시에 엔진이 될 수 있다. 노동자도 마찬가지이다. 독일모델에서 노동자는 혁신주체이면서 주요 이해관계자이다. 바로 이러한 이유로 참여적 노사관계는 독일의 국가경쟁력을 받쳐주는 핵심축으로 작용하고, 노사정의 사회적 동반관계는 경제위기와 구조조정을 극복하는 데 필요한 사회적 연대책임의 튼튼한 기반이 되는 것이다.

이러한 노동과 노사관계의 역할은 고실업과 재정적자로 인해 '유럽의 병자'로까지 일컬어지던 독일이 2000년대에 들어서면서 이

록한 고용기적의 과정에서도 여실히 증명된다. 노동조합은 고용연대의 관점에서 기업에게 청년일자리를 만들 수 있는 여력을 제공하기 위해 사용자의 합리적 경영전략에 협력했다. 사용자 또한 마찬가지였다. 비용경쟁력의 악화에도 불구하고 해외 현지투자보다 국내 산업입지에 대한 생산적 투자를 선택함으로써 고용에 대한 사회적 책임을 다했다. 이러한 노사의 전략적 타협을 통해 비로소 독일의 '일자리혁명(job revolution)'*은 가능했다.

90년대 초반 독일자동차산업에 불어닥친 구조조정과 정리해고의 국면에서 폭스바겐은 노사의 대타협으로 고용유지와 경쟁력 향상이라는 두 마리 토끼를 잡는 데 성공하고 세계자동차시장의 선두 주자를 유지할 수 있었다. 이러한 폭스바겐의 경험을 바탕으로 이후 독일은 좋은 일자리를 더 많이 만들어내면서 동시에 노동의 인간화와 기업경쟁력을 담보하는 다양한 형태의 노사 파트너십 사례가 전국적으로 확산되었다.

하지만 '일자리혁명'을 향한 독일의 길은 순탄하지만은 않았다. 1990년 10월 3일 동서독을 가르는 장벽이 무너지고 난 후 일시적으로 불어온 통일특수의 온풍도 잠시였다. 단일통화로 인한 시장거품이 빠지면서 독일은 '잃어버린 10년'이라는 경제적 혹한기를 거치고 유럽의 병자 취급을 받았다.

특히 실업이 가장 큰 문제였다. 한때 8%대로 떨어졌던 실업률은 1990년대 중반을 거치면서 계속 증가해 2000년대 초반에는 10%를 넘어섰다. 그러나 이러한 고실업상태는 2005년 11.7%를 정점으로

---

*   하르츠개혁으로 잘 알려진 독일 폭스바겐 전 노무총괄이사 페터 하르츠(Peter Hartz) 박사의 저작 *Job Revolution*에서 따온 개념이다.

계속 줄어들어 2019년 3월 현재 실업률 3.5%를 기록하고 있다. 가히 '고용기적'이라고 이야기할 수 있을 정도이다.

지난 십수 년간 독일에서 무슨 일이 벌어졌기에 이러한 고용기적이 가능했는가? 필자가 이 책을 통해 소개하고 있는 다양한 사례들은 바로 이러한 '일자리혁명'을 향해 나아가는 독일 노사정의 역사적 경험과 교훈을 담고 있다. 필자가 이 책을 통해 가지는 한 가지 간절한 바람이 있다면, 독자들이 여기에 수록된 글을 통해 한국의 노사관계와 노동운동의 발전을 위한 단초를 발견하고 자신의 문제해결을 위한 시사점을 조금이라도 찾는 것이다.

무엇을 이야기하고 싶은가

이 책은 크게 3부로 구성되어 있다. 제1부에서는 독일의 노사관계와 노사정관계를 갈등적 협력과 사회적 동반관계로 개념화하고 이에 대한 이론적, 실천적 논의를 다루고 있다.

1장 "전환기에 서 있는 독일 노사관계"는 독일모델의 핵심주체인 노동조합과 중심모듈이라고 볼 수 있는 노사관계의 구조적 특성을 소개하고 있다. 이를 위해 먼저 독일사회에서 차지하는 노동조합의 위상과 역할을 살펴보고, 갈등적 협력관계로 규정되는 독일 노사관계의 특징을 분석한다. 이어 독일의 노동조합이 어떻게 사회경제적 조건변화에 대응해왔는가를 살펴보고, 향후 노사관계는 어떤 도전과 과제 앞에 설 것인가 전망해본다.

2장 "조절된 분권화로 나아가는 독일의 단체교섭"은 독일의 단체교섭과 단체협약을 다룬다. 1990년대 초반 이후 독일의 단체교섭체계는 구조환경적 조건과 행위주체적 요인의 변화로 인해 상당한 진통을 겪었다. 산별교섭체계의 지속성과 변동성을 동시에 보여주는 이러한 변화를 분석하기 전에 먼저 독일 단체협약의 기본원칙과 주요 내용을 살펴본다. 이어서 단체교섭의 구조적 특성을 금속전자 산업의 사례를 통해서 좀 더 자세히 분석할 것이다. 또한 1990년대 이후 독일 단체교섭체계의 조절된 분권화 추세를 자세히 살펴본다. 마지막으로 독일 단체교섭의 구조적 특성과 단체협약체계의 변화가 우리에게 시사하는 바를 도출한다.

3장 "노동자 경영참가의 모범, 독일의 공동결정제도"는 참여형 노사관계의 대표적 사례라고 할 수 있는 독일 공동결정제도를 다루고 있다. 이를 위해 노동자 경영참가제도로서 독일 공동결정제도의 구조적 특성이 어떻게 형성되고 발전해왔는지, 그리고 현재 어떤 도전 앞에 서 있는지를 분석할 것이다. 또한 공동결정제도를 둘러싸고 벌어진 논쟁을 노동자 경영참가의 사회경제적 효과를 중심으로 살펴볼 것이다. 이어 최근에 우리사회에서 새롭게 주목받고 있는 노동자 경영참가의 발전방향에 대한 시사점을 찾는다.

4장 "미완의 과제로 남아 있는 독일의 사회적 대화"는 독일의 삼자협의주의를 다룬다. 이러한 삼자협의주의는 국가적, 사회적, 경쟁적 코포라티즘으로 특징지을 수 있는 역사적 발전과정을 거쳤다. 여기서 우리가 주목하는 내용은 이러한 코포라티즘의 유형을 결정하는 주객관적 요인이 무엇이며, 이러한 유형변화를 어떻게 해석할 것인가에 있다. 이러한 문제의식에 따라 독일 삼자협의주의의 대표적 사례라고 할 수 있는 1960년대 후반 '협주행동'과 1990년대 후반 '일자리동맹'을 자세히 살펴본다. 이를 통해 새로운 사회적 대화전략을 모색하고 있는 현재의 한국에 시사하는 바가 무엇인지를 추론한다.

제2부에서는 '유럽의 병자'라고 불리던 독일이 실업위기를 극복하고 '일자리혁명'을 추진하는 과정에서 보여준 노사정의 사회적 연대책임 사례를 소개한다.

5장 "삼자협의주의를 실현한 독일의 직업교육훈련제도"는 노사정으로 대표되는 이해관계자들이 주요의사결정에 참여하는 이원적 직업교육훈련체계를 소개하고 있다. 이를 위해 독일 직업교육훈련체계의 구조와 내용을 먼저 살펴보고 직업능력개발과 전문인력 양성을 위한 노사정 사회협약사례를 분석한다. 이어 지역과 기업 차원에서 이루어지고 있는 고용촉진과 인적자원개발을 위한 지원정책, 직업교육 활성화방안을 금속사용자연합의 직업교육훈련정책과 바덴-비텐베르크지역의 직업훈련 산별협약을 통해 확인한다. 마지막으로 독일 사례에 대한 평가를 통해 한국에 대한 시사점과 함의를 찾는다.

6장 "지역 노사정의 다층적 파트너십"은 1990년대 '지역 일자리동맹'의 모범 사례라고 할 수 있는 독일 중북부 자동차산업 거점지역에서 나타난 노사정의 다층적 파트너십을 다룬다. 먼저 1993년 폭스바겐의 기업위기가 지역경제에 어떤 영향을 미쳤으며, 그 여파로 인해 발생한 고용위기의 내용을 살펴본다. 그리고 폭스바겐 본사가 있는 볼프스부르크시에서 1997년 이후 전개된 '아우토비전' 프로젝트의 내용을 소개하고, 이러한 민관 파트너십의 사회경제적 효과를 평가한다. 또한 폭스바겐 자회사들이 위치하고 있는 남동니더작센지역에서 지역산업의 재생과 구조개혁을 위해서 추진된 지역발전계획의 내용을 살펴보고, 이 과정에서 노사정은 어떤 역할을 수행했는지를 분석한다. 마지막으로 이러한 독일 사례가 우리에게 시사하는 바를 대기업 노사의 사회적 책임, 산업클러스터의 운영원칙과 방향, 그리고 지역경제의 활성화를 위한 민관 파트너십과 노사정의 역할 등으로 나누어 도출한다.

7장 "노사의 전략적 타협으로서의 독일 고용안정협정"은 1990년대 중반 이후 유럽 완성차업체 노사가 전략적 타협의 일환으로 체결한 '고용과 경쟁력을 위한 협약'을 살핀다. 먼저 고용협약에 대한 이론적 내용과 정책적 논쟁을 다루고 있다. 그리고 1990년대 이후 독일 자동차산업에서 체결된 고용안정협정의 내용을 시기별, 의제별로 살펴봄으로써 각 완성차업체별 보편성과 차별성을 확인하고 있다. 마지막으로 독일 자동차산업의 고용안정협정이 한국 자동차산업에 시사하는 바를 추론한다.

제3부는 독일의 사회경제적 환경변화와 노동시장의 주객관적 요인변화에 대한 노동조합의 대응정책을 다루고 있다. 이를 통해 시대적 도전에 맞선 독일 노동조합의 혁신적 모색을 확인할 수 있다.

8장 "고용기적의 추진력, 하르츠개혁의 빛과 그림자"는 2000년대 들어서면서 본격화된 독일 고용체계의 변화, 특히 적록연정의 노동시장 개혁조치가 고용관계와 노동시장에 어떠한 영향을 미쳤는가를 분석한다. 이를 위해 먼저 '유럽의 병자'로부터 '고용기적'으로 이어지는 독일 고용체계의 전환과정을 살펴볼 것이다. 이어 적극화 노동시장정책을 대변하는 하르츠개혁의 주요 내용을 살펴보고 이로 인한 고용관계의 '취약화'와 노동시장의 '이중화' 현상을 분석한다. 마지막으로 독일의 이러한 역사적 경험에서 우리가 얻을 수 있는 시사점을 찾을 것이다.

9장 "적응과 혁신의 기로에 선 독일 노동조합운동"은 독일 노동조합의 역사적 발전과정을 정체성과 노선정립에 대한 논쟁 지점을 중심으로 소개한다. 특히 1990년대 이후 독일 노동조합이 봉착한 도전을 살펴보고 이러한 문제점들을 해결하기 위해 노동운동이 전개한 조직혁신의 사례를 자세히 살펴본다. 마지막으로 이러한 역사적 사례에 대한 분석을 통해 향후 독일 노동운동의 미래를 전망하고 한국에 대한 시사점을 유추해본다.

마지막으로 10장 "4차 산업혁명에 대응하는 독일의 노동 4.0 전략"은 4차 산업혁명의 핵심기제인 디지털기술의 발달이 노동과 일자리, 특히 제조업 분야의 변화에 어떤 영향을 미치고 이에 대해 노동은 어떻게 대응해야 하는가를 살펴보고 있다. 이를 위해 먼저 디지털화로 대변되는 정보통신과 생산기술의 새로운 변화가 노동과 일자리에 미치는 영향을 분석한다. 이어 이러한 변화를 두고 벌어지는 노동의 디지털화 논쟁을 분석하고 이에 대한 노동조합의 대응전략을 포용적 노동정책의 관점에서 제안한다.

이와 같이 일자리혁명을 향한 독일의 역사적 경험은 '고용없는 성장'과 '이중적 노동시장'에 봉착하고 있는 우리에게 시사하는 바가 크다. 우리 노사정도 사회경제적 양극화를 해소하고 혁신적 포용국가로 나아가기 위해서 자신이 가진 기득권을 내려놓고 공존과 상생을 위한 사회적 대화에 적극 나서야 한다.

차례

제3부 21세기 새로운 도전과 일자리혁명을 위한 혁신

I

갈등적 협력과
사회적 동반관계

1장

전환기에 서 있는 독일 노사관계

1. 노사는 사회적 동반관계로 가고 있는가?

독일에서 노동조합은 산업화과정을 거치면서 가장 성공적으로 안착한 사회적 행위주체로 인정받고 있다. 절대왕정의 권위주의시대에 노동조합은 민주주의 세력의 일원으로서 노동자의 사회적 분배몫을 늘리는 데 기여했고, 근대화 시기부터 현재에 이르기까지 민주적 사회복지국가의 핵심 구성원으로 그 역할을 충실히 수행해왔다. 이러한 성공적인 노동조합의 역사는 오늘날 독일 '사회국가(Sozial-staat)'의 근간을 구성하는 정책과 제도를 노동조합이 주도하여 만들었다는 사실에서도 확인할 수 있다.

그러나 변화하지 않는 정책, 조직과 제도는 존재하지 않는다. 구조환경적 조건변화에 적응하거나 혁신하지 않는 사회적 조직은 소멸할 수밖에 없다. 1990년 동서독의 갑작스러운 통일로 인해 발생한

체제통합의 요구, 금융자유화를 필두로 몰아친 세계화의 압력, 내수경제를 위협하는 유럽연합의 단일통화 도입 등으로 인해 독일의 사회경제적 환경은 급변했다.

이러한 환경변화는 역사적으로 형성된 사회적 코포라티즘(협의주의) 기반을 약화시키면서 노사정을 비롯한 사회적 행위주체들을 경쟁적 코포라티즘으로 빠져들게 만들었다. 특히 2000년대에 들어서면서 적록연정 슈뢰더정부의 '제3의 길'로 대표되는 사민주의 중도노선은 고질적인 실업문제를 해결하면서 유럽경제의 맹주로서 독일의 위상을 확인시켜주었다. 그러나 이로 인한 부작용도 만만치 않다. 사회국가를 지탱하는 정형적 고용관계, 포용적 노동시장제도, 보편적 사회복지제도가 위협받으면서 노사정의 합의 전통은 심각한 도전에 직면하고 있는 실정이다.

이러한 주객관적 요인변화 속에서 독일 노동운동은 현재 중대한 위기에 처해 있다. 다른 나라의 노동조합과 비교하여 그 상황이 심각하지는 않다고 평가할 수 있지만, 독일의 노동조합 또한 상당한 어려움에 봉착하고 있다. 2017년 말 현재 약 850만 명에 이르는 노동조합의 조합원은 전체 임노동자의 16%에도 미치지 못하는 조직률을 보이고 있다. 더욱이 신산업과 미래성장동력에 속하는 새로운 사회경제부문의 조직률은 매우 열악할 뿐만 아니라, 조직화의 '블루오션'이라고 할 수 있는 청년세대로부터도 제대로 된 호응을 받지 못하고 있다.

노동조합이 봉착하고 있는 이러한 문제들은 금융화, 지구화와 디지털화 등으로 대표되는 사회경제적 구조의 급격한 변화에서 일차적 원인을 찾을 수 있을 것이다. 거대한 전환과정에서 노동조합이 새롭게 재활성화의 기회를 가지게 될지, 아니면 기존의 관행을 바꾸지 못하고 암울한 미래를 맞이하게 될지는 예단하기 힘들다.

역사를 돌이켜보면 2차대전 이후 노동조합은 독일사회가 민주적 사회복지국가로 발전하는 데 결정적 기여를 한 것으로 평가된다. 전쟁의 폐허에서 경제부흥을 일으키고 사회정의와 산업평화를 통해 성장과 분배의 선순환구조를 만들어낸 '독일모델'의 중심적인 행위주체였다. 특히 사회경제적 발전과정에서 독일모델이 위기에 처했을 때, 노동조합은 위기극복과정에 적극적으로 동참하고 공공선을 위해 사회적 책임을 다하는 신뢰할 수 있는 사회적 동반자로서 그 역할을 수행했다.

그러나 독일 노동조합에 대한 근본적인 비판도 한쪽에서는 계속 제기되어왔다. 특히 정치적 행위주체로서 그들의 행태는 기업활동에 대한 거부나 반발이라는 모습으로 나타나거나, 사회개혁을 지체시키는 비토세력으로 낙인찍히는 결과를 초래하기도 했다. 특히 노동시장의 내부자로서 보인 이기적 태도는 실업자를 비롯한 노동시장 취약계층으로부터 기득권세력으로 규정되기도 했다.

이러한 문제의식에 따라 이 글은 독일모델에서 차지하는 노동조합의 위상과 역할을 이론적으로 살펴보고, 독일 노사관계의 특성변화를 '갈등적 협력(Konfliktpartnerschaft)'에서 '사회적 동반(Sozialpartnerschaft)'관계로 규정하고 이를 역사적 경험 사례를 통해 검토한다. 이어 지금까지 독일의 노동조합이 사회경제적 조건변화에 어떻게 대응해왔는가를 시기별로 살펴보고, 2000년대 이후 노사관계는 어떤 도전과 과제 앞에 서 있는지 분석할 것이다. 마지막으로 이러한 독일 노사관계의 분석을 통해 우리가 얻을 수 있는 역사적 교훈과 정책적 시사점을 찾고자 한다.

2. 노동조합과 노사관계

2.1 독일모델과 노동조합

독일 노동조합은 유럽에서도 조직화가 가장 잘된 이익단체로 평가된다. 여기서 말하는 강한 조직력은 높은 조직률만을 의미하지 않는다. 그보다 노동조합의 사회적 인정과 법제도적 개입력으로 나타나는 정치적 영향력, 그리고 이를 위해서 필요한 인적 관계의 결합도가 상대적으로 강하다는 것을 의미한다. 이런 조직력은 사회보장체계, 단체교섭제도와 기업지배구조 등에서도 간접적으로 확인된다.

　　노동조합의 기능은 일면적으로 규정할 수 없다. 노동조합은 내부적으로 연대조직인 동시에, 상호호혜를 기본원칙으로 하는 조합단체이기도 하다. 대외적으로는 사용자에 대응하는 집단적 이해대변조직이며, 독일 정치체계의 중요한 권력자원을 지닌 정치적 단체이기도 하다. 이러한 노동조합의 복합적 기능으로 인해 노동조합의 양면성이 나타난다(Esser, 2003).

　　단체교섭체계와 공동결정제도는 노동조합이 독일 자본주의의 핵심적 행위주체로 인정받는 양대 축이다. 자본주의의 구성주체로서 노동조합은 독일사회의 조절, 안정화, 그리고 위기극복에 참여하는 것은 물론, 자본주의체제의 생산성과 혁신능력을 유지시키는 수단으로 기능하기도 한다. 또한 독일 노동조합은 체제순응적 도구에 머무르지 않고 대안사회의 가능성을 타진하고 있다. 노동조합은 단지 자본주의체제의 문제점을 지적하는 데 머무르지 않고 새로운 체제를 만들기 위한 정책대안을 제시하기도 한다.

독일 노동조합의 강점은 생산모델과 직접적으로 결부되어 있다. 다양화된 질적 생산, 높은 수출지향성, 이원적 직업훈련체계에 기반한 숙련교육제도 등이 생산모델의 특성을 구성하는 요소들이다. 노동조합은 이러한 생산모델의 구조 속에서 기업경영의 공동결정, 그리고 초기업적 차원의 단체교섭제도와 결합하면서 자신의 적극적 역할을 수행한다(Naschold et al., 1997).

이러한 강한 결합력은 노동조합의 특별한 조직형태에 근거를 두고 있다. 대중조직, 산업별 단일노조, 그리고 초정파적 '통일노조(Einheitsgewerkschaft)'라는 조직원칙은 특정한 이해관계에 경도될 가능성을 차단한다. 특히 산업별 단일노조와 통일노조원칙은 노동자조직 간 경쟁과 내부 갈등을 최소화했다. 통일노조와 대중정당의 관계라는 측면에서 독일노총은 정치적으로 독립적이지만, 사민당에 자연스럽게 근접해 있고, 부분적으로 다른 정당들과 밀접한 연계집단이 공존하는 구조를 취하고 있다. 한편 정치단체로서 노동조합은 임노동 중심의 사회국가 운영원리와 밀접하게 연관되어 있다. 전후 노동조합은 단체교섭의 노사자율주의, 사회보험의 자주적 관리 등을 얻어내는 동시에, 사회경제적 재생산과정에 대한 참여를 통해 노조의 영향력을 확보한다. 이에 대한 반대급부로 노동조합운동은 사적 소유권의 인정, 비의회주의적 정치세력화 반대, 그리고 서방세계의 체제통합에 동의하게 된다(Schneider, 2000: 289).

2.2 노사관계의 이원적 구조

소위 '라인형' 자본주의의 발전과 함께 형성된 독일의 노사관계는 독특한 이원적 구조를 가지게 된다(Müller-Jentsch, 1997). 먼저 노동자의 이해대변조직이 '산별노조(Gewerkschaft)'와 '사업장평의회(Betriebsrat)'로 이원화되어 있다. 이러한 이원적 구조는 이해관계의 주체형성, 협의과정, 그리고 합의형태 등에 있어서 산업별 조직과 기업별 조직의 역할을 차별화하고 보완하는 기능을 수행한다. 즉, 노동자 이해대변구조의 이중성은 두 가지 측면의 공존을 의미한다. 한편으로 기업수준 노사는 사후적이고 보완적인 이해조정을 수행한다. 이를 통해 산업수준 노동조합과 사용자단체 사이에 존재하는 근본적인 이해대립이 초래할 수 있는 산업현장의 위험과 비용을 최대한 줄인다.

　다른 한편으로 산업수준 노사에 의해서 합의되는 임금, 노동조건과 고용관계에 대한 통일적인 최저기준이 단체협약으로 외화된다. 이러한 초기업적 단체협약은 기업수준에서 발생할 수 있는 노사의 직접적 갈등을 사전적으로 완화시키는 기능을 수행한다.

　이러한 독일 노사관계의 이원적 구조는 높은 법제도화 수준, 그리고 노사합의에 대한 높은 국민적 수용력과 같은 사회환경적 요인과 맞물리면서 기능적 정합성을 잘 유지하고 있다(Müller-Jentsch, 1995). 먼저 '공동결정제도(Mitbestimmung)'로 대표되는 노동자 경영참가와 '단체협약(Tarifvertrag)'을 통해 확정되는 단체교섭은 개별 사업장과 산업수준에서 각각 발생할 수 있는 노사갈등을 완충시킨다. 즉, 이해대변조직의 이중적 구조는 노사의 이해관계를 각 영역에 맞게 잘 연계시켜줌으로써 산업평화에 기여한 것으로 평가된다.

　이러한 노사관계의 안정성은 단체교섭영역에서 노동자의 이해대변조직이 단일화되어 있기 때문에 가능했다. 또한 '하나의 사업장에 하나의 노조'라는 원칙에 따라 노조가 조직사업을 전개했기 때문에 현장에서 발생할 수 있는 노노갈등의 가능성을 최소화할 수 있었다. 그리고 사업장평의회의 공동결정권과 평화유지의무는 기업 차원의 노사관계를 경영참가 방식으로 이끄는 데 결정적인 영향을 미쳤다.

　이러한 독일 노사관계의 기능적 정합성은 구조적 측면 외에, 노사관계의 행위주체로서 기업 내외 이해대표조직이 보여주고 있는 사회적 합의에 대한 높은 수용력에 기반하고 있다. 즉, 기업 차원의 노사는 산업수준에서 이루어지는 단체협약을 사회적 합의로 인식하고 그 내용을 보완하는 방식으로 '사업장협정(Betriebsvereinbarung)'을 체결하고 있다. 이와 달리 초기업적 차원에서 노동조합과 사용자단체는 개별기업에서 결정하기 힘든 보편적 노동기준의 결정과 준수, 사회경제정책의 조화 등을 단체교섭과 정책협의를 통해 실현하고 있다(Schroeder & Wessels, 2003).

　한편 기업별 노사관계가 안정적으로 정착하는 데 있어 산업별

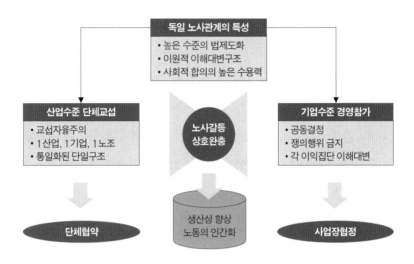

그림 1-1 독일 노사관계의 이원적 구조와 기능적 정합성
출처: 조성재 외, 2009. 162쪽 그림 수정

단체교섭구조와 노동관계법으로 대표되는 높은 수준의 법제화가 중요한 역할을 수행했다. 중앙집중적 단체교섭은 개별사업장의 노사갈등을 사전적으로 걸러주는 기능을 담당한다. 교섭자율주의를 해치지 않는 범위 내에서 이루어진 높은 수준의 법제도화는 노사갈등·노동쟁의를 통해 발생하는 사회적 역효과를 차단했다.

  결론적으로 산업별 단체교섭과 노동자의 경영참가로 대표되는 노사관계의 이원적 구조는 사용자에게 더 많은 교섭비용을 유발시키지 않았으며, 노동조합의 현장교섭력을 약화시키지도 않았다. 독일 노사관계의 이원적 구조 속에서 만들어진 갈등의 상호완충을 통해 노사는 생산성 향상과 노동의 인간화라는 두 마리 토끼를 잡을 수 있었다. 또한 이러한 성과를 통해 독일 노사관계는 높은 수준의 법제도화를 안정적으로 유지할 수 있었고, 이는 다시 노사합의에 대한 사회적 수용력을 높이는 데 일조했다(Müller-Jentsch, 1997). 옆의 그림은 독일 노사관계의 이원적 구조가 어떻게 기능적 정합성을 유지하고 있는지를 잘 보여주고 있다.

2.3 갈등적 협력과 사회적 동반관계

독일의 노사관계를 규정하는 개념으로 '갈등적 협력'[1]과 '사회적 동반'이 주로 사용된다.

하지만 일반적으로 알려진 것과 달리, 사회적 동반관계는 독일 노사관계에만 적용되는 개념이 아니다. 오히려 영미식 사회정치체제와는 대별되는 중북부 유럽국가들의 사회정치체제를 '사회적 코포라티즘(social corporatism)'으로 규정할 때, 이 체제를 구성하는 주요 행위주체들의 관계형태를 대표하는 개념으로 사회적 동반관계가 주로 사용된다. 사회적 동반관계의 특징으로 쌍방주의보다는 삼자주의, 단체교섭보다는 사회적 협의, 이해대립보다는 공동이익이 강조된다. 바로 이러한 이유로 사회적 동반관계를 대표하는 국가로 독일보다는 오스트리아, 스웨덴 등 북구국가들이 주로 언급된다

---

1   뮐러-옌치(Müller-Jentsch)가 저서『갈등적 협력관계: 노사관계의 행위주체와 제도』에서 처음 개념화했다. 그는 이 책의 3판(1999) 서문에서 "갈등적 협력관계라는 개념을 창안할 수밖에 없는 이유로 오늘날 노사의 이해갈등을 한쪽에서는 계급투쟁으로 너무 단순화하거나, 다른 한쪽에서는 사회적 동반자 개념으로 경시하는 흐름이 존재한다. 이러한 극단적 해석으로는 독일의 노사관계를 설명할 수 없다. 갈등적 협력관계는 대립적인 노동 및 고용관계의 조절과 관련되어 상호이익을 지속적이고 안정적으로 재생산하는 협력관계를 의미한다. 이러한 협력관계는 갈등을 유발하고, 전략적으로 행동하고, 학습능력을 지니고, 관철력을 지닌 행위주체를 전제조건으로 한다"고 밝히고 있다.

(Turner, 1994; Streeck & Hassel, 2003).

이와 달리 갈등적 협력관계 개념은 노사관계의 본질로서 행위주체의 이해갈등을 전제로 하고, 상호이익을 위한 조정과 협의과정에서 공적 기구와 법제도의 중재적 역할을 주목한다(Müller-Jentsch, 1999).

뮐러-옌치(Müller-Jentsch, 2016: 518)에 따르면, 자본주의 생산과정에 본질적으로 내재된 노사의 이해대립을 인정하듯이, 노사의 협력과정을 통해서만 효율적 결과물을 만들어낼 수 있다는 사실 또한 중요하다. 그래서 자본은 가치의 실현을 위해서 전권을 행사하기보다는 협력이라는 게임규칙을 만들어서 노동을 통제한다.

이때 이러한 협력이 호혜적 방식으로 공동이익을 상당기간 제공하면 이러한 관계를 갈등적 협력관계라고 규정할 수 있다. 갈등적 협력관계는 다음과 같은 특징을 가지고 있다. 먼저 갈등적 협력관계는 갈등과 협력이라는 모순되는 두 가지 개념을 결합시킴으로써, 일반적으로 독일 노사관계를 대변하는 사회적 동반관계를 대체하는 개념이다. 또한 갈등적 협력관계는 고용·노동관계를 통해 대립하거나 공동의 이해를 추구하는 갈등, 전략, 학습능력을 지닌 행위주체의 제도화된 관계를 의미한다. 그래서 갈등적 협력관계는 분배투쟁보다 상호이익을 위한 타협을 지향하는 이해관계라고 규정할 수 있다. 이러한 의미에서 갈등적 협력관계는 노사가 공식화된 분배규칙에 따라 경제성장과 기업이익의 정당한 몫을 나누는 것에 대한 기본인식을 공유한다는 것을 전제한다. 갈등적 협력관계는 일상적으로 노사의 상호학습을 보장하고 법제도화와 노사자율주의를 인정하는 상호작용체계를 의미한다. 독일의 경우 경영자와 사업장평의회의 미시영역, 협약당사자로서 노사의 단체교섭이 이루어지는 중위영역, 마지막으로 노사정 대표자의 사회적 협의가 이루어지는 거시영역 등 갈등적 협력관계의 3중 구조를 가지고 있다.

이상과 같이 이율배반적인 개념을 동시에 내포하고 있는 갈등적 협력관계를 명확하게 이해하기란 쉽지 않다. 그럼에도 불구하고 갈등적 협력관계는 전후 독일 노사타협의 독특한 방식을 상징적으로 보여주고 자본주의 산업사회에 내재된 계급갈등의 제도화를 의미한다. 이를 통해 "계급투쟁에서 갈등적 협력으로 나아간다"라는 말이 상징하는 의미를 알 수 있다. 이와 같이 모순되는 갈등과 협력이라는 두 가지 단어를 결합시켜서 개념화한 이유는 독일의 노사관계를 사회적 동반, 혹은 계급갈등으로 단순하게 묘사할 수 없다는 문제의식에서 출발한다.

갈등적 협력관계는 노사로 하여금 상호갈등을 실천적으로, 더나아가 협력적으로 조정하도록 만든다는 의미에서 이해관계가 공유될 때까지 갈등이 지속되는 것을 당연하게 받아들인다. 독일의 경우 이러한 갈등적 협력관계가 작동하는 데 필요한 노사의 이해조정을 위해서 교섭자율주의에 대한 사회적 인정, 개인과 집단적 노사관계의 명확한 법제화, 노조와 노동자의 공동결정권을 보장하는 기업의 의사결정원리 등 세 가지 요소를 갖추고 있다.

이러한 세 가지 요인은 19세기 후반 이후 독일 자본주의 발전과정에서 형성된 것이다. 이러한 의미에서 갈등적 협력관계는 독일형 노사관계모델을 상징적으로 나타내는 동시에, 사회적 책임을 다하는 자본주의 경제의 핵심요소라고 규정할 수 있다(Müller-Jentsch, 2011: 92). 이는 영미식 시장자본주의모델에 대한 현실적인 대안으로서 독일의 조정자본주의모델을 주목하게 되는 이유이기도 하다 (Streeck, 2016: 50).

이러한 역사적 특성으로 인해 전후 독일의 노동조합은 기민당 에르하르트 총리가 주도한 '사회적 시장경제'에 대해 위축되기는커녕, 오히려 시장경제의 사회모델에 대한 지지자로서 자신들의 교섭 자율주의와 공동결정권을 확보하기 위한 중요한 기반으로 활용했다. 이러한 결과로 독일의 사회적 시장경제에서 노동조합은 단결의 자유, 단체교섭과 경영참가를 사회경제적 시민권으로 인정받는 데 성공한다.

3. 사회경제적 조건변화에 대한 노동조합의 대응전략

3.1 노조 재조직화 형태로서의 인수와 합병

독일 노동조합은 지금까지 정치적 입장과 무관하게 하나의 노조로 조직되는 통일노조원칙을 잘 유지해왔다. 정치적 지향의 차이에 따른 정파노조가 특정 시기에 노조 내부에 존재하긴 했지만, 노조의 집단적 정체성과 활동력을 위태롭게 하는 경우는 없었다. 일반적으로 독일의 노동조합은 산업별 조직, 거대사업장 중심, 사용자와의 대립관계 등을 가장 중요한 특징으로 가지고 있다. 그럼에도 불구하고 독일노총 내부조직의 노동자 구성과 인식 차이에 따라 발생하는 활동노선의 차별성은 항상 존재한다(Schmid, 2003).

한편 1990년대 중반 이후 노동조합은 구조환경적 조건변화와 내부 재정문제로 인해 조직통합을 본격화한다. 16개에 이르던 독일노총 산하 산업노조의 수가 2002년에는 8개로 줄어든다. 먼저 1996년 1월 1일부터 진행된 건설석재노조와 조경농림노조의 통합논의는 건설농업환경노조로 정리되었다. 그동안 진행되었던 조직구조개혁논의의 새로운 전환점은 바로 1998년 초에 이루어진 화학종이세라믹노조, 광업에너지노조와 가죽노조 등 세 조직의 통합, 즉 탄광화학에너지노조의 출범이었다. 이 새로운 노조조직은 이후 100만 명이 넘는 조합원들을 포괄함으로써 독일노총에서 세 번째로 큰 규모와 그에 상응하는 영향력을 지니게 된다. 특히 탄광화학에너지노조는 언론매체노조(IG Medien), 체신노조(DPG)와 금속노조로 대표되는 독일노총 내 전통파에 대항하는 현대화론의 선두주자이기 때문에, 독일노총 내 세력관계에 일정 정도 변화를 초래했다. 한편 나무인조원료노조가 섬유피복노조와 마찬가지로 금속노조에 연이어 통합된다.

이러한 노조의 인수와 합병과정에서 정점을 찍은 것은 바로 통합서비스노조(ver.di)[2]이다. 1996년 2월 상업은행보험노조의 제안으로 서비스산업에 속하는 모든 노조의 통합안이 상정된다. 언론매체

---

2   베르디는 그 이름만으로도 이태리 오페라 작곡가(Verdi)와 디지털(Digital)이 서로 만나 문화와 기술, 그리고 전통과 현대를 통일시킨 느낌을 준다. 이러한 의미에서 베르디의 건설은 전환기의 도전에 직면한 독일노조가 새롭게 방향으로 나아가기 위한 시험대의 하나라고 할 수 있다.

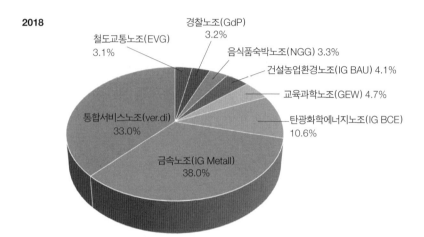

그림 1-2 독일노총 소속 산별노조 분포

*독일노총 현황(2018년 12월 말 기준, 597만 4,950명): 금속노조(227만 595명/38.0%), 통합서비스
노조(196만 9,043명/33.0%), 탄광화학에너지노조(63만 2,389명/10.6%), 교육과학노조(27만 9,389
명/4.7%), 건설농업환경노조(24만 7,181명/4.1%), 음식품숙박노조(19만 8,026명/3.3%), 경찰노조(19
만 0,931명/3.2%), 철도교통노조(18만 7,396명/3.1%)

출처: www.dgb.de/uber-uns/dgb-heute/mitgliedzahlen

노조, 체신노조와 교육과학노조가 이 안에 대해 적극적인 의사를 타
진하면서 노조통합 논의가 가속화되고, 독일사무직노조(DAG)와 공
공운수노조(ÖTV)가 상업은행보험노조(HBV)의 조직통합에 대해 기
본적으로 합의함으로써 베르디 건설은 본격화된다. 이후 약 4년 이
상 걸린 조직통합과정에서 조직관할권 논쟁이 불붙으면서 교육과학
노조가 이탈하지만, 나머지 5개 노조가 단일노조로의 통합을 승인하
면서 2001년 3월 공공·민간서비스부문을 아우르는 통합서비스노
조가 탄생한다(Keller, 2004).

　이후 노동조합의 조직통폐합은 크게 일어나지 않는다. 이로써
한때 16개에 이르던 독일노총(DGB) 산하 산별노조는 2018년 12월

말 기준 건설농업환경노조(IG BAU), 탄광화학에너지노조(IG BCE), 철도교통노조(EVG), 교육과학노조(GEW), 금속노조(IG Metall), 음식품숙박노조(NGG), 경찰노조(GdP), 통합서비스노조(ver.di) 총 8개로 구성된다.

하지만 이러한 노조의 통폐합과정은 독일노총의 위상과 역할이 상대적으로 약한 상태에서 이루어지면서 산별노조의 경쟁과 갈등으로 나타나고, 이는 다시 소수 산별노조의 조직적 집중으로 이어진다. 조직률 하락과 효율성 저하라는 상황에서 개별 산별노조들은 사업 및 활동영역에서 비용절감을 통한 조직최적화를 추구했다. 동시에 핵심영역의 집중화를 위해 노조활동의 전문화를 추구했다. 활동력을 지닌 간부나 정치적으로 각성된 대표자보다는 특정한 자질과 능력을 지닌 전문가들이 상대적으로 더 늘어나는 결과를 초래했다.

이러한 상황에서 산별노조의 통폐합은 조합원과의 직접적인 관계를 부실하게 만들고, 노조를 서비스기구로 전락시킬 위험성을 내포한다. 실제로 전문화는 조합원들을 대상화시키고 노조를 보험회사로 인식하게 만드는 역효과를 초래하기도 했다. 이러한 상황은 노동조합과 조합원의 관계가 탈인격화되고 물화되고 있다는 것을 보여준다. 더 중요한 사실은 노동조합이 불안전한 노동시장과 복지국가의 전환 같은 시대적 도전에 설득력 있는 대안을 제대로 제시하지 못하고 있다는 점이다.

이와 같이 1990년대 중후반 독일 노동조합의 통폐합은 전략적 목표에 따라 목적의식적으로 이루어진 재조직화가 아니기 때문에, 노조의 개혁프로젝트를 보완하게 될지, 아니면 노조활동에 악영향을 미치는 조직적 약화로 이어질지는 예단하기 힘들다.

3.2 노동시장의 구조변화와 노조 조직화전략의 한계

현재 독일 노동조합의 조직률은 국제비교적인 측면에서 볼 때, 중간 이하에 머물러 있다. 2차대전 이후 10년은 '조직화의 기적'이라는 이름에 걸맞게 약 40%의 조직률을 자랑했다. 고도성장의 황금기를 거치고 난 이후 본격적으로 나타나기 시작한 고용구조의 변화에도 불구하고 1970년대까지만 해도 사무직과 비임금노동자에 대한 조직화사업에 힘입어 30%대를 유지할 수 있었다. 하지만 1980년대 이후 방어적인 조직화전략과 실업률 증가라는 노동시장 변화에 대한 대응미비로 인해 30% 이하로 조직률은 떨어졌고, 이러한 하락세는 2010년대 중반까지 계속 이어지고 있다. 2017년 말 기준 노동조합의 조직률은 전체 임노동자 대비 15%선에 머물러 있다.

　이러한 조직률의 하락현상과 더불어 더 큰 문제로 부각되고 있는 것은 노동시장의 구조변화에 조응하지 못하는 불균형한 조합원 구성에 있다. 제조업 종사자의 수는 전반적으로 줄어들고 서비스부문의 일자리는 점점 더 늘어나고 있는 반면, 제조업의 노조조직률이 여전히 서비스부문보다 높다. 또한 정형적 고용관계가 아닌 비정규 노동자의 절대적 규모가 늘어나고 있는데, 이에 대한 조직화사업은 정체되고 있다. 사무직과 여성노동자의 조직화가 계속 추진되고 있지만, 조합원 구성에 있어 이들의 비율은 아직도 그리 높지 못하다. 이러한 이유로 독일 노동조합은 제조업 남성 생산직 노동자 중심이

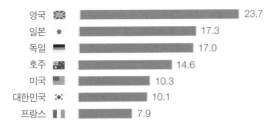

그림 1-3 노조조직률 국제비교

*2016년 말 기준 OECD국가별 노조조직률은 영국(23.7%) 일본(17.3%) 독일(17.0%), 호주(14.6%), 미국(10.3%), 한국(10.1%), 프랑스(7.9%) 등이다.

출처: https://stats.oecd.org/Index.aspx?DataSetCode=TUD

라는 비판을 면치 못하고 있는 실정이다(Wiesenthal & Clasen, 2003: 307).

현재 독일 노동조합은 단일한 노동시장 문제에 직면하고 있는 게 아니라, 분절된 노동시장의 세 가지 층위를 구성하는 각기 다른 노동세계를 접하고 있다. 먼저 대공장은 여전히 노동조합의 중추를 형성하고 조직력의 핵심영역이다. 공공서비스부문도 이에 해당한다. 둘째, 중위규모의 제조업 사업장과 서비스부문은 지역·업종특수적인 조건, 그리고 노사 행위주체들의 세력분포와 전략적 지향에 따라 조직화의 수준이 큰 편차를 보이고 있다. 셋째, 노동조합으로의 조직화가 전혀 못되고 있거나, 향후에도 쉽지 않을 것으로 예상되는 영세서비스업체와 소규모 사업장이다. 여기에 더해 신기술의 발전과 디지털화를 통해 블루오션으로 떠오르고 있는 새로운 산업과 직종에서도 고부가가치화와 고용창출 가능성이 높음에도 불구하고 조직률은 여전히 저조하다. 그래서 이 부문을 독일 노동조합의 '아킬레스건'이라고 한다.

한편 노동조합의 조직률 저하현상을 분석할 때 다음과 같은 사실을 주목해야 한다(Schroeder & Wessels, 2003: 20). 노동자들의 개인주의와 익명화가 진전되면서 사회구조적으로 거대조직의 중요성은 퇴색되고, 노동자들의 경력관리와 직업경로가 대규모 경제조직에 대해 의존하는 경향이 약화되고 있다. 또한 정치적 집단과 활동에 대한 참여 의지와 노력이 점점 더 퇴색되고 있다. 기업과 사회의 주요 의사결정과정에의 참가와 의사소통이 더 이상 조합가입의 동기가 되지 못한다. 이러한 상황으로 인해 노동조합의 연대원칙을 손상시키지 않는다는 전제하에서 개별조합원들에게 노조가 어떤 실질적 이익을 가져다 줄 수 있을지가 중요한 과제로 떠오르고 있다.

이와 같이 노동시장과 생활상태의 차별화, 세대차이, 사회화의 변화된 조건, 공론장의 상실, 개인주의화, 기업의 합리화, 임노동의 형태변화는 노동자의 동원, 노조조직화와 연대성에 대한 새로운 시각을 요구하고 있다.

그럼에도 불구하고 노동조합은 자신의 핵심역량을 아직도 전통적인 대규모 사업장에 집중하고 있다. 그러나 새로운 노동자들은 물론, 노조조직화 가능성도 주로 사적 서비스부문과 신산업부문에서 창출되고 있는 게 엄연한 현실이다. 독일의 노동조합이 이러한 딜레마적 상황을 성공적으로 극복할 수 있을지의 여부는 결국 노조가 자신의 조직문화를 얼마나, 어떻게 바꿀 수 있는가에 달려 있다.

3.3 유연화의 도전과 노사관계의 기업중심주의화

노동조합의 전성기는 1960년대부터 1980년대까지 지속되었던 포드주의적 생산모델이 지배하던 시기였다. 그 당시에는 표준화된 서비스와 제품을 대량으로 생산하던 제조업이 번성했다. 하지만 신기술, 새로운 노동·생산조직, 시간경제의 변형을 초래하는 부품조달망의 발전, 주주자본주의의 유입 등을 통해 포드주의적 생산모델의 기본틀이 흔들리고 있다. 외주화와 적기생산방식이 확산되면서 기업의 규모는 점점 더 작아지고 고용량 또한 줄어들고 있다. 이러한 분산화 경향은 생산책임을 보다 더 적은 기업단위에 넘기는 반면, 이들에게 자율적인 의사결정에 필요한 능력을 부여하지 않는다. 이러한 경향으로 인해 기업 내부 행위주체가 주도하는 산업관계가 지닌 중요성이 약화되는 반면, 초기업적인 행위주체들의 영향력은 점차 더 증가하고 있다(Wassermann, 2003).

1990년대 이후 기업 차원의 조정기제에서 기능적 유연성의 중요성이 더욱 부각되고 있다. 이러한 유연성에 대한 노사협상은 노동시간의 유연화문제에서 시작되었는데, 시간이 갈수록 노동시간에 대한 단체교섭권이 초기업적 차원의 노사에서 기업 내부 노사의 결정영역으로 조금씩 이동한다. 1990년대 초반에 들어서면서 임금과 노동조건에 대한 단체협약은 기업의 성과차이를 반영하기 위해 개방조항을 도입한다.

이러한 예외적이고 특수한 조항의 인정 때문에 단체협약의 질적인 변화가 이루어지면서 다층적 교섭구조가 형성된다. 다차원적

인 단체협약체계를 특징으로 하는 이러한 분권화 추세로 인해 일괄
적용 성격을 지닌 기존 단체협약의 유의미성이 점점 더 약화되고,
포괄범위와 적용능력은 점점 더 줄어들고 있다. 노조와 사용자단체
가 여전히 단체교섭의 유일한 주체임에도 불구하고 기업 내부 노사
의 자기결정권이 점점 더 강화되고 있다. 기업단위의 사업장협정이
초기업적인 단체협약의 효력을 조금씩 잠식하고 있는 것이다. 그럼
에도 불구하고 각 기업 노사에 의해서 체결되는 사업장협정은 여전
히 초기업적 차원의 단체협약을 근거로 해서 변형을 추구할 수 있
다. 하지만 일괄적용 성격의 산별단체협약이 지닌 표준협약적 성격
은 점점 더 그 의미를 상실할 것으로 예상된다. 이러한 노사관계의
분권화 경향은 독일통일과 유럽통합을 통해 한층 더 강화되고 있다
(Schroeder & Wessels, 2003: 23).

3.4 독일통일과 유럽통합의 소용돌이

독일의 노동조합과 노사관계에 가장 큰 영향을 미친 구조적 충격
은 동서독의 통일과 유럽통합이다. 이 두 가지 요인은 그 내용상 일
정한 차이에도 불구하고 노조에 엄청난 영향을 미쳤다. 먼저 통일
이 노동조합에 미친 효과를 살펴보면 다음과 같다. 동독지역의 노조
재건과정은 일사천리로 진행되었다. 구 서독노조의 제도, 체계, 규
정과 인력이 구 동독지역에 그대로 이전되었는데, 이는 체제전환
과정에서 독일노총이 달성하고자 한 중단기적 목표를 실현하기 위
해 취해진 안정화전략에 기인한다. 이러한 안정화전략으로 인해 체

제전환과정의 초기에는 노조조직률이 증가했다. 노조가 동독지역의 기업요구를 묵살하고 일괄적용 성격의 단체협약을 그대로 적용하면서 체제전환의 충격을 정치적으로 완충하는 역할을 상당부분 수행했다. 그러나 동서독지역에 존재하는 물적 토대의 차이를 부분적으로만 고려한 상태에서 추진된 단체협약의 동일화전략은 결과적으로 노사 모두에게 큰 상처를 남기고 심각한 부작용을 초래했다 (Wiesenthal, 2004).

너무나 급작스럽게 진행된 장벽붕괴와 자유화는 체제전환에서 요구되는 순조로운 구조재편을 방해하고, 체제전환의 충격도 완전히 흡수하지 못한다. 이러한 결과, 동독지역 기업의 부도와 파산이 이어지고, 살아남은 기업조차 인력구조조정을 단행할 수밖에 없었다. 기업도산과 산업붕괴의 결과는 바로 노동시장의 실업자 증가로 나타났고 노조조직률의 급격한 감소로 귀결되었다.

더 큰 문제는 구 동독지역의 노조조직화가 주로 대기업에서 성공적으로 이루어졌을 뿐, 다수를 점하는 중소기업에서는 거의 실패했다는 사실이다. 또한 초기업적 차원의 노동조합과 기업단위 조합원들의 건설적 관계형성은 쉽지 않았다. 구 동독지역 노동자들이 짧은 기간 내에 기업 이해와 노동조합의 요구 사이에 존재하는 간극을 뛰어넘기는 어려웠다. 여기에 더해 날로 높아가는 실업률과 불황으로 인한 경영위기는 노동조합의 활동 자체를 위축시키는 효과를 발휘했다. 한편 구 동독지역의 사용자 다수는 노조를 대화의 상대로 인정하지 않았기 때문에, 많은 사업장에서 사실상 단체협약이 적용되지 않았다.

　이러한 상황에서 동서독지역의 차이를 줄이기 위한 노동조합의 균등화전략은 주춤거리게 되고 개별기업의 조건과 상황을 반영한 긴급조항과 예외조항이 포함되는 단체협약이 늘어났다. 이러한 과정을 거치면서 동서독지역의 격차뿐만 아니라, 구 동독지역 내 조직사업장과 그렇지 못한 사업장의 간극이 심각한 사회적 문제로 떠오르게 된다(Schroeder & Silvia, 2003).

　한편 노동조합에 대한 유럽통합의 영향도 완전히 새로운 것이었다. 역내시장화, 단일화폐 그리고 탈규제화로 요약할 수 있는 유럽통합은 경제의 국제화를 급진전시킨 반면, '사회유럽(social Europe)'에 대한 논의는 점점 더 주변화되었다. 모든 유럽인에게 적용되는 사회보장 '가이드라인'을 만들어서 국가별 사회복지의 차이와 불균형을 극복하겠다는 유럽노총의 원대한 꿈은 미루어질 수밖에 없었다. 유럽통합이 동구권으로 확장되면서 독일기업의 해외진출이 더욱 가속화된다. 2000년대 폭스바겐을 비롯한 초국적기업은 세계시장의 경쟁이 격화되면서 모국 산업입지의 국제경쟁력을 향상시키기 위한 새로운 생산전략을 추진한다. 실제로 저렴한 생산비용을 투입하고 중위수준 이상의 품질을 만들어낼 수 있는 동유럽 산업입지로의 생산기지 이전을 담보로 하여 초국적기업은 개별국가의 노동조합을 위협할 수 있다.

　이러한 상황에도 불구하고 초국적 차원에서 노동조합의 활동은 그리 큰 실효성을 거두지 못하고 있다(Reutter & Rütters, 2003). 예나 지금이나 자원과 역량이 국제적 수준으로 집중되지 못하고 있을 뿐 아니라, 개별국가 차원에서 이루어지는 관련 법제도의 변화도 더

디기만 하다. 이러한 이유로 유럽노총(ETUC)도 역내 노사관계와 관련하여 아직 관할권과 결정권을 부여받지 못하고 단지 국가별, 산업별 갈등사안에 대한 조정활동에만 머물러 있다. 물론 유럽연합 차원에서 유럽 사업장평의회와 주식회사의 지배구조에 대한 권고안을 제시하고 있지만, 노동자의 경영참가를 인정하고 있는 국가들조차 서로 다른 참여구조 때문에 통일적인 지침을 준수하고 각국의 이질성을 해소하는 데 큰 어려움을 겪고 있다. 한편 동일산업이나 직종에 대한 초국적인 단체교섭체계에 대한 논의는 오래전부터 이루어져 왔지만, 2008년 미국발 금융위기 이후에는 주로 노동시장의 취약계층이나 불안정노동자들에 대한 유럽연합 차원의 지침을 실행하는 데 집중하고 있는 실정이다.

4. 소결: 노동조합운동이 사회개혁을 위한 혁신의 주체로

앞서 본 것처럼 2000년대에 들어서면서 독일의 노동조합은 전환과정에 서 있다. 노동조합이 사회경제적 조건변화에 그냥 반응하는 데머무느냐, 아니면 적극적 대안전략을 가지고 변화에 대해 능동적으로 대응할 것인가. 그 예측은 쉽지 않다. 현 시기 독일의 노동조합이봉착하고 있는 정치, 사회, 경제 영역의 중요한 도전은 아래의 세 가지로 요약할 수 있다.

먼저 노사관계의 기업중심주의가 강화되고 있다. 기업중심주의는 노조로 하여금 기존의 단체협약정책과 기업경영정책에 대한 이원적 대응전략을 재구성할 것을 요구하고 있다. 개별기업 노사의 관할영역이 넓어지고 노조와 사용자단체의 역할이 약화되고 있다. 독일의 노동조합은 '조절된 분권화' 전략을 통해 개별기업과 초기업적 차원의 교섭구조의 새로운 균형을 찾고 있지만, 분권화의 압력을 언제까지 통제할 수 있을지 장담할 수 없는 실정이다.

둘째, 노동시장과 고용관계의 급격한 변화가 이루어지고 있다. 독일의 경우도 향후에 단일노동시장과 정형적 고용관계가 안정적으로 재생산될 것이라고 전망하기 힘들다. 최근 신기술과 산업구조의 변화는 물론, '4차 산업혁명'이라는 완전히 새로운 산업패러다임이 본격화되고 있는 상황에서 노동조합의 기존 조직화전략은 구태의연하다. 노조가입률을 높이고 조직력을 강화시킬 수 있는 전략을 노조는 아직 발견하지 못했다. 새롭게 떠오르는 서비스부문, 신산업·저임금 소규모사업장에서 조직화에 성공하지 못하면 독일의 노동조합은 서서히 죽을 수밖에 없는 처지가 될 것이다. 또한 노조가 새로운 조직화전략에 따라 자신의 역량과 자원을 재활성화사업에 집중하기 위해서는 기존 조합원들의 책임분담과 헌신이 반드시 필요하다.

셋째, 노동조합의 사회정치적 지지기반이 약화되고 고립화되고 있다. 정치적 행위자로서 노동조합은 새로운 정책과 비전을 능동적으로 제기해야 했지만, 복지국가의 재편과 동서독의 재통합과정에서 노조는 건설적인 형성자로서 그 면모를 보여주는 데 실패했다. 그 이후에도 기득권에 의존하고 관행을 유지하는 데 집착하는 모습을 자주 목격할 수 있다. 그 대표적 사례가 바로 2000년대 초반 '일자리동맹'의 경험이었다. 당시에 독일의 노동조합은 몇십 년 만에 찾아온 사회적 대화의 장에서 조직이기주의의 제어, 조합원에 대한 정치문화적 리더십, 사회여론에 대한 설득력 등을 확보하는 데 실패했다.

이러한 측면에서 볼 때 향후 독일 노동조합에 제기되는 보다 근본적인 문제제기는 이러한 전환과정에서 새로운 도전을 회피하고 현상유지에 머무를 것인가, 아니면 변화에 대한 능동적 형성자로서 사회혁신을 직접 주도할 것인가에 달려 있다.

이러한 진단하에서 볼 때 향후 독일 노동조합의 운명은 다음 세 가지 시나리오 중에서 하나로 귀결될 것으로 전망된다.

첫 번째 가능성은 기존 조합원들이 서서히 사라지고 청년노동자들은 노조에 가입하지 않는 '붕괴' 시나리오를 상상해볼 수 있다. 이는 노조가 사회경제적 변화에 제대로 대처하지 못하고 결국 내부자 논리에 함몰되어 기득권화되면서 사회적 영향력을 상실하는 것을 의미한다.

둘째, 노조가 뚜렷한 변화를 주도하지 못하고 어중간한 상태를 오랫동안 '지지부진'하게 유지하는 시나리오를 예상할 수 있다. 특정 시기 노동조합의 주체적 의지에 따라 개혁프로그램이 일정하게 추진될 수도 있지만, 현실적 조건 때문에 성과가 불충분하게 나타나거나, 이해갈등으로 인해 중도에 흐지부지되는 경우를 말한다. 이러한 경우 대부분의 노동조합은 사회적 주체로서의 정체성은 점차 잃어버리고 이익집단적 성격이 강화되면서 현상유지에 급급한 모습을 보일 것이다.

마지막으로 기존 상태를 극복하고 혁신의 방향으로 나아가는 '개혁' 시나리오를 상상해볼 수 있다. 다차원적인 정치조직체로서 노동조합은 다양화와 탈경계로 특징지을 수 있는 조건변화에 대해 능동적으로 대응하면서 자신의 정당성과 활동력을 회복해야 한다. 이를 위해서 노조는 내적으로는 조직력을 더욱 강화하는 동시에, 외적으로는 새로운 활동과 사업을 창출해내야 한다. 노동조합의 개혁노선은 사회적 영향력을 회복하면서 새로운 조직화의 가능성을 확장시킨다.

이러한 노동조합의 미래에 대한 세 가지 시나리오는 한국에도 충분히 적용가능하다. 돌이켜보면 1987년 노동자대투쟁 이후 본격화된 한국의 노동조합운동도 독일과 마찬가지로 내적 위기와 외적 도전에 직면하고 있다.

과도한 정치지향과 실리적 현장주의로 대표되는 기업별 노조체제를 극복하기 위한 노력이 사라지고 있는 현실이다. 노동시장 구조의 이중화와 사회경제적 양극화를 조장하는 일부 재벌대기업과 공공부문의 담합적 노사관계가 청년실업을 더욱 악화시키고 취약계층을 사회안전망의 사각지대로 내모는 지렛대로 작용한 지도 이미 오래되었다. 단언컨대 한국의 노동조합 역시 이러한 구조적 문제와 관성을 극복하지 못하고 사회적 고립을 자초한다면 경제적 이해에 매몰된 이익집단으로 전락하고 결국 몰락의 길에 빠질 것이 분명하다.

이후 양국의 노동조합운동이 붕괴와 개혁 중 어느 방향으로 나아갈지를 예단하기 쉽지 않지만, 과거의 '잃어버린' 시간을 붙들고 있을 수는 없다. 현재 봉착한 노동세계의 새로운 도전에 맞서기 위해서는 과거의 화려한 유산에만 의존할 수 없다. 낡은 것을 버리고 썩어가는 곳을 도려내야 한다. 이러한 각오와 의지로 노동운동 스스로가 혁신의 주체가 되어 사회경제적 환경제약을 극복하면서 개혁노선을 추진할 때, 비로소 노동조합운동은 새로운 전기를 마련할 수 있을 것이다.

2장

조절된 분권화로 나아가는 독일의 단체교섭[3]

1. 단체교섭구조는 탈집중화되고 있는가?

독일의 단체교섭체계는 산별교섭의 대표 사례로 자주 언급되고 있다. 이는 기업의 노사가 합의하는 사업장협정보다 산별교섭을 통해 확정되는 단체협약을 우선시하고 있기 때문이다. 또한 노사의 이해대변조직 모두 사업장 차원을 넘어서 초기업적 차원에 적용되는 산별협약의 기능과 역할을 인정하고 있다. 산별노동조합과 사용자단체에 속하는 조합원과 회원기업에게 통일적으로 적용되는 광면협약이 독일에서는 일반적인 형태로 통용된다.

　　하지만 단체교섭의 구조와 내용에 있어 각 산업별로, 더 나아가 노동조합과 사용자단체의 조직적 특성에 따라 일정한 차별성을 보

3　이 글은 조성재 외(2009), 『산별교섭의 이론과 실제』(한국노동연구원) 중 6장 "독일의 산별교섭 구조와 최근 동향"을 대폭 수정, 보완하고 요약한 것이다.

이고 있다. 예를 들어 금속전자산업의 경우 광역지구로 구분된 지역별 단체교섭이 이루어지는 반면, 금융서비스부문과 공공서비스부문의 경우 연방 차원의 중앙교섭이 이루어지고 있다. 단체교섭구조가 노동조합과 사용자단체의 의사결정구조와 조직편제를 반영하고 있는 것이다.

한편 1990년대 초반 이후 독일 단체교섭체계 또한 구조환경적 조건과 노사의 주체적 요인의 변화로 인해 상당한 진통을 겪고 있다. 이러한 진통은 기존 산별교섭체계의 지속성과 변동성을 동시에 내포하고 있다고 평가된다. 현재의 교섭체계가 여전히 노동자의 유일교섭주체로서 산별노조를 인정하고 있을 뿐만 아니라, 단체협약의 내용 또한 포괄적 적용원칙을 고수하고 있다는 측면에서 여전히 강한 표준협약의 성격을 지니고 있다. 하지만 업종과 기업의 특성을 반영하는 개방조항(Öffnungsklausel)과 긴급조항(Härteklausel)이 단체협약에 확산되고 있을 뿐만 아니라, 단체교섭체계의 유연화와 차별화가 현실화되고 있다.

이러한 문제의식에 따라 먼저 단체협약의 기본원칙과 기능적 역할을 살펴보고자 한다. 이어 단체교섭의 구조적 특성을 금속전자산업의 사례를 통해 자세히 분석한다. 또한 1990년대 이후 독일 단체교섭체계의 '조절된 분권화(Regulierte Dezentralisierung)' 추세를 자세히 살펴볼 것이다. 이러한 변화가 어떠한 원인에 의해서 발생하고 있으며, 그 내용과 이로 인한 효과가 무엇인지를 좀 더 구체적으로 확인한다. 마지막으로 독일 단체교섭의 구조적 특성과 단체협약 체계의 변화가 우리에게 주는 시사점을 도출할 것이다.

2. 헌법적 권리로서의 단체협약

2.1 단체협약의 기본원칙

단체협약의 기본원칙은 교섭자율주의, 법적 구속력, 단체협약의 유리성, 포괄적 적용과 효력확장 등으로 규정할 수 있다. 단체교섭과 단체협약의 체결에서 노사의 자율적 결정을 인정하는 교섭자율주의는 독일헌법에서 보장하고 있는 '결사의 자유원칙'[4]에 근거하고 있다. 이에 따라 노조는 활동, 교섭과 단체행동에 있어 당사자로서의 지위를 인정받고 우선권을 보장받는다. 제3자, 특히 정부의 단체교섭에 대한 직접적인 개입을 원칙적으로 차단하고 있다(Löwisch, 1992: 9; WSI, 2008: 43).

또한 노동조합과 사용자단체, 또는 개별사용자 간 체결된 단체협약은 법적 수준에 해당하는 강제력을 가진다. 단체협약법에 따르면, 단체협약은 법적 규범으로서 적용범위 내에 있는 모든 노동자들에게 법적 구속력을 가진다. 개별사용자가 사용자단체를 탈퇴하더라도 이미 체결된 협약의 효력이 만료될 때까지는 협약에 대한 책임을 면제받을 수 없다. 그리고 개별노동자들은 사용자와 협의과정에서 자신의 요구에 대한 직접적인 근거로서 단체협약을 제시할 수 있으며, 단체협약으로 인해 취득한 권리를 임의적인 합의로 대체할 수 없다. 또한 근로계약서와 사업장협정의 내용이 단

---

4   독일헌법 제9조 3항에 따르면, "노동조건의 향상과 유지를 위하여 단체를 구성하는 권리는 모든 직업의 모든 개인에게 보장되어 있다."

체협약의 노동조건 보장수준에 상충되는 경우, 노동자에게 더 유리한 내용을 적용하는 것을 원칙으로 한다(Löwisch, 1992: 18; WSI, 2008: 38).

그래서 일반적으로 단체협약은 개별노동자의 근로계약이나 사업장협정보다 우월적인 적용력을 지닌다. 기업기본법의 제77조 3항은 "단체협약에 의해서 규정되어 있거나 통상 단체협약에 의해서 규정되는 임금 및 노동조건은 개별기업에서 협상할 수 있는 대상이 아니다"라고 적시하고 있다. 노동조합이 체결한 단체협약이 개별사용자와 사업장평의회가 체결하는 사업장협정보다 우선적인 적용력을 지닌다(Löwisch, 1992: 186).

한편 단체협약은 교섭당사자인 산별노조의 조합원과 사용자단체 참가기업에게 적용되지만, 실질적인 적용범위는 더 넓어질 수 있다. 법적으로 통용되는 균등대우의 원칙에 의해서 협약대상 기업의 조합원이 아닌 비조합원들에게도 적용된다. 또한 일반적 구속선언에 의해서 해당 산업이나 지역 전체의 모든 노동자들에게 포괄적으로 적용시킬 수 있다. 다만 일반적 구속선언의 전제조건은 두 가지다. 단체협약법 제5조에 의거하여 협약의 효력범위 내에 있는 사업장의 노동자 중 50%가 협약적용이 가능한 노동자이어야 하고, 협약의 일반적 적용이 공익에 기여한다는 노사의 합의가 있어야 한다. 이 경우 노사대표 각 3인으로 구성되는 협약소위의 동의에 따라 연방정부나 주정부의 관할 장관이 이에 대한 일반적 구속효력을 공포한다. 이러한 일반적 구속선언은 단체협약의 임금 및 노동조건이 침해당할 가능성이 있거나, 미조직 사업장에도 적정임금 및 노동조건을 적용해야 할 사회적 필요성이 있는 경우에 공포된다(Löwisch, 1992: 275).

2.2 단체협약의 기능 그리고 효과

단체협약의 기능은 이해관계자에 따라 달라진다. 집단적 노사관계의 세 주체라고 할 수 있는 노동, 자본과 국가의 관점에서 단체협약의 기능을 살펴보면 다음과 같다.

노동자의 입장에서 보면, 단체협약은 노동자의 보호, 분배와 참여기능을 발휘한다. 개별고용계약의 기본조건을 집단적인 단체협약으로 사전에 규정함으로써, 노동자의 권익을 보호하고 경제적 성과에 대한 공정한 분배를 요구할 수 있는 조건을 만든다. 또한 생산과정에 종속된 노동자가 자신의 노동조건을 결정하는 과정에 참여하는 기능을 수행한다.

사용자의 입장에서 보면, 단체협약은 경쟁제어, 질서유지, 산업평화의 기능을 수행한다. 단체협약을 통해 사용자는 노동시장에서 표준적인 임금과 노동조건의 기준을 만들고, 이를 통해 노동력의 구매과정에서 나타날 수 있는 자본 간 경쟁을 줄여준다. 또한 초기업적 차원에서 임금과 노동조건에 대한 보편적인 기준을 적용함으로써, 기업 내외부의 노사갈등을 사전에 방지하고 조율하는 질서유지와 산업평화의 기능을 발휘한다.

마지막으로 국가의 입장에서 보면, 단체협약은 정부의 부담축소, 사회적 정당화기능을 수행한다. 노사의 교섭자율주의를 통해서 국가의 이해조정자적 부담을 줄여주고, 이를 지원하는 제반 법제도화 조치를 국가의 역할로 규정하는 사회적 정당성을 부여받는다(이승협, 2008a: 55).

다른 한편 단체협약은 개별고용계약이나 사업장협정과 달리, 초기업적인 차원에 적용되기 때문에 몇 가지 효과를 발휘한다. 먼저 기업 내부적 측면에서 보면, 광면협약의 성격을 지닌 단체협약은 노동기준의 보편적 적용을 통해 개별노동자는 물론, 개별사용자에게 동등한 경쟁조건을 보장한다. 이를 통해 기업 간 발생할 수 있는 비용절감을 위한 과당경쟁을 줄이고 사회적으로 적용되는 노동규범의 침해를 줄일 수 있다. 또한 초기업적 단체협약은 개별기업의 비용투명성을 높이고 조정·교섭비용을 줄이는 효과를 발휘한다. 이러한 이유로 개별기업 내에서 발생할 수 있는 노사갈등의 가능성을 줄이고 노사공동의 이익을 추구할 수 있다.

한편 기업 외적으로 보면, 노동조건의 초기업적 적용을 일반화시키고 기업 간 노동이동의 비용을 줄여줌으로써, 노동시장의 배분기능을 활성화시킨다. 또한 초기업적 차원에서 임금과 노동조건의 주요 내용이 결정됨으로써, 개별기업의 노사는 기업 내부의 공통문제에 집중하고 이를 해결하기 위한 상호협력방안을 모색한다 (Schmidt, 2007: 31).

2.3 단체협약의 종류와 내용

단체협약은 적용범위와 체결주체에 따라 크게 '광면협약(Flächentarifvertrag)'⁵과 '단사협약(Firmentarifvertrag)'으로 구분할 수 있다.

먼저 광면협약의 체결주체는 해당 산업의 노동조합과 사용자단체이다. 노동자의 유일교섭단체로서 노동조합이 사용자의 이해대변 조직인 사용자단체와 교섭을 수행하고 이에 따라 광면협약을 체결하며, 이는 산별노조의 조합원과 사용자단체 소속 사업장에 모두 적용된다. 해당 협약의 공간적 적용범위는 전국적 차원일 수도 있고 지역적 차원일 수도 있다. 그래서 광면협약의 내용은 협약체결의 당사자인 산별노조의 전체 조합원과 해당 사용자단체 소속 사업장 전체에 법적인 강제력을 가진다고 볼 수 있다. 하지만 해당 지역의 특수한 사정(기업위기와 구조조정 등)을 고려하여 일부 개방조항과 긴급조항을 포함하는 광면협약이 체결되기도 한다.

또한 고용안정과 생산입지의 보장을 위해 일부 협약조항을 유예하거나 보류하는 방식으로 '보충협약(Ergänzungstarifvertrag)'이 해당 사업장에 적용되는 경우도 있다. 대표적인 보충협약은 기업의 경영위기나 파산을 막기 위해서 광면협약의 적용을 해당 사업장에 일정기간 동안 유보하는 '구제협약(Sanierungstarifvertrag)'이다. 다른 한편으로 단사협약이 존재한다. 이 협약은 노동조합이 사용자단체에 가입하지 않은 개별기업과 직접 체결한다. 하지만 단사협약이라도 해당 사업장이 속해 있는 산업에 적용되는 광면협약의 내용을 그대로 수용하는 경우가 많기 때문에, 이 경우는 '승인협약(Anerken-nungstarifvertrag)'이라고 불린다. 그리고 몇 개의 노조와 사용자단

---

5 광면협약은 '연합협약(Verbandstarifvertrag)'이라고 불리기도 한다. 광면협약이 여러 산업을 포괄하는 경우 '부문협약(Branchentarifvertrag)'으로 칭해진다.

체가 동일한 내용의 단체협약을 공동으로 체결하는 '병렬협약(Paral-leltarifvertrag)'도 존재한다.

한편 수천 개에 달하는 단체협약은 그 내용에 따라 크게 네 가지로 구분할 수 있다. 이를 유형화하면, '임금 및 급료협약(Lohn- und Gehaltstarifvertrag)', '임금 및 급료체계협약(Lohn- und Gehaltsrah-mentarifvertrag)', '기본협약(Manteltarifvertrag)' 그리고 '특별협약(Spezialtarifvertrag)'으로 나눌 수 있다.

먼저 임금 및 급료협약은 시급과 월급의 임금수준을 규정한다. 또한 제반수당과 특별수당의 액수를 정한다. 대부분 매년 교섭이 이루어지지만, 해당년도 교섭이 길어지는 경우 향후 2년치의 인상률을 결정하는 경우도 종종 발생한다. 한편 임금 및 급료체계협약은 동일 산업 및 업종 내 노동자의 직종과 직무를 규정하고 각 직종과 직무의 등급구분을 통해 특정 임금군을 명시한다. 임금군의 숫자는 각 산업·업종에 따라 차이가 나지만, 임금군의 중간단계를 기준 임금군으로 설정하고 있으며, 상하 임금군에 대해 일정비율의 가감산을 적용하여 각 임금군의 기본급을 결정한다. 또한 이 협약은 각 직종·직무의 상여금과 성과급의 초기업적 결정기준을 다루고 있다. 이러한 임금 및 급료체계협약은 대개 수년에 한 번씩 교섭을 통해 갱신하거나 연장하고 있다.

마지막으로 기본협약은 일반적인 노동조건을 다루고 있다. 예를 들어 노동시간, 휴식시간과 휴가, 잔업 및 교대수당, 단축근무, 산업재해, 조기퇴직, 숙련교육, 해고예고기간, 분쟁조정절차 등 다양한 내용이 포함될 수 있다. 그 외에 특정사안에 대한 노사의 합의사

항을 담은 특별단체협약이 체결될 수 있다. 예를 들어 노동자의 재
산형성에 대한 지원, 경영합리화에 대한 보호, 직업훈련 및 숙련형성
등 특별한 상황을 반영하는 세부내용이 다루어질 수 있다(조성재 외,
2009; 이승협, 2006).

2.4 단체협약과 사업장협정의 관계

단체협약과 별도로 독일의 개별기업 사용자와 사업장평의회는 기업
기본법에서 규정하고 있는 내용에 대해서 사업장협정을 체결하고
있다. 사업장평의회는 노조의 가입여부와 무관하게 조직되는 개별
기업의 노동자 이해대변조직이다. 그래서 최고경영진을 제외한 모
든 임노동자들이 사업장평의회 선거에 참가할 수 있다. 또한 사업장
평의회와 개별사용자가 체결하는 사업장협정은 해당 사업장의 모든
노동자에게 적용된다.

다만 사업장협정의 규정력은 단체협약보다 더 낮다. 기업기본법
제77조 3항에 따르면, 단체협약에 의해서 규정된 임금과 노동조건
수준 이하로 개별기업에서 사업장협정을 체결할 수는 없다. 즉, 사업
장협정보다 단체협약의 규정력이 더 우위에 있다.

한편 사업장평의회는 개별기업의 전체 종업원의 이해관계를 대
변하는 동시에, 기업의 경영목표에 대한 의무도 지닌다. 즉, 사업장
평의회는 노동과 경영이라는 두 가지의 대립적인 이해관계를 동시
에 가지고 있다. 이러한 이유로 사업장평의회에게 파업권과 교섭권
은 부여되지 않고, 기업의 경영사항 전반에 대한 정보권, 협의권, 동

의권과 공동결정권이 주어진다. 이러한 경영참가 권한에 근거하여 사업장평의회는 기업기본법에서 규정하는 다양한 사안에 대한 사업장협정을 체결하게 된다.

3. 금속전자산업 단체교섭의 구조와 실태

3.1 단체교섭의 주체

1) 독일 금속노조

상당수 폭스바겐, BMW, 지멘스 노동자들이 조합원으로 소속된 독일의 금속노조(IG Metall)는 창립시기부터 금속전자산업에 속하는 자동차, 기계, 가전, 조선, 일반금속 등 대부분의 업종을 포괄했을 뿐 아니라, 철강산업, 정보통신산업의 일부 사업장도 조직화하고 있다. 또한 노조의 통합과정을 거쳐 1998년 4월부터 섬유·의류산업, 2000년 1월부터 목재·플라스틱산업 노동자까지 조합원으로 받아들이게 된다. 한편 산업구조의 변화와 경기변동에 따라 금속노조의 조직률은 큰 변동을 보이고 있지만, 중장기적으로 지속적인 하락세를 보이고 있다. 1950년대 이후 독일경제의 부흥과 함께, 금속노조의 조합원들은 1950년 약 129만 명에서 1961년 약 186만 명, 1970년 약 222만 명, 1980년 약 262만 명으로 증가 추세를 보였다. 하지만 1980년대에 들어 이러한 증가 추세는 정체된다. 한편 1990년 독일의 재통일로 인한 동독지역 금속노동자들의 집단가입을 통해 조합원 수는 1992년 약 339만 명까지 증가했다. 하지만 통일특수의 거품이 빠지면서 독일경제의 불황이 시작되었고 이는 조합원의 수에도 반영되었다. 1993년 약 314만 명에 이르던 조합원의 수는 2000년 276만 명으로 줄어들면서 지속적인 감소세를 보이고 있다. 2007년 230만 명을 유지하던 조합원 수는 2011년 224만 명으로 최저치를 보이다가 2018년 말 기준 227만 명에 이른다. 이 수치는 조직 대상 금속전자산업 노동자의 약 20%에도 미치지 못한 수준이다. 2000년대 초반 통합서비스노조의 탄생으로 인해 독일노총 산하 최대노조 자리를 내주었던 금속노조는 최근 몇 년 사이 최대노조의 자리로 복귀했다.

하지만 노조조직률에서 확인할 수 있듯이 금속노조 또한 심각한 조직화 위기 상황에 봉착하고 있다. 조직률이 20% 미만으로 줄어든 것은 물론, 조합원 중에서 취업자의 비중은 70%에도 미치지 못한다. 이러한 문제로 인해 금속노조 또한 2015년 노조총회의 결의를 통해 조직화사업에 재원과 인력을 집중하고 있다.

2018년 말 기준 독일 금속노조의 조합원 구성은 다음과 같다. 조합원 총수는 약 227만 명이며, 이 중 취업자는 전체 조합원의 70%에 해당하는 약 158만 7,000명에 이른다. 실업자, 퇴직자와 학생을 포함하는 비취업자의 비중이 30%를 차지한다. 한편 조합원 중 27세 미만 청년은 약 23만 명, 학생은 13만 명, 여성은 41만 명, 사무직은 33만 명을 차지한다. 여성, 청년과 사무직이 꾸준한 증가 추세를 보이고, 이는 기존 생산직 남성위주의 조합원 구성이 조금씩 변화하고 있다는 것을 의미한다(IG Metall, 2018).

퀴스테 지구
(함부르크)

니더작센-작센-안할트 지구
(하노버)

노르트라인-베스트팔렌 지구
(뒤셀도르프)

베를린-브란덴부르크-작센 지구
(베를린)

프랑크푸르트 지구
(프랑크푸르트)

바덴-비텐베르크 지구
(슈투트가르트)

바이에른 지구
(뮌헨)

그림 2-1 독일 금속노조의 7개 광역지구와 지구본부

한편 금속노조의 조직운영구조는 연방집행위원회-광역지구-지역지부-현장(노조신임자)지회 총 4단계로 구성되어 있다. 이 중에서 연방집행위원회는 중앙본부 성격을 지니고, 연방 소속 16개 주를 조합원 분포를 고려한 상태에서 재구획한 총 7개 광역지구를 산하에 두고 있다. 7개 광역지구에서 산업 및 업종별로 금속노조와 사용자연합의 단체교섭이 이루어진다. 한편 이들 광역지구 산하에 15개 내지 50개에 이르는 지역지부가 있으며, 각 사업장마다 노조신임자조직이라 할 수 있는 현장지회가 존재한다. 이들 광역지구와 광역지구 본부가 소재하고 있는 도시를 나타내면 〈그림 2-1〉과 같다.

2) 독일의 금속사용자연합

한편 사용자연합의 조직편재는 단일하지 않으며, 산업·업종별로 차이를 보이고 있다. 즉, 금속노조와 단체교섭을 수행하고 있는 대표적인 산업별 사용자단체는 금속전자산업 사용자연합, 철강산업 사용자연합, 의류산업 사용자연합, 섬유산업 사용자연합, 목재소재산업 사용자연합 등으로 나눌 수 있고, 각 산업별 수공업협회는 독립적으로 운영되고 있다. 금속노조의 광역지구는 각 산업별로 사용자연합의 광역별 산하 조직과 몇 개의 단체교섭을 하고 있다고 평가할 수 있다.

한편 각 산업별로 구성되어 있는 사용자연합은 지역 차원의 광역사용자연합이 강한 영향력을 행사하는 분권적 구조를 가지고 있는 것이 일반적이다. 이러한 이유로 연방 차원의 상급조직이 존재하지만, 그 권한과 책임은 금속노조의 연방집행위만큼 강하지는 않다.

예를 들어 광역금속사용자연합의 상급조직은 금속사용자총연합(Gesamtmetall)이다. 이 단체는 광역금속사용자연합을 회원으로 하여 구성된 총연합체이며, 각 광역금속사용자연합에는 해당 지역의 금속전자산업 산하 사용자들이 회원으로 가입해 있다. 사용자연합 회원으로 가입할 수 있는 자격을 가진 자는 금속전자산업 민간기업 사용자들로서, 공기업 사용자들은 제외된다. 이 경우 기업이 단일사업장으로 구성되어 있는 경우에는 해당 사업장 대표가 그 기업 소재지역의 사용자연합에 가입할 수 있고, 기업이 다수의 사업장들로 구성되어 있는 경우, 기업의 최고위급 사용자가 해당 지역 사용자연합에 가입할 수 있다.

금속사용자연합의 자료(Gesamtmetall, 2018)에 따르면, 2017년 말 기준 금속전자산업 취업자의 수는 약 383만 명에 이르며, 현재 사용자연합에 가입한 기업 수는 7,009개, 해당 노동자 수는 225만 7,000명이다. 이 중 금속노조와의 단체교섭을 통해 단체협약 적용을 받는 노동자 수는 약 180만 명에 이른다.

3) 노사의 상호대칭성

금속노조와 산업별 사용자연합의 조직적 상호대칭성을 금속전자산업 사용자연합의 사례를 통해 좀 더 깊이 살펴보면 다음과 같다. 금속전자산업 사용자연합의 광역조직은 금속노조 광역지구와 상호대칭적으로 조직되어 있다. 물론 사용자연합의 관할권역 구분이 노동조합의 '협약권역(Tarifgebiet)'과 획일적으로 대칭을 이루고 있는 것은 아니지만, 지역 차원에서 이루어지는 단체교섭의 기본구조에 조응하도록 충분한 대칭성을 확보하고 있다. 금속노조와 금속전자산업 사용자연합 사이의 대칭관계를 좀 더 구체적으로 살펴보자. 금속노조 광역지구 수는 7개인 데 반하여, 광역금속사용자연합 수는 16개이다. 예를 들어 노르트라인-베스트팔렌 광역지구의 경우 금속노조 광역본부와 광역금속사용자연합이 교섭의 책임주체가 되기 때문에 관할권역 전체를 단일한 교섭권역으로 하고 있다. 그에 반하여 니더작센-작센-안할트 광역지구의 경우, 노조 광역본부와 광역사용자연합이 일대일로 교섭하고 있지만, 관할권역을 다시 세 개의 협약권역으로 나누고 있다. 노동조합의 유일한 교섭주체는 해당 광역본부가 되지만, 각 협약권역별로 광역사용자연합이 다르기 때문에, 오스나부릭, 니더작센, 작센-안할트 3개 지역에 각각 다른 단체협약이 체결될 수 있다는 사실을 의미한다. 여기서 협약권역은 해당 협약이 적용되는 공간적 범위를 의미한다(박장현, 2006: 35).

하지만 실제 단체교섭에서 광역사용자연합이 공동교섭단을 구성하고 금속노조 광역본부와 교섭을 벌이는 경우가 대부분이기 때문에, 협약권역의 차이에도 불구하고 동일 광역지구 내 소속 사업장은 동일한 단체협약의 적용을 받는다고 볼 수 있다. 이러한 이유로 단체협약의 실질적 내용을 볼 때, 동독지역과 서독지역에서 노동시간 같은 특정 사항에 있어 차별성이 존재할 뿐, 지역간 임금, 노동시간을 비롯한 중요한 협약내용의 차이가 거의 존재하지 않는다. 이와 같이 금속전자산업의 단체교섭은 금속노조의 광역본부가 관할하는 7개 교섭지구별로 이루어지고 이때 사용자단체의 교섭주체는 하나의 광역사용자연합이 될 수도 있고, 여러 개의 광역사용자연합이 공동교섭단을 구성할 수도 있다.

3.2 독일 금속전자산업의 단체교섭

1) 업종별 교섭구조

금속전자산업 전체를 아우르는 단체교섭은 존재하지 않으며, 업종별로 분화되어 있다. 단체교섭의 상대방, 즉 사용자단체가 다른 업종의 경우, 예를 들어 철강, 의류섬유, 목재소재, 금속전자수공업, 정보통신 분야에서 단체교섭의 지역편재는 상당히 다를 뿐만 아니라, 단체협약의 내용상 차이도 크게 존재할 수 있다. 이는 금속전자산업과 다른 업종의 산업경제적 조건이 다를 뿐만 아니라, 해당 산업 사용 자단체의 조직구성이 다르기 때문이다.

이와 같이 독일금속노조의 단체교섭체계에 있어 가장 중요한 특징은 실질적인 단체교섭이 업종별로 나뉘어서 해당 산업의 협약 권역별로 동시에 수행된다는 사실이다. 예를 들어 금속전자산업의 경우 협약권역이 2005년 기준 총 21개이고 의류산업의 경우 14개, 섬유산업의 경우 12개, 목재소재산업의 경우 16개, 철강산업의 경우 3개에 이른다. 또한 단체교섭의 상대방인 사용자단체 또한 업종별로 분화되어 있을 뿐만 아니라, 업종사용자단체 산하에 지역별 조직이 존재하고 있다. 이러한 이유로 인해 금속노조의 경우 크게 5가지의 업종별 단체교섭이 분리되어 진행되는 동시에,[6] 시기를 달리하면서 각 협약권역별로 전개된다. 여기서 주목할 점은 각 업종의 노사대표 들은 하나의 특정 지역을 선정하여 교섭역량과 자원을 집중하고 여 기서 준거단체협약을 체결하고 이를 기준으로 다른 지역도 교섭을 타결하는 과정을 거친다는 사실이다(박장현, 2006).

각 산업별로 협약권역에 따라 이루어지는 단체교섭에 있어 노 동조합의 교섭담당주체는 광역지구별로 구성되는 협약위원회이고 실질적인 교섭은 교섭위원회가 수행한다. 즉, 광역지구별로 각 산 업에 따라 독자적인 협약위원회와 교섭위원회가 구성된다고 볼 수 있다.

---

6   대표적인 산업별 단체교섭의 종류는 금속전자산업, 금속전자수공업(난방 포함), 의류섬 유산업, 목재소재산업, 철강산업 등이다.

2) 단체교섭의 진행과정

금속노조는 각 광역지구별로 단체교섭이 시작되기 전에 요구안에 대한 조합원 의견을 수렴하는 과정을 거치고 난 후 요구안을 확정한다. 단체협약이 만료되기 수개월 전부터 노동조합의 산하 조직별로 차기 협상안에 대한 의견수렴과 조합원 내부논의가 시작된다. 이 과정에서 광역지역별 단체협약위원회와 중앙본부의 상임집행위원회가 중요한 역할을 수행한다. 단체협약위원회는 단협요구안 의결, 단협안의 효력여부, 교섭진행상황에 대한 입장을 표명할 뿐만 아니라, 협상결과 수용, 파업여부에 대한 논의를 총괄한다. 한편 단체교섭과정의 주요의사결정은 연방 차원의 상임집행위원회가 주관한다. 상임집행위원회는 단체협약위원회가 의결한 요구안의 최종범위를 확정하고 새로운 협약요구안을 인준한다. 또한 파업찬반투표와 파업여부를 승인할 뿐만 아니라, 단체협약위원회가 수용한 새로운 교섭결과물에 대한 최종승인권을 가진다.

〈그림 2-2〉는 광역지구별로 이루어지는 단체교섭의 실제 진행과정을 보여준다. 먼저 노조는 단체협약위원회의 의결을 거쳐 기존 단체협약에 대한 해지를 사용자에게 통보한다. 통상적으로 본격적인 노사교섭은 기존 단체협약 만료 2주 전에 시작된다. 이후 교섭이 진행되는 과정에서 경고파업과 시위가 발생한다. 이러한 과정을 거치고 난 후에도 노사합의안이 도출되지 못하면 노사는 교섭결렬을 선언할 수 있다. 물론 이후에도 중재절차가 이루어지기도 한다. 중재절차를 거치고 나온 중재안에 대해서 노사 중 한쪽이 수용을 거부하면 중재절차는 종료된다. 중재절차가 종료되면 산별노조는 파업찬

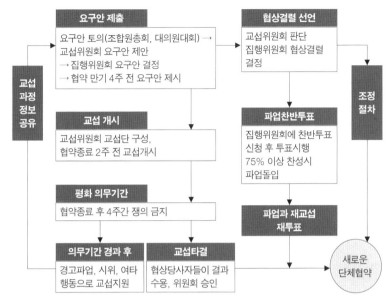

그림 2-2 독일 단체교섭의 진행과정

반투표를 시행할 수 있으며, 참여자 75%가 찬성하면 합법적인 파업을 할 수 있다. 이러한 쟁의과정에서도 노사의 협상은 계속되고 그 과정에서 노사 간 잠정합의안이 나오게 되고 이 잠정합의안에 대한 찬반투표를 다시 실시한다. 이때 참가자의 25%만 찬성을 하게 되면 파업을 종결해야 한다(WSI, 2008: 244).

이러한 단체교섭 과정을 2018년 금속전자산업 사례를 통해 살펴보자.[7] 2017년 10월에 시작된 노사의 2018년 단체교섭은 8개 협약권역에서 동시에 진행되지만, 금속노조는 전통적으로 하나의 '선도지역(Pilotgebiet)'을 선택하여 단체협약의 핵심 요구안을 우선적으로 체결하는 교섭전략을 구사한다. 일반적으로 금속노조는 중북

---

7   http://www.igmetall.de/tarif/besser-mit-tarif/

부의 니더작센지역과 중남부의 바덴-비텐베르크지역을 번갈아가면
서 선도지역으로 지정한다. 두 지역에 금속전자산업 사업장이 집중
되어 있을 뿐 아니라, 노조의 조직력도 다른 지역에 비해 강하기 때
문이다. 2018년 단체교섭의 선도지역은 바덴-비텐베르크지역이었
다. 2018년 단체교섭에서 금속노조는 6% 임금인상 요구 외에, 주당
28시간까지 실질노동시간을 단축할 수 있는 선택권을 노동자에게
부여하는 단체협약을 요구하고 있었다. 사용자는 이러한 요구에 대
해 즉각적으로 거부하면서 협상은 순조롭게 진행되지 못했다. 2018년
에 들어서면서 각 지역의 거점 사업장을 중심으로 노동쟁의가 전개
되었다. 그러나 계속 노사 간 이견이 좁혀지지 않았고, 금속노조가 2월
2일 24시간 경고파업 지침을 전체 소속사업장에 하달하면서 노사갈
등은 최고조에 달한다. 2018년은 실질노동시간 단축과 임금인상을
둘러싸고 노사가 팽팽하게 맞설 수밖에 없는 상황이었기 때문에 벤
츠, BMW, 포르쉐 등 주요 완성차업체 공장에서도 생산라인이 멈춰
섰고 약 150만 명이 참가하는 1일 총파업이 전개되었다. 이러한 강
력한 파업의 영향으로 2월 5일 밤부터 시작된 바덴-비텐베르크지역
의 단체교섭은 다음날 극적으로 합의안을 도출한다. 바덴-비텐베르
크지역에서 금속노조 광역본부와 지역금속사용자연합이 합의한 새
로운 단체협약은 해당 광역지구 협약위원회의 심의와 추인을 받고
난 후, 다시 중앙에 있는 상임집행위원회의 최종승인을 받게 된다.
이러한 과정을 거치고 난 후 여타 협약권역에서도 선도지역의 타결
안을 기준으로 하여 각 협약권역에 적용되는 임금 및 노동조건에 대
한 광면협약을 1~2주 사이에 체결한다.

4. 단체교섭체계의 변화와 노동조합의 대응전략

4.1 단체교섭의 탈집중화

1) 광면협약의 포괄성 약화

독일단체협약의 성격을 대표하는 광면협약은 소속 조합원과 사용자단체 소속 사업장에 그 내용이 광범위하게 적용되는 것이 가장 큰 특징이다. 하지만 이러한 포괄적 적용력이 점점 더 약화되고 있다. 이는 단체협약의 적용비율이 하락하고 있는 것에서 확인된다. 2015년 기준 전체 독일 피고용인 중 57%만이 단체협약의 적용을 받고 있다. 광면협약의 적용을 받는 비중은 48%, 단사협약의 적용을 받는 비중은 9%이다. 한편 단체협약의 적용을 받는 기업의 비중은 전체 사업장 대비 30%이고, 광면협약의 적용을 받는 비중은 27%에 불과하다.

그리고 이러한 협약적용율의 동서독지역 차이는 여전히 10% 이상을 유지하고 있다. 2015년 기준 서독지역 노동자의 협약적용률은 59%인 반면, 동독지역 노동자의 협약적용률은 49%이다. 광면협약의 적용률 차이는 더 크게 나타난다. 2015년 기준 서독지역 노동자의 광면협약 적용률은 51%인데, 동독지역은 37%에 불과하다.

한편 단체협약의 적용률 감소 추세는 지난 20년간 지속되고 있다. 〈그림 2-3〉에서 알 수 있듯이 서독지역의 경우 단체협약 적용을 받는 피고용인의 비율이 1998년 76%에서 2015년 59%로 줄어들었다. 동일한 시기 동독지역의 경우, 63%에서 49%로 줄어들었다.

한편 단체협약의 적용비율에 있어 업종별 차이가 뚜렷하게 나

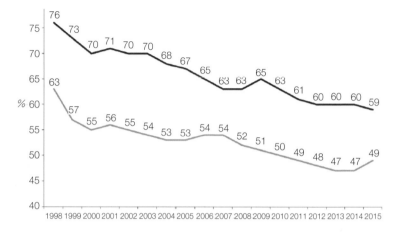

그림 2-3 단체협약적용 대상 지역별 피고용인 비율변화(1998년~2015년, %)
*위는 서독지역 적용률, 아래는 동독지역 적용률.
출처: http://www.tarifvertrag.de(독일노총 단체협약 아카이브)

타나고 있다. 피고용인 수를 기준으로 2015년 기준 단체협약의 적용비율은 전체 산업기준으로 57%이다. 가장 높은 적용비율을 보이는 부문은 광업·에너지·상하수도업으로 89%, 금융보험업 79%, 건설업 67% 등이다. 이와 달리 기타서비스, 비영리기관, 교통정보통신, 상업, 농업, 기업서비스 등의 순으로 그 비율이 낮아진다. 즉, 공공서비스부문과 전통적인 제조업이 단체협약의 적용률이 상대적으로 높게 나타나는 반면, 민간서비스부문은 상대적으로 그 비율이 낮다.

단체협약이 적용되지 않는 사업장은 주로 중소규모 사업장이며, 이들 가운데 다수는 사업장평의회와 개별사용자 사이에 사업장협정을 체결하고 있다. 사업장평의회가 사업장협정의 내용을 단체협약의 수준에 맞추도록 노력하고 있지만, 실제로 그보다 낮은 수준에서 타결된다고 볼 수 있다. 다른 한편 단체협약적용 사업장에서도 조합원과 비조합원들이 공존하고 있다. 원칙적으로 단체협약의 내용은 조합원에게만 적용되어야 하지만, 비조합원에게도 동일하게 적용되고 있다. 이는 사용자가 비조합원의 조합가입을 막기 위해 단체협약과 동일한 임금과 노동조건을 비조합원에게도 적용하기 때문이다.

2) 노조조직률 하락과 경쟁노조 출현

단체협약의 포괄적 적용력이 떨어지는 이유 중의 하나가 바로 노조조직률의 하락과 새로운 경쟁노조의 출현이라고 할 수 있다. 먼저 노동조합의 조직률은 1960년대 경제성장기를 거치면서 증가세를 계속 유지하고 있었다. 1980년대 이후 정체기를 거치지만, 1990년 재통일 이후 동독지역 조합원의 증가로 인해 조직률은 급격히 상승하여 조합원의 총수가 1991년에 약 1,370만 명을 기록했다. 하지만 1990년대 초반 이후 재통일의 거품이 빠지면서 노동조합의 조직률 또한 급속한 하강 추세를 보이고 있다. 더욱이 2000년대 중후반 독일경제가 불황을 벗어나면서 노조조직화의 여건이 좋아졌지만, 조직률의 상승세로 이어지지는 않았다.

OECD 공식통계에 따르면, 독일의 경우 피고용인 전체 대비 노조조합원의 비율은 1980년 32.7%에서 1996년 26.6%, 2002년 18.9%, 2008년 15.7%로 최저치를 기록하고 난 후 2015년 17.7%로 증가했다가 2017년 기준 17.0%를 기록하고 있다(WSI, 2008; Zohlnhöfer & Saalfeld, 2018: 245).

노동조합의 조직률 하락과 함께, 독일노총 산하 8개 산별노조와 경쟁하는 다른 노동조합의 출현으로 인해 일부 업종의 경우 단체협

표 2-1 독일노총 소속이 아닌 직업별 노동조합과 노동단체

	조직영역	조합원 수	조직률	독자적 단체협약 체결일	독일노총 소속 경쟁노조
항공안전노조 (GdF)	공항안전 및 검색	3,700명 (2012년)	80%	2004	베르디
기관사노조 (GDL)	철도운전	3만 3,603명 (2010년)	60%	2007	철도노조
마르부르거연합 (MB)	병원의사	11만 4,179명 (2012년)	70%	2006	베르디
스튜어디스노조 (UFO)	항공기 서비스	1만 명 (2012년)	40~50%	2002	베르디
조종사노조 (VC)	조종사	8,700명 (2012년)	80~90%	2001	베르디
기독교금속노조 (CGM)	금속제조업	1만 7,000명 (2017년)	1% 미만	2011	금속노조

출처: Keller, 2015: 10; Schroeder & Greef, 2014:137.

약의 통일적 적용원칙이 훼손되고 있다. 기존에 존재했던 독일기독
교노총(CGB)과 독일공무원노총(DBB) 산하 노조들은 물론, 2000년
대 이후 새롭게 출현한 직업조합들이 그 규모와 영향력은 아직 미흡
하지만, 해당 업종과 직종의 단체교섭을 직접 수행하고 있다. 즉, 이
들 노조들이 독일노총 산하 소속 노조들과 경쟁관계를 형성하면서
소위 '덤핑협약'을 체결함으로써, 광면협약의 통일적인 적용력을 훼
손하고 있는 것이 현실이다.

　위의 〈표 2-1〉에서 알 수 있듯이 경쟁노조의 대표적인 사례는
독일노총 산하 철도노조(TRANSNET)와 경쟁하는 독일공무원노총
산하 독일철도공무원조합(GDBA),[8] 금속노조와 경쟁하는 기독교금

8　철도노조와 독일철도공무원조합은 2010년 11월 30일 통합을 선언하고 난 후 철도교통

속노조(CGM), 통합서비스노조의 의료분과와 경쟁하고 있는 마르부르거연합(Marburger Bund: MB) 등이다.

3) 사용자단체의 가입률 감소와 협약예외 사업장의 증가

노동조합의 조직률 하락과 함께, 단체협약의 유효성을 떨어뜨리는 결정적인 요인 중의 하나가 바로 사용자단체의 가입률 하락이다. 자료 부족으로 독일사용자총연합(BDA)[9]의 산하 단체 회원사 조직률에 대한 정확한 통계는 알 수 없지만, 공공서비스, 은행과 보험부문의 조직률이 상대적으로 높은 것으로 나타나고 있다.

　예를 들어 사용자단체 조직률이 상대적으로 높았던 금속사용자연합조차 1990년대 이후 그 비율이 지속적으로 감소하여 서독지역의 경우 2003년 기준 59%, 동독지역의 경우 21%에 불과하다. 이러한 가입률의 하락현상은 단체협약 적용률에도 그대로 반영된다. 2015년 기준 제조업기업의 단체협약 적용률이 34%에 불과하고 동독지역 제조업 사업장의 경우 단협이 적용되지 않는 비율이 무려 82%에 이른다(Zohlnhöfer & Saalfeld, 2018: 246). 이와 같이 사용자단체의 조직률 하락은 광면협약의 유효성을 떨어뜨리고 단체협약의 보편적 적용력을 감소시킨다.

　한편 많은 기업들이 사용자단체의 회원자격을 유지한 상태에서

노조(Eisenbahn-und Verkehrsgewerkschaft: EVG)로 거듭났다.

9　1951년 설립된 독일사용자총연합은 독일사용자들의 연방 차원 상급단체이다. 2017년 기준 14개 지역사용자연합과 52개 업종사용자단체가 가입하고 있으며, 산하에 약 100만 개 기업이 회원사로 가입하고 있다. 독일사용자총연합의 소속 사업장이 포괄하는 노동자 수는 전체 피고용인의 70%에 해당한다.(http://gesamtmetall.de)

광면협약의 적용을 받지 않는 방안을 모색하고 있을 뿐만 아니라, 실제 회원가입규정에 이를 허용하는 사용자단체가 늘어나고 있다. 아직 법적 논란이 계속되고 있지만, 이미 기존의 많은 사용자단체들이 광면협약의 적용의무를 부가하지 않으면서 기존 회원기업과 동일한 서비스기능(법률자문과 회원혜택 등)을 제공하는 방식으로 이들을 조직하고 있다. 이러한 사용자단체의 새로운 조직화전략은 단체교섭의 분권화와 차별화를 강화시키기 위한 압력수단으로 활용되고 있다(Haipeter & Schilling, 2006).

4.2 단체협약의 기업중심주의화

1) 단체협약의 유연화

1990년대 들어서면서 단체협약의 '기업중심주의화'가 확산되고 있다. 이미 1980년대 중반 이후 단체협약의 유연화현상, 즉 개별기업의 결정권한을 일정하게 인정하는 경향이 존재했다. 하지만 1990년 통독 이후 나타난 구조환경적 조건의 변화, 즉 통일의 전환비용 부담, 장기적 경기침체, 국제경쟁의 격화와 자본자유화, 실업증가와 주주자본주의화로 인해 단체협약의 유연화 필요성이 계속적으로 제기되었다. 여기에 2000년대에 들어서면서 메르켈 총리를 필두로 한 보수대연정이 추진한 노동 관련 법제도의 탈규제화가 노조조직률의 하락과 결합되면서 협약적용율의 전반적인 하락과 노동조합의 영향력 약화를 초래하고 있다. 사용자는 경제의 재구조화에 따라 단체협약에서 노동시간의 포괄적인 유연화와 개방화를 요구하고 있다. 국제경쟁의 격화 속에서 살아남기 위해서는 노동시간의 유연화조치, 특히 노동시간의 연장 권한을 개별기업이 행사할 수 있도록 해야 한다고 주장하고 있다. 이에 대해 노동조합은 협약노동시간의 연장은 실질적인 소득감소를 유발하고 노동시간의 결정권을 기업에게 이전할 경우 단체협약의 보편적 적용원칙이 훼손된다는 이유로 이러한 사용자의 공세를 거부하고 있다. 다만 노조는 협약노동시간의 단축에 상응하여 총노동시간에 대한 유연화 가능성을 어느 정도 인정하고 있으며, 이에 대한 구체적 사례로 특별규정, 혹은 예외규정을 개별기업에 적용할 수 있는 '개방조항'을 허용하고 있다.[10] 그러나 사용자는 이러한 개방조항에 대해 단체협약의 규정력이 여전히 경직적이기 때문에 개별기업의 노사 스스로 결정할 수 있는 범위를 더 넓혀야 한다고 주장하고 있다(Bispinck, 2004: 237).

한편 단체협약의 유연화 추세는 노동시간에만 한정되지 않는다. 2019년부터 모든 취업자들에게 적용되는 법정최저임금의 수준보다 더 높은 협약최저임금이 12개 직종에 도입되었다. 노조조직률이 낮고 사용자단체의 결성이 쉽지 않은 전기수공업, 도색업, 시설청소, 건물관리, 간병서비스, 직업교육서비스, 파견업 등이 여기에 해당한다. 업종차원에 적용되는 협약임금을 도저히 적용할 수 없는 특정직종을 정하고 여기에 종사하는 노동자에게 법정최저임금보다는 높지

---

10   예를 들어 금속전자산업 노사가 체결한 2018년 단체협약에 따르면, 현행 주당 35시간인 협약노동시간 규정을 2년 기간 내에 충족시킨다는 조건하에 필요한 경우 노사의 합의에 따라 개별기업이 실노동시간을 2019년부터 주당 28시간까지 줄일 수 있다. 이러한 노동시간의 유연화조치는 사용자로 하여금 교대근무제의 다양화, 그리고 노동자로 하여금 보육이나 간병 등을 위한 탄력적 근무를 가능하게 만든다(Schulten, 2019: 16).

만, 협약임금보다는 낮은 수준의 협약최저임금을 지급한다. 독일의
2019년 법정최저임금은 시간당 9.19유로인 반면, 전기수공업 조립
직종에 종사하는 노동자에게 적용되는 협약최저임금은 시간당 11.4
유로이다. 이와 달리 금속전자산업 전기수공업에 적용되는 협약임
금은 시간당 최소 15유로 이상이다(Schulten, 2019: 9).

　이와 같이 독일은 산별영역에서 노사가 결정했던 임금과 노동
조건을 어느 정도까지 개별기업의 노사에게 그 결정권을 넘길 수 있
는가를 둘러싸고 계속 논쟁이 진행 중에 있다. 이러한 현상에 대한
해석이 통일되어 있지는 않지만, 단체협약의 결정과정에 있어 '조절
된 분권화'가 진행되고 있다는 사실은 분명하다. 단체협약의 보편적
규정성과 기업 내 노사의 자율적 결정에 대한 균형을 어떻게 맞출
수 있는가가 핵심쟁점으로 떠오르고 있다.

2) 단체협약의 차별화

이러한 단체협약의 기업중심주의화는 구조조정과 사유화에 따른
기업구조의 변동에 조응하는 새로운 형태의 단체협약을 증가시키
고 있다. 즉, 동일산업과 동일노조 내부의 지리적, 직종별, 노동자집
단에 따라 단체협약의 적용내용이 달라지는 현상이 나타나고 있다.
'구제협약'은 도산위기나 파산선고를 받은 개별기업에게 산별협약
의 적용을 유예하는 조치를 담고 있다. 이는 기존의 긴급조항에 해
당하는 사업장보다 경영위기가 더 심각한 경우에 주로 적용되고 있
다. '보충협약'은 동일기업 내부에 분사된 사업장에게 특정한 협약
규정을 별도로 부여하고 있다. 주로 개별기업의 간접부서나 지원부

서 성격의 자회사에 적용된다. '부분협약'은 동일노조 내 일부 노동자집단에 대해 해당업종의 타 노조와의 경쟁관계를 고려하여 광면협약의 적용수준을 낮추는 것을 허용하는 협약이다. 예를 들어 공공서비스의 특정부문(공공교통 등)에 주로 적용되고 있다(Bispinck, 2004: 239).

한편 동일기업 내에서 특정 직종과 부서에 따라 단협조항의 일부에 대해 한시적으로 차별조항을 적용하고 있는 사례도 존재한다. 금속노조는 2004년 다임러크라이슬러의 간접서비스부문(식당, 홍보, 보안, 정보통신, 물류 등)에 근무하는 신입사원(2004년 8월 6일 이후 취업자)들의 협약노동시간을 주당 35시간이 아니라 39시간으로 연장하는 동시에, 기존 근무자의 경우 단계적으로 주당노동시간을 늘리는 것에 동의한다. 즉, 동일기업이라고 하더라도 생산현장의 직접부서에 근무하는 노동자의 경우 협약노동시간이 주당 35시간으로 그대로 유지된 반면, 일부 서비스부문 노동자의 협약노동시간은 늘어나는 현상이 발생하고 있다(Bispinck & Bahnmüller, 2007: 18).

최근에도 기업경영 위기나 도산 위험이 발생하여 구제협약이 체결되는 경우가 있다. 2018년 8월 9일 독일 자동차업체 오펠(OPEL)은 2023년 7월 말까지 정리해고를 하지 않는 대신, 조기퇴직, 희망퇴직, 생애노동시간단축 등을 통해서 노동자 3,700명을 줄이는 데 금속노조와 합의했다. 또한 오펠의 모회사 PSA는 독일 러셀하임, 아이제나흐, 카이저스라우텐 공장에 대해 총 10억 유로 투자를 하기로 결정했다. 이러한 사용자측의 결단에 대한 반대급부로 금속노조는 오펠 소속 조합원의 협약잔업수당과 내년도 임금인상분을 반납하기로 결정했다(IG Metall, 2018).

3) 단사협약의 증가

독일의 단체협약은 일반적으로 광면협약 성격을 가진다. 노동조합이 사용자단체가 아니라 개별사용자와 체결하는 단사협약은 상당히 예외적인 경우에만 허용하는 것이 관례이다. 하지만 1990년대 이후 단체협약의 적용형태가 각 산업과 업종에 따라 일정한 편차를 보이면서 단사협약의 비중도 꾸준히 증가하고 있는 추세이다. 금속전자, 철강, 화학산업 같은 전통적인 제조업부문의 경우, 광면협약이 아직도 지배적으로 적용된다. 이와 달리 단사협약이 적용되는 대표적인 기업이 폭스바겐이다. 폭스바겐은 니더작센 주정부가 주식 8%를 소유하고 민간 사용자단체에 가입할 수 없기 때문에 금속노조는 지역 금속사용자단체에 속하지 않은 폭스바겐 개별사용자와 대각선교섭을 할 수밖에 없고 이를 통해 단사협약이 체결된다. 하지만 이러한 폭스바겐의 단사협약 수준이 해당 지역 단체협약 수준보다 높기 때문에 노동조합의 입장에서 볼 때 큰 문제는 없다. 한편 서비스부문에서도 공공서비스, 은행과 보험업, 상업부문에서는 광면협약이 일반적이다. 다만 서비스부문의 경우, 제조업과 달리 단체협약이 지역별로 교섭되고 체결되는 것이 아니라, 연방 차원에서 중앙협약으로 단체협약이 체결되는 것이 일반적이다.

한편 광면협약과 단사협약이 혼재되어 체결되는 업종도 존재한다. 사업장의 특성을 고려하여 광면협약에 추가로 일부 조항을 포함한 단사협약을 체결하는 경우이다. 예를 들어 에너지부문에서 일반

민간기업과 달리 공공기관에 속하는 사업장의 경우, 광면협약 외에
단사협약이 별도로 존재한다. 이러한 경우는 의료부문에서도 나타
나고 있다. 대부분의 병원이 공공서비스부문에 속하지만, 예외적으
로 민간기업을 자회사로 포함하여 운영하는 병원그룹의 경우 단사
협약이 체결되는 경우가 늘어나고 있다.

　이와 달리 민영화된 사업장(독일철도, 독일우편, 독일통신 등)은 물
론, 유통과 물류 등 다양한 민간서비스부문에서 단사협약의 증가세
가 뚜렷하게 나타나고 있다. 최근에 발표된 경제사회연구소(WSI)의
발표에 따르면, 2017년 말 기준 산별협약을 적용받는 노동자 비중은
47%인 반면, 단사협약을 적용받는 노동자 비중은 8%이다. 나머지
45%는 단체협약의 적용을 받지 않는 노동자이다. 전체 노동자와 대
비하여 단사협약의 적용을 받는 노동자의 비중이 상당히 낮은 수치
를 보이는 것 같지만, 실제로 동독지역 민간서비스부문 기업과 소속
노동자 중에서 단사협약의 적용을 받는 노동자가 상당히 많은 편이
다(Bispinck & Bahnmüller, 2007: 15; Schulten, 2019: 15).

4.3 독일 노동조합의 대응전략

단체협약의 '개방조항'과 '긴급조항'의 도입으로 대표되는 단체교섭
의 분권화와 차별화 추세를 제어하기 위해서 독일 노동조합은 다양
한 노력을 기울이고 있다. 노동조합의 대응방안은 크게 단체협약의
보편적 적용원칙을 지키기 위한 노조의 활동과 단체교섭체계의 강
화를 위한 법제도 개정활동으로 나눌 수 있다.

1) 단체교섭체계의 안정화를 위한 노조의 사업과 정책

단체교섭체계 안정화를 위해 노조는 먼저 사업장협정에 대한 단체협약의 우위성을 유지하기 위한 활동을 적극적으로 벌이고 있다. 산별노동조합이 단체협약에서 '개방조항'을 허용하게 되면, 개별기업의 사업장평의회와 사용자가 체결하는 사업장협정에서 다룰 수 있는 의제가 많아지고 범위가 넓어진다. 이럴 경우 개별기업의 이해에 종속될 가능성이 높아지기 때문에, 노동조합은 사업장평의회와 긴밀한 협력관계를 통해 산별교섭체계에 부정적인 영향을 미칠 수 있는 내용을 사전에 차단하고자 노력한다.

또한 산별노동조합은 "기업경영의 위기"와 "정리해고를 막기 위해서"라는 분명한 내용을 단체협약의 '개방조항'과 '긴급조항'의 도입에 있어서 명확한 전제조건으로 설정하고 있다. 더 나아가 이러한 특별규정의 임의적 남용을 막기 위해서 '개방조항'과 '긴급조항'의 도입여부에 대한 결정권을 개별기업의 노사 판단에 맡기지 않고 산별노조 광역지부의 엄밀한 검토와 추인과정을 전제조건으로 협약화하고 있다. 이는 이러한 예외조항이 남발될 때, 발생할 수 있는 광면협약의 무력화를 막기 위한 조치이다.

둘째, 임금과 노동조건의 포괄적·보편적인 적용을 특징으로 하는 광면협약의 실효성을 높이기 위해 단체협약의 현대화를 추진하고 있다. 단체교섭의 유연화와 차별화에도 불구하고 노사 모두 광면협약의 보편적 적용력이 지닌 장점을 잘 알고 있다. 이러한 문제의식에 따라 노동조합과 사용자단체는 생산직과 사무직, 그리고 유사업종의 임금결정기준이 지닌 차별성으로 인한 문제를 줄이기 위해

임금체계를 통일하고 각 지역의 편차를 줄이기 위한 새로운 보상기준과 체계를 합의했다. 대표적인 사례가 바로 금속전자산업 노사가 합의한 새로운 임금체계협약(ERA)이다. 바덴-비텐베르크 광역지구의 경우, 생산직과 사무직의 임금체계 통일안을 노사가 공동으로 마련하여 이미 시행하고 있다. 또한 통합서비스노조 또한 2005년 공공서비스부문에 종사하는 사무직과 일반노동자에 각각 적용되던 단체협약을 단일한 통일협약으로 만드는 데 성공했다. 한편 사용자단체와 노동조합은 단체협약의 보편적 적용원칙이 지닌 이점을 살리면서 개별기업의 자율적 교섭 여지를 동시에 넓힐 수 있는 방안을 강구하고 있다(Bispinck & Bahnmüller, 2007: 19).

셋째, 동일산업·부문에 속하는 노조들의 과당경쟁을 제어하기 위한 연대활동을 강화하고 있다. 독일노총 산하 산별노조의 경우, 경쟁노조의 '덤핑협약'[11]을 막기 위해서 동일산업 내지 직종에 속하는 노조들이 단체협약의 통일을 위해 협력기구를 구성하고 공동교섭을 전개하고 있다. 그 대표적인 사례가 바로 독일공무원노총과 통합서비스노조의 '공동교섭단(Tarifgemeinschaft)'이다. 특히 공무원의 임금과 노동조건에 대한 교섭결과 추인은 입법기관의 동의가 전제되어야 하기 때문에, 오래전부터 공공서비스부문 단체교섭의 요구안을 서로 협의하고 정부가 이를 수용하도록 공조하고 있다. 또한 독

---

11   '덤핑협약'의 대표적 사례는 2005년 독일기독교노총(CGB)이 파견회사 사용자연합과 맺은 기간제노동자의 시급협약이다. 독일기독교노총이 맺은 협약시급액은 독일노총이 파견회사 사용자연합과 합의한 시급액수보다 무려 15% 낮은 수준이었다. 최근에도 대표적인 직종노조인 조종사노조, 의사노조인 마르부르거연합, 기관사노조 등은 경쟁관계에 있는 독일노총 소속 산별노조의 단체협약 수준보다 낮은 임금과 노동조건을 개별사용자와 합의하는 방식으로 '덤핑협약'을 체결하였다(Schroeder & Greef, 2014: 136).

일철도의 경우, 1990년대 중반 이후 민영화와 분사화로 인해 수많은 민간업체들이 철도부문에 진출했다. 이들 민간업체들의 단사협약으로 인해 철도부문 광면협약의 보편적 규정력이 위협받게 되는 상황이 발생했다. 이러한 문제를 대응하기 위해서 철도노조는 기관사노조(GDL), 철도공무원조합(GDBA)과 일종의 공동교섭단을 만들어 철도부문 전체에 적용되는 광면협약을 추진했다. 이를 통해 철도산업 전체 사업장에 적용되는 초임기준, 임금과 노동조건의 표준안을 만드는 데 성공했다(Bispinck & Bahnmüller, 2007: 20).

2) 단체협약의 보편적 적용력 강화를 위한 법제도 개정활동

노동조합은 노조조직률이 낮거나 사용자단체의 영향력이 약한 부문과 직종에서 단체협약의 보편적 적용력을 높이기 위해 효력확장 제도를 최대한 활용하고 있다. 독일 단체협약법 제5조에 의하면, 해당 사업장의 50% 이상이 단체협약의 적용을 받고 있거나, 일반적 구속선언이 공공의 이익에 도움이 될 때, 단체협약의 효력이 조합원이 아닌 피고용인과 사용자단체에 가입하지 않은 사업장에도 적용될 수 있다. 이러한 일반적 구속선언은 노사 동수의 단체협약소위의 동의하에서 가능하다. 이러한 엄격한 제도적 조건으로 인해 일반적 구속선언이 이루어지는 단체협약의 비중은 전체 단체협약에 비해 상당히 낮은 편이다. 그러나 사용자단체의 회원가입률이 낮거나 과당경쟁의 가능성이 높은 저임금부문으로 분류할 수 있는 미용업과 건물청소업, 경비업 등에서 임금에 대한 일반적 구속선언이 이루어지는 경우가 늘어나고 있다. 또한 건설업의 경우 일반적 구속선언이 자주 사용되는 업종인데, 노조조직률은 낮음에도 불구하고 단체협약 적용률이 상당히 높은 수준을 유지하고 있다(Bispinck & Bahnmüller, 2007: 23). 이러한 이유로 노동조합은 단체협약의 일반적 구속선언의 전제조건을 완화하여 단체협약의 효력이 확장될 수 있는 방안을 제안하고 있다.

둘째, 공공서비스부문의 경우 일부 주 차원에서 해당 업체들이 산별임금협약을 준수하도록 강제하는 입법조치를 추진하고 있다. 독일의 9개 자치주는 정부조달과 공공서비스부문 발주사업에 참여하는 사업자의 경우, 해당 업종의 단체협약 내용을 준수하도록 하는 제도를 2002년 입법화했다. '협약준수법'으로 약칭할 수 있는 이 법의 정확한 이름은 '공공사업장 하청계약시 임금협약의 준수를 위한 법'이다. 이러한 명칭에서 알 수 있듯이 협약준수법은 공공서비스부문 사업장에서 시행되는 외주, 용역, 그리고 민간위탁과 관련한 계약을 체결할 때, 해당 사업장에 적용되는 협약임금을 준수하는 외부업체에게만 사업을 발주하도록 규정하고 있다. 즉, 이 법은 공공서비스부문 사용자가 하청업체나 파견업체에 자신의 사업을 발주할 때, 해당 사업장에 적용되는 임금협약을 준수하지 않는 외부업체에게 입찰에 참가할 기회를 주지 않는다.

노동조합이 협약준수법을 추진하게 된 배경은 다음과 같다. 먼저 비정규직의 확산을 고용계약에 대한 법제도적 장치만으로 통제하기 힘들다는 상황인식에 기초하고 있다. 이러한 문제의식에 따라 노동조합은 공공서비스부문의 민영화를 통해 확산되고 있는 하청·파견업체들에게 자신의 임금·단체협약을 적용할 수 있는 길을 모색하게 되었다. 그리고 이미 협약준수법을 시행하고 있는 주의 경우, 공공서비스부문의 비정규직 비율이 다른 주들에 비해 상대적으로 낮게 나타나고 있다(이상호, 2004).

5. 소결: '종업원'노조의 한계를 벗어나 초기업적 교섭구조로

지금까지 살펴본 바와 같이 독일의 단체교섭과 단체협약은 구조환경적 조건변화와 행위주체적 필요에 따라 상당한 변화를 겪고 있다. 단체교섭의 탈집중화와 단체협약의 기업중심주의로 대표되는 이러한 도전에 대해 독일 노동조합은 단체교섭체계의 안정화와 단체협약의 규정력을 강화하는 방향으로 대응하고 있다.

이러한 독일의 경험이 지난 수십 년 동안 기업별 교섭구조를 극복하고 초기업적 교섭체계로 전환하기 위해 끊임없이 노력하는 우리에게 시사하는 바는 매우 크다.

첫째, 민주노조운동의 태동기인 독재정권하에서 제도화된 기업별 노조체제를 극복하고 노동자 간 격차와 차별을 최소화하기 위한 초기업적 교섭체계를 구축하는 노력을 계속해야 한다. 대공장, 남성 노동자 중심 조직노동의 역사적 성과를 부정할 순 없지만, 청년기를 지나서 장년기로 접어드는 현재 민주노조운동의 가장 심각한 장애물은 바로 기업별 노조체제이다. 기업별 노조는 노동자 연대보다 기업의 성과에 더 의존하게 만들고 노동조합을 종업원조직으로 굴절시키고 있다. 대기업과 공공부문의 '종업원'노조는 노동시장구조의 이중화와 사회경제적 양극화를 조장하는 공범이 되고 있는 게 현실이다. 이러한 문제를 해결하기 위해서는 노동조합 스스로 자원과 역량을 초기업적 차원으로 집중화하는 동시에, 교섭구조와 교섭권한을 지역과 사회적 영역으로 이관하고 위임할 필요가 있다.

둘째, 노동자 간 격차를 줄이고 노동자의 연대를 강화하기 위해서 교섭구조가 가능한 한 초기업적으로, 산업 차원으로 집중화되는 것이 좋다. 하지만 산별노조의 교섭형태가 단 한 가지일 이유는 없다. 노조의 입장에서 볼 때 산별조직과 산별교섭의 직접적인 연계가 최선의 방식이지만, 산별노조의 조직발전 수준에 따라 교섭형태는 달라질 수 있다. 산별노동조합 또한 다양한 형태의 교섭방식을 취할 수 있으며, 교섭구조를 일원화할 필요도 없다. 중요한 것은 산별노조의 표준협약이 어느 수준에서, 얼마나 보편적으로 적용될 수 있는가에 달려 있다. 독일 공공서비스부문의 경우, 강한 집중성을 지닌 중앙교섭형태를 띠지만, 단사협약 또한 존재한다. 이와 달리 금속노조의 경우는 지역교섭의 형태를 띤다. 그러나 지역간 임금·노동조건의 차이는 별로 없다. 그리고 광면협약 외에 단사협약도 존재한다. 하지만 이들 단체협약에서 내용상 차이는 크게 존재하지 않는다. 그 이유는 대각선교섭은 물론, 모든 단체교섭의 교섭주체가 산별노조의 광역본부이고 중앙본부의 관장하에 요구안이 결정되고 협약여부도 이들이 최종결정하기 때문이다. 이러한 점을 고려할 때, 우리나라의 산별노조도 이제 교섭구조의 형태에 집착하지 말고 단체협약의 내용을 가능한 한 통일시키고 적용범위를 최대한 넓힐 수 있는 방안을 찾는 데 집중해야 한다.

셋째, 노동조합의 조직구성상 특성을 고려한 교섭구조의 재편논의를 업종교섭이냐, 아니면 지역교섭이냐의 선택문제로 치환해서는 안 된다. 초기업적 교섭이 어떤 형태가 되든, 가장 중요한 문제는 산별노조 내부의 통일적인 조정력을 중앙본부가 얼마나 확보하고 조직내부의 격차를 최대한 줄일 수 있는가에 달려 있다. 이는 공공서비스는 물론, 민간서비스 사업장까지 포괄하고 있음에도 불구하고, 조직적 단결이 다른 산별노조보다 더 강하게 작용하는 독일의 통합서비스노조 사례를 통해 확인할 수 있다. 베르디는 전문분과별 업종교섭과 공공서비스부문의 중앙교섭이 혼재되어 있지만, 연방 차원의 단체협약위원회가 조직내부의 이견을 조율하고 통일적인 표준협약을 내용적으로 관철시키고 있는 것이다. 이러한 측면에서 볼 때, 우리 한국의 경우, 사업장교섭에 집중된 조합원의 관심을 산별노조의 의제로 전환시키는 것이 무엇보다 시급하다. 이를 통해 산별노조의 역할과 위상을 조합원에게 각인시키고 표준협약을 체결할 수 있는 중앙 차원의 교섭단위가 필요하다는 인식을 가지도록 만들어야 한다.

3장

노동자 경영참가의 모범, 독일의 공동결정제도[12]

1. 노동자는 경영의 주체가 될 수 없는가?

경제민주주의는 경제주체의 민주적 참가와 결정을 보장하기 위한 가치와 이념을 의미한다. 이러한 의미에서 볼 때 노동자의 경영참가는 경제민주주의의 중요한 방식인 동시에, 산업민주주의의 핵심적 제도이다. 그래서 노동자의 경영참가는 자본주의의 발전과 함께 변화해왔으며, 각국의 노사관계와 노동체제에 따라 다른 특징을 가지고 있다.

　일반적으로 독일의 공동결정제도는 노동자 경영참가제도 중에서 가장 높은 수준의 참가형태라고 할 수 있는 의사결정참가의 준거모델에 해당한다. 자본참가와 달리 노동자 의사결정참가는 재산권

12　이 글은 이병천 외(2013), 『사회경제 민주주의의 경제학: 이론과 경험』(이매진) 중 6장 "노동자 경영참여와 노동민주화: 독일을 중심으로"를 대폭 수정하고 보완한 것이다.

의 점유 없이 기업의 중요의사결정과정 가운데 주요 이해관계자로서 노동자의 요구를 반영할 수 있다. 소유권 유무에 따라 참여여부가 결정되는 영미식 종업원지주제와 우리사주제와 달리, 자본의 소유여부와 무관하게 기업의 의사결정과정에 노동자가 참여하고 중요사안을 결정할 수 있다는 점에서 독일 공동결정제도는 이해관계자의 참가권한을 가장 높은 수준에서 보장하고 있는 경영참가형태라고 규정할 수 있다.

또한 공동결정제도는 전후 독일의 사회경제적 발전모델을 구성하는 핵심제도로서 그 역할을 수행했을 뿐만 아니라, 영미식 자유시장경제와는 다른 독일의 조정시장경제 작동에 있어 중심적 기제로 기능했다. 특히 우리가 공동결정제도를 주목하는 이유는 고임금-고숙련-고생산성-고부가가치로 이어지는 '고진로전략'의 선순환구조를 만들어내는 데 결정적 요인으로 작용하기 때문이다. 전후 '황금시대'와 같은 독일의 경제성장기는 물론, 1990년대 초반 통독 이후 사회통합과정, 더 나아가 2008년 말 전 세계를 강타한 금융위기 상황에서도 공동결정제도는 독일이 국제경쟁력과 산업평화를 동시에 달성하는 데 결정적 요인으로 작용했다.

그러나 이러한 공동결정제도도 지난 수십 년 동안 내외적 조건변화에 따라 새로운 도전에 직면하고 있다. 금융자본주의의 가속화와 산업입지의 지구화 등 다양한 측면에서 나타나고 있는 구조환경적 요인변화에 대해 공동결정제도가 어떻게 적응할 것인가에 대한 논의가 본격화되고 있다.

이 과정에서 노동자의 의사결정참가가 지닌 실효성문제는 물론,

노사 동수의 감독이사회 구성이 새로운 산업생태계와 기업의사결정 구조하에서 작동가능한 것인지, 더 나아가 이러한 변화 속에서 이해관계자 자본주의의 대표적 사례인 '독일모델'의 지속가능성에 대한 논의로 확장되고 있다.

이러한 문제의식에 따라 이 글은 먼저 기업의사결정에 대한 노동자 경영참가의 대표적 사례인 독일 공동결정제도의 구조적 특성이 어떻게 형성되고 발전해왔는지, 그리고 현재 어떤 도전 앞에 서 있는지를 분석한다. 또한 독일 공동결정제도를 둘러싸고 벌어진 논쟁을 노동자 경영참가의 사회경제적 효과를 중심으로 살펴볼 것이다. 마지막으로 이러한 과정을 통해 현재 한국에서 경제민주화의 새로운 기제로 새롭게 주목받고 있는 노동자 경영참가제도의 발전방향에 대한 시사점과 함의를 찾고자 한다.

2. 공동결정제도의 배경과 권리

2.1 경제민주주의와 공동결정

1) 공동결정의 역사적 기원

모든 사회제도는 그 사회를 구성하는 각 계급계층의 이념적 지향을 내재하고 이해와 요구를 반영하고 있다. 제도의 효과는 이해관계자의 세력관계와 사회구조적 조건에 영향을 받는다. 이러한 점에서 볼 때, 공동결정제도는 독일 노사관계의 변화과정에서 나타난 주객관적 요인의 상호작용에 의해 만들어진 제도적 결과물이라고 평가할 수 있다.

독일 공동결정제도는 사회주의 사상은 물론, 카톨릭교회의 사회윤리적 교리, 자유주의 사상 등 다양한 이념적 기반에 근거하고 있다. 그러나 이러한 다양성에도 불구하고 역사적으로 확인할 수 있는 공통점은 참여형 노사관계의 구축을 통해 20세기에 들어서면서 급속하게 확산되던 혁명적인 사회주의운동을 막아낼 수 있다는 판단에 있었다. 그래서 사민당을 중심으로 하는 사회민주주의 정치세력은 물론, 자유노조의 전통을 이어받은 노동조합세력도 사회경제영역에서 '경제민주주의'라는 목표를 달성하기 위한 핵심적 사회제도로서 공동결정제도를 지지하게 되었다(고양곤·임반석, 1992: 151).

이러한 역사적 전통에 따라 2차대전 이후에도 독일노총은 기업민주주의뿐만 아니라 산업민주주의를 실현하기 위한 제도로서 공동결정제도를 전체 사회경제적 차원에까지 확장시킬 수 있는 방안을 모색했다. 하지만 1950년대 독일의 노사정 세력관계하에서 이러한 요구는 좌절되고 사업장과 기업 차원의 공동결정만이 제도화될 수 있었다(Briefs, 1984: 64).

2) 공동결정과 주체적 결정

노동자의 경영참가가 경제민주주의 실현을 위한 하나의 방식이라고 할 때, 그 영역은 개인적 발전을 위한 개별적 영역과 계급적 이해를 위한 집단적 영역으로 구분할 수 있다. 이 두 영역의 실질적 참가를 결합하는 것이 경제민주주의의 핵심적 내용이지만, 경제민주주의 현실은 의사결정과정의 민주주의라는 궁극적 의미를 지닌 '주체적 결정'에까지 이르지 못하고 있다. 여기서 주체적 결정은 체제순응적인 의식을 강화시키는 '유사' 참가와 다를 뿐만 아니라, 참가제도를 통해 노동자를 기업이해에 종속시키는 '기능적' 참가와도 질적으로 구분된다(Kissler, 1992: 24).

즉, 주체적 결정은 계급적 지배가 존재하지 않는 상태에서 협동노동, 즉 마르크스의 표현을 빌리자면, '자유로운 생산자들의 공동체'를 추구하는 이념적 기초를 지니고 있다. 궁극적으로 공동결정제도와 주체적 결정은 경제민주주의라는 동일한 목표를 설정하고 있다. 이때 공동결정제도는 주체적 결정의 완전한 실현을 위한 과정에 세워진 하나의 역사적 이정표로서 그 의미를 지닌다. 또한 공동결정제도는 그 목표와 실현과정에 있어 경제민주주의를 동시에 추구한다. 즉, 권위주의적 특정계급의 비민주적 의사결정을 극복하고 실질민주주의를 현실화시킨다는 목표와 함께, 그 과정에서 행하는 행위전략과 제도 또한 민주주의적으로 이루어져야 한다는 것을 의미한다(Kissler, 1992: 26).

또한 경제적 영역의 민주화를 위한 제도로서의 공동결정제도는 사회체제의 민주주의 정착을 의미하는 상징적 표현인 동시에, 실질적 민주주의 실현을 위한 전제조건이기도 하다. 또한 이를 통해 경제적 영역을 넘어 사회 전반의 의사결정과정에서 나타나는 다양한 이해갈등과 충돌을 민주적으로 조정하는 능력과 기반을 공고히 할 수 있다. 바로 이러한 이유로 공동결정제도의 경제민주주의적 기능을 단지 법적 규범과 제도적 구조에 한정해서는 안 되며, 공동결정의 실질적인 내용과 그에 따라 발생하는 영향을 고려하여야 한다. 만일 이러한 문제의식이 전제되지 않는 공동결정의 제도화는 체제 유지의 기능적 수단으로, 아니면 유토피아를 꿈꾸는 공허한 몽상가의 기획에 불과할 것이다.

이와 같이 공동결정제도는 주체적 결정을 확장시키는 교두보, 아니면 체제안정을 위한 갈등통합기제로 전락할 가능성 등 양면성을 지니고 있다. 그러나 독일의 노사관계 발전과정을 되돌아보면, 공동결정제도는 주체적 결정에 대립하여 만들어진 산물이 아니라, 참여적 노사관계(강수돌, 1997), 혹은 동의적 참여모델(이주희 외, 2005: 73)이자, 더 나아가 자본주의적 생산관계의 기본틀을 유지하면서 동시에 생산자에 의한 사회의 민주적 통제제도(Kissler, 1992: 27)라고 평가할 수 있다.

2.2 공동결정제도의 정의와 유형

1) 공동결정제도의 개념

공동결정제도를 일목요연하게 정의하기란 쉽지 않다. 공동결정제도를 정의하기 위해서는 다양하게 존재하는 견해와 해석의 차이를 극복하고 공동결정제도의 본질적 의미와 다양한 형태가 지닌 동질적 성격을 추출해야 한다. 베디건(Weddigen, 1962: 14)에 따르면, 광의의 공동결정제도는 노동자가 그들의 대표를 통해 사용자와 함께 기업의 규범설정과 정책결정, 특히 사회적, 인사적, 경제적 사안에 대한 의사결정이 이루어지는 운영기구에 참가하는 것이다. 1970년 공동결정위원회의 보고서는 "기업의 의사형성과 결정과정의 구성 및 확정에 노동자, 혹은 그들의 대표자가 참가하는 제도적 장치"라고 공동결정제도를 정의하고 있다(Niedenhoff, 2002: 10).

광의의 공동결정제도는 기존에 성역시해온 기업의 의사결정과 정에 노동자가 다양한 형태로 참가하는 모든 방식을 통칭한다. 이와 달리 협의의 공동결정제도는 노사 동수의 대등한 공동결정제도를 의미하는데, 이런 경우 자본가는 기업의 의사결정을 일방적으로 할 수 없고 노동자의 동의가 반드시 전제되어야 한다(Briefs, 1984: 14). 즉, 공동결정제도는 자본주의체제의 운영, 제도와 구조를 인정한 상태에서 기업, 혹은 사업장의 의사결정과정에 노동자가 부분적으로 참여하여 결정사안을 통제하는 제도라고 볼 수 있다. 독일 공동결정제도의 경우, 사원대표와 노조대표가 감독이사회, 이사회, 그리고 사업장평의회[13]를 통해 기업의 의사결정과정에 직접적으로 참여하고 있다.

이러한 공동결정제도가 지니는 의미는 기존에 사용자에게 부여된 것으로 알려진 일방적 경영특권을 부정하고 기업활동과 의사결정과정에 기업 구성원들의 다원주의적 이해를 반영시키는 데 있다. 기업의 이해관계는 노동자와 자본가의 공동이해관계를 대표하는 것이기 때문에, 노사가 동등한 권리와 책임을 가지고 기업을 경영하고 관리해야 한다는 것을 의미한다. 더욱이 공동결정제도는 기업활동에서 발생할 수 있는 위험을 노사가 동등하게 분담하는 것은 물론, 이익 추구조직으로서 기업이 저지를 수 있는 사회적 문제를 기업 내에서

---

13   여기서 사업장평의회는 '종업원평의회', 혹은 '직장평의회'라고 불리기도 한다. 그리고 민간부문에 상응하는 공공부문의 종업원 이해대변조직은 '직원평의회'라고 부른다.

<u>스스로</u> 통제하는 사회적 책임을 강조한다. 이러한 기업의 사회적 책
임론은 기업 의사결정과정에서 노사의 이해는 물론, 제3자, 더 나아
가 일반국민의 이해와 요구를 반영하도록 만든다(고준기, 1990: 20).

2) 노동자의 경영참가권

공동결정제도에서 노동자 경영참가의 수준과 내용은 그 영역과 사
안에 따라 다르다. 대체적으로 사업장 차원에 가까울수록 노동자대
표와 사업장평의회의 영향력이 상대적으로 강하며, 초기업적 수준
의 기업집단 차원으로 가면 감독이사회와 사업장평의회의 권한은
상대적으로 약해지는 추세를 보인다(Nutzinger, 1989: 172).

먼저 노동자의 경영참가 수준은 기업의 각 사안에 따라 다르다.

정보권과 협의권은 가장 약한 권리에 해당한다. 기업의 중요한
의사결정에 대한 신속하고 정확한 정보제공은 노동자의 활동에 중
요한 영향을 미친다. 그러나 이러한 권리는 주로 경영자의 보고와
노동자의 질의로 제한된다. 이러한 참가권은 기업의 의사결정에 실
질적인 영향력을 미치기가 어렵다. 다만 노동자의 정보청구, 청문과
협의를 거친 후에야 비로소 기업이 경영조치를 행사할 수 있기 때문
에, 경영자가 무리하고 일방적인 의사결정을 자제하는 효과는 발휘
한다.

경영참가의 두 번째 수준은 동의권이다. 이는 법적으로 강제되
는 공동결정을 요구하지는 않지만, 노동자의 동의가 전제되어야 경
영조치를 실행할 수 있다. 노동자의 동의를 얻지 못하는 경우 조정
위원회의 결정, 혹은 노동법원의 최종결정에 의해서 노동자의 동의

표 3-1 노동자의 경영참가 권리와 수준

구분	적용내용	적용방법	적용강도
정보권	• 인력계획을 비롯한 포괄적인 경제 및 경영 사항	사용자는 적절한 시기에 사업장평의회에 정보제공	약
협의권	• 설비계획, 작업장 재배치 등 작업내용 변동 사항 전반	사용자는 사업장평의회와 협의	
동의권	• 신규채용, 직종분류, 배치전환 및 해고에 대한 원칙과 고과기준 • 사용자측 사정에 의한 해고시 직업교육 및 숙련훈련	평의회가 사용자의 계획을 무효화할 수는 없지만 이의제기 등 권한행사	
공동 결정권	• 사업장내 취업규칙, 1일 노동시간 종점과 시점, 노동시간 변동여부, 휴가계획 및 임금급방식, 복지시설 설치와 관리, 임금체계 변동, 제안제도 참여, 직원선발기준 등	평의회의 서명 날인없이 시행 불가	강

를 대체할 수 있다.

셋째, 가장 높은 수준의 참가권은 법적으로 강제되는 대등한 공동결정권이다. 공동결정을 통한 노동자 경영참가는 노동자가 사용자와 대등한 결정권을 행사하는 것을 의미한다. 이럴 경우 기업이 노사이견이 존재하는 경영사안을 일방적으로 추진할 수 없다. 특정 사안에 대한 이러한 공동결정권을 통해 노동자는 중요한 기업의사결정과정에서 주도권을 행사할 수 있게 된다(아다미·슈테판, 1994: 28).

한편 기업의 경영사안 내용에 따라 참가수준 또한 달라진다. 공동결정제도는 작업현장에서 발생하는 문제에 대해 노동자가 의견을 개진하는 수준에서부터 기업의 핵심적 의사결정사항에 대해 노동자가 직접 참가하고 결정권한을 행사하는 수준까지 상당한 편차를 보이고 있다. 이러한 다양한 참가수준은 완전히 분리되어 있지 않고 중첩되어 나타나는 경우가 더 많다. 또한 각기 다른 경영영역에서 발생한 문제를 감독이사회와 같이 최고의사결정기구에서 해결할 수도 있으며, 아니면 낮은 수준에서 사업장평의회가 담당부서장과 협의해서 결정하기도 한다. 즉, 기업 내에서 노동자의 영향력 정도는 노동자가 참가할 수 있는 의사결정영역이 무엇이며, 어떤 수준에서 참가권을 행사하는가에 달려 있다.

마지막으로 독일의 공동결정제도는 사업장 차원의 참가(Betriebliche Mitbestimmung)와 기업 차원의 참가(Unternehmensmitbestimmung)라는 두 가지 노동자 경영참가 방식을 포함하고 있다. 이러한 분류는 기업규모와 소속 산업, 법적용의 대상과 범위에 따라 다르게 적용되는 관련 법규정에 따른 것이다. 첫째, 사업장평의회를 통한 노동자의 경영참가는 노동자 스스로가 조직을 만들어 자신들의 이해와 관련된 기업경영사항을 경영진과 협의하는 노조와는 독립적인 기업 내 종업원대표조직에 의해서 이루어진다. 사업장 차원의 공동결정은 1952년 처음 기업기본법 제정에 따라 시행되었으며, 1972년 개정, 2001년 재개정을 거쳐 현재에 이르고 있다. 주로 산업현장의 구체적 문제와 노동자의 인적, 사회적 사안을 주로 다루며, 노사의 합의사항은 사업장협정을 통해서 외화된다.

둘째, 기업의 최고의사결정기구인 감독이사회와 최고경영진으로 구성된 이사회에 노동자대표가 참가하여 경영사항을 직접 결정하는 기업 차원의 공동결정제도가 있다. 이에 대한 법률은 다양한데, 탄광과 철강산업 기업에 적용되는 몬탄공동결정법이 1951년, 1956년에는 적용기업의 범위를 확장시킨 공동결정보완법이, 그리고

1976년에는 공동결정법을 통해 일정규모 이상 민간기업에 적용되는 공동결정제도가 독일에서 전면적으로 실시된다. 이후 감독이사회의 노동자대표 비율이 1/3인 1956년 공동결정법은 2004년에 일부 내용을 개정했다. 여기서 주의할 점은 기업 차원의 공동결정제도는 노동자대표의 선임에 있어 직원대표뿐만 아니라, 노동조합에 의해 선임되는 외부대표를 인정하고 있다는 사실이다(Nutzinger, 1989: 166).

한편 이러한 공동결정제도는 민간부문에만 적용되는 것이 아니라, 공공부문에도 적용된다. 1955년 최초로 연방직원대표법에 의해서 연방 차원 공공부문 사업장과 기업에서 노동자(생산직과 사무직)의 공동결정제도가 시행되었다. 한편 개별 주마다 주정부와 지방자치단체 소속 공공부문 노동자에게 적용되는 주직원대표법이 존재하지만, 기본 골격은 거의 동일하고 일부 내용에서 미미한 차이를 보이고 있다.

3. 공동결정제도의 구조적 특성과 사회경제적 효과

3.1 사업장 차원의 공동결정제도

독일에서 사업장 차원의 노동자 경영참가는 몇 가지 법을 통해 현실화되고 있다. 민간부문의 경우 관련법이 1952년 처음 제정되고, 1972년 1차 개정에 이어 2001년에 2차 개정을 거친 기업기본법(Betriebsverfassungsgesetz)이 이에 해당된다. 이 법은 비영리기관을 제외한 5인 이상 상시노동자를 고용하고 있는 모든 민간기업에 적용된다.

1) 사업장평의회의 기능과 구조

2001년 개정 기업기본법에 따르면, 노동자는 사업장평의회의 설치를 요구할 수 있으며, 사용자는 사업장평의회 선거를 방해하거나 선거에 영향을 미치는 행위를 하지 못한다. 그러나 사업장평의회를 설치하지 않는 것에 대한 사용자 처벌규정은 없다. 그래서 실제로 영세사업장의 경우, 해당 노동자의 적극적인 노력이 없이 사업장평의회가 만들어지기가 어렵다. 사업장평의회는 해당 사업장 내 선거권을 가진 모든 피고용인에 의해서 선출되는 위원들로 구성된다. 이때 피선거권은 선거권을 가진 자로서 적어도 6개월 이상 해당 사업장에서 근무한 노동자에게 부여된다. 해당 사업장에 속하지 않는 노동자와 최고경영진은 피선거권을 가지지 못한다(아다미·슈테판, 1994: 11).

그러나 2000년대 중반 이후 파견노동의 탈규제화가 이루어지면서 나타나는 문제를 해결하기 위해 파견노동자의 경영참가권이 일정하게 보장되는 법개정이 이루어진다. 파견노동 사용사업체의 사업장평의회 위원선거에 소속이 다른 파견노동자가 출마할 수 있는 피선거권은 부여되지 않지만, 평의회위원을 선출할 수 있는 선거권이 부여되었다. 또한 2013년 3월 연방노동법원은 사용사업체의 선출직 사업장평의회 위원 수를 결정하는 데 있어 기준이 되는 소속

노동자 수에 파견노동자도 포함시켜야 한다고 판결한다. 이로써 파견노동자의 비중이 높은 사용사업체의 경우, 기업경영 사안에 대한 파견노동자의 영향력이 더 확대되었다(BAG, 2013).

또한 해당 기업 직원 수에 따라 사업장평의회 위원 수와 전임자 수가 달라진다. 기본적으로 평의회 위원의 구성에 있어 사무직과 생산직을 분리하여 각각의 대표성을 반영한다. 평의회 위원들은 4년마다 선출되며, 이들의 자유로운 활동을 보장하기 위해 해고보호에 대한 특별규정을 두고 있다. 사업장평의회의 선거, 운영 및 활동에 대한 비용은 전적으로 기업이 부담한다. 대규모 사업장의 경우, 집행조직을 구성하고 이들에 의해 사업장평의회의 일상업무가 수행된다. 의장은 사업장 내 전체 노동자를 대표하고 평의회의 소집, 개최를 관할하며 안건을 상정한다. 최종결정은 평의회의 다수결원칙에 의해서 이루어진다. 집행조직은 산하에 각 사안을 관할하는 각종 위원회를 구성할 수 있다(김영두, 2002; 조우현 외, 1995).

한편 하나의 기업이 여러 개의 사업장을 가진 경우, 각 사업장의 평의회 대표위원들로 구성되는 총사업장평의회가 설치된다. 이러한 총사업장평의회는 사업장평의회의 상급조직이 아니라 각 공장에서 개별적으로 해결할 수 없는 문제나, 기업 차원에서 종합적인 판단이 요구되는 사안을 주로 다룬다. 또한 개별기업 차원을 넘어서 하나의 기업집단 내 사업장평의회 전체를 포괄하는 그룹사업장평의회도 존재한다. 이러한 그룹사업장평의회는 각 기업의 총사업장평의회의 결의에 의해 만들어지는 임의적 기관이며, 주로 그룹 차원에서 총사업장평의회가 공동으로 대처할 문제를 주로 다룬다(고준기, 1990: 74).

또한 모든 노동자들을 대상으로 사업장평의회가 논의한 사업장 문제를 토론하고 정보를 교환하는 자리가 사업장총회다. 안건은 노동자와 직간접적으로 연관되어 있는 대부분의 문제들을 다룬다. 총회 참석자는 소속 노동자는 물론, 사용자, 혹은 그의 대리인, 그리고 외부의 노조대표자 등이다. 총회는 연 4회 이상 개최되어야 한다. 그 외에 사업장평의회의 집행조직인 경제위원회가 존재한다. 100인 이상 상시노동자를 고용하고 있는 기업의 경우, 경제위원회를 의무적으로 설치해야 한다(아다미·슈테판, 1994: 17).

한편 노사의 합의가 이루어지지 않을 경우, 이를 해결하기 위한 중재기구로서 조정위원회를 두고 있다. 조정위원회의 구성은 경영진과 사업장평의회가 각각 선임한 동수의 대표자와 양측이 동의하는 중립적 위원장으로 구성된다. 만일 위원장의 선출을 합의하지 못하면, 이에 대한 선출권은 노동법원에 위임한다. 노동자대표의 경우 기업 소속 직원이 아니라, 사업장평의회의 선임을 받는 외부 노조간부나 전문가가 임명되기도 한다(Niedenhoff, 1990: 40).

일단 조정위원회가 구성되면 모든 절차는 위원장이 관할한다. 조정위원회는 문제가 되는 사안에 대해 토론하고 다수결로 이를 결정한다. 이때 위원장은 1차 투표에 참가할 수 없으나, 가부동수인 경우 2차 투표에 참가할 수 있다. 조정위원회의 결정은 노사가 사전에 그 결정에 복종하기로 했거나, 혹은 사후에 그 결정을 승인한 경우에 한하여 구속력을 가진다. 하지만 해당자가 그 결정이 공정성에 문제가 있다고 판단할 경우 2주 이내에 노동법원에 제소할 수 있다(아다미·슈테판, 1994: 19).

2) 사업장평의회의 권한과 역할

사업장평의회는 사업장 소속 노동자의 이해를 대변하고 권리를 보호하는 데 기본목적이 있다. 노동자는 경영진과 체결한 사업장협정을 통해 작업시간 중 일정시간을 정해 사업장평의회와 자신의 문제에 대해 논의할 권리를 가지고 있다. 그리고 사업장평의회는 노동자의 이해를 대표하여 경영진과 협의할 의무를 부여받는다. 이때 공동결정권이 부여된 사안은 사업장평의회의 동의 없이 경영진이 단독으로 시행할 수 없다. 즉, 공동결정권은 법적 강제력을 지닌다 (Niedenhoff, 1990: 50).

　　한편 사업장평의회는 기업조직에 해당하기 때문에 노동자의 이해뿐만 아니라, 기업의 이익도 고려해야 하며 평화유지의 의무를 지닌다. 이는 사업장평의회가 노동자 이해를 위해서 활동하는 데 있어 중대한 제약을 받고 있다는 것을 보여준다. 기업기본법 제2조 1항에 규정되어 있는 평화유지의 의무는 "경영진과 사업장평의회는 단체협약을 성실히 준수하고, 노조와 사용자단체와 협력하여 기업과 노동자의 복지를 증진시키는 데 노력한다"라는 조항에 근거한다. 이 규정에 따르면, 사업장평의회는 쟁의행위를 할 수 없다. 이와 함께 사업장평의회와 경영진은 월 1회 이상의 협의를 해야 하며, 기업 내 정치활동 금지조항을 통해 노사의 신뢰와 협력을 고양시키기 위한 기구로서 사업장평의회의 위상을 명확하게 만든다. 하지만 이러한 법규정에 대한 해석이 다양하기 때문에, 평화유지의 의무에 대한 일치된 해석은 존재하지 않는다(고준기, 1990: 78).

　　또한 사업장평의회는 기업의 중요의사결정과정에 참가하고 공동결정권을 행사할 권리를 가지고 있다. 이러한 권한은 해당사안의 내용에 따라 참가와 결정수준이 달라진다.

노동자의 공동결정권이 행사될 수 있는 사안은 사회적 사항이다. 법과 단체협약에 위배되지 않는 한도 내에서 공동결정이 가능한 사항은 사업장 내 질서와 노동자 태도와 관련된 문제, 휴식시간을 포함한 노동시간의 배분과 변동문제, 산업재해와 직업병 예방 규정, 사업장 내 복지시설의 설치와 관리문제, 새로운 임금지급체계의 도입과 변경문제 등이다(Niedenhoff, 1990: 25).

한편 인사 관련 사항에 대한 노동자의 경영참가수준은 일반적 인사사항, 직업교육, 인사상의 개별조치 등에 따라 달라진다. 노동자의 권한이 가장 강한 개별적 인사조치의 경우, 경영진이 이를 실행하기 전에 사업장평의회에 보고하고 동의를 구해야 한다. 이 경우도 사업장평의회의 동의 및 거부권이 포괄적으로 보장된다는 것은 아니다. 만일 이러한 개별적 인사조치를 사업장평의회가 거부하면 경영진은 노동법원에 사업장평의회의 동의를 대체할 수 있는 조치를 신청할 수 있다(아다미·슈테판, 1994: 33).

마지막으로 경제적 사항에 대한 노동자의 경영참가권은 다른 사항에 비해 더 제한적이다. 일반적으로 사업장평의회가 기본적 사업변동 사항에 대한 협의권을 가지고 있다. 그러나 이러한 협의권은 기업의 재정·경제적 사항에 대한 경영진의 결정권을 근본적인 수준에서 제약하지 못한다. 여기서 사업변동의 사항은 기업·사업장의 조업단축과 직장폐쇄, 이전과 합병, 기업조직의 재편 등을 포함한다. 즉, 기업의 사업변동 실시 전에 그것의 수행여부, 그 시기와 방법에 관해 사업장평의회와 협의해야 한다. 또한 이러한 규정과 별도로 사업변동에 의해 발생하는 노동자들의 피해를 보상하고 전직을 돕기 위한 '이해균형과 사회적 계획'이라는 완충조치를 마련하고 있다(고준기, 1990: 89).

3.2 기업 차원의 공동결정제도

1) 기업의 의사결정구조

기업 차원의 공동결정제도는 최고의사결정기구에서 노동자의 이해와 요구를 대변할 수 있는 경영참가권을 보장한다. 이때 공동결정제도의 수준과 범위는 자본과 노동의 세력관계를 반영한다. 이는 다시 감독이사회와 이사회의 구성에 영향을 미치고, 경영사안의 결정방식과 그 결과에 있어 노동자의 이해와 요구가 어느 정도 투영되는지에 영향을 미친다.

기업 차원의 공동결정제도를 제대로 이해하기 위해서는 민간기업을 대표하는 주식회사의 법적 규정을 살펴보아야 한다. 일반적으로 주식회사의 중요경영사항은 주주총회, 감독이사회와 이사회라는 세 가지 의사결정기구에서 결정된다(아다미·슈테판, 1994: 65).

주주총회는 1년에 1회 소집되고 주식의 소유량에 비례하여 투표권이 할당된다. 여기서 기업해체와 이익분배, 회사정관 변경 같은 중요사안이 결정되고, 감독이사회의 대표자를 선출하고 해임하기도 한다. 감독이사회에서 의결된 결정이라고 하더라도 주주총회에서 3/4이 반대하면 이를 변경할 수 있다. 기업의 최고의사결정기구

인 감독이사회의 중요한 권리는 이사회의 업무감독과 이사에 대한
선임에 있다. 또한 감독이사회는 특정한 재정규모를 넘어서는 투자
와 기업확장 계획, 최고경영진의 선출과 해임, 일정한 한도를 넘어서
는 차용과 대부 등에 대한 결정권을 가진다. 감독이사회는 기업활동
에 있어 직접 관할할 수 있는 영역이 비교적 좁고 이사회의 일상적
업무에는 간섭할 수 없지만, 기업의 중요의사결정에 대해서는 상당
한 영향력을 행사한다고 볼 수 있다.

  기업활동의 실질적 집행기구인 이사회는 자신에게 부여된 책임
하에서 기업의 일상적 경영을 수행한다. 이들은 일반적 경영기능을
수행하는 것은 물론, 피고용인의 고용주로서 역할을 수행한다. 경영
진은 기술, 노무, 영업, 재정 같은 특정한 영역에 대해서 경영책임을
지는 이사들로 구성된다. 이러한 역할분담에도 불구하고 이들은 기
업의 전반적인 경영정책과 활동을 책임지고 있다. 특히 노무이사는
노사관계와 고용복리 등을 총괄하기 때문에 노동친화적인 전문가,
혹은 사업장평의회 위원장 출신이 선임되는 경우도 많다.

  지금까지 기업 차원의 공동결정제도와 관련하여 중요한 기능을
수행하는 의사결정구조를 살펴보았다. 아래에서는 기업의 소속 업
종과 규모에 따라 감독이사회의 구성과 노동자의 공동결정수준을
달리 규정하고 있는 공동결정법을 나누어서 살펴볼 것이다.

2) 1951년 몬탄공동결정법

탄광과 철강산업의 공동결정제도는 1951년 5월 21일 입법화된 몬탄
공동결정법(Montanmitbestimmungsgesetz)에 의해서 실시되었다. 이

3장 노동자 경영참가의 모범, 독일의 공동결정제도　　**109**

법은 1956년, 1965년, 1967년, 1981년 개정되었다. 이 법은 상시노
동자가 1,000인 이상인 탄광·철강산업 소속 주식회사에 적용된다. 이
법의 특징은 감독이사회 구성에 있어 노사동수원칙과 중립적 의장 선
임, 노무이사에 대한 노동자대표 선임권 등이다.

　　몬탄공동결정법에 따르면, 최소 규모의 감독이사회는 총 11인
으로 구성된다. 이때 주주와 노동자들은 각각 그들의 대표 5인씩을
선출한다. 노동자대표는 적어도 2명이 기업소속 노동자여야 하고,
이들은 각각 생산직과 사무직을 대표한다. 이들은 사업장평의회가
노동조합과 협의한 후 기업소속 노동자 중에서 선출한다. 나머지 노
동자대표는 기업 외부의 인사, 혹은 노동조합의 추천을 받은 인사가
선임되는 경우가 대부분이다. 이들은 노동조합이 사업장평의회와
협의한 후 추천하는 방식으로 선임된다. 하지만 공식적인 지명은 사
업장평의회가 한다. 이러한 기업 내외부 인사의 혼합구성원칙은 전
체 노동자이해는 물론, 기업 내부 노동자그룹의 각 특정집단의 이해
도 동시에 반영하기 위해서 만들어졌다. 노동자측과 주주측은 각각
1인의 외부인사를 그들의 대표자로 지명하는데, 이들은 기업이나 노
조, 혹은 그에 준하는 기관의 대표자가 아니어야 하며, 해당 기업과
금융적 관계가 없는 독립적인 외부인사여야 한다. 감독이사회의 노
동자대표는 형식적으로 주주총회의 추인을 받아야 하지만, 실질적
으로 사업장평의회의 지명이 결정적인 역할을 한다.

　　한편 감독이사회 구성에 있어 의장을 맡게 되는 11번째의 구성
원은 중립적 인사로 선임되는데, 주된 역할은 감독이사회에서 발생
할 수 있는 노사의 이해갈등상태를 조정하는 것이다. 여기서 의장은

외부대표자의 조건을 만족시켜야 하며, 중립적 인사로서 지명은 감독이사회 구성원들의 다수결에 따른다. 적어도 노사 각각 3인 이상이 중립적 인사의 의장지명에 동의해야 한다. 그 이유는 중립적 인사가 노사 양측으로부터 신뢰를 얻는 사람이어야 하고, 상반되는 양측의 견해를 조정할 수 있어야 하기 때문이다. 이러한 과정을 거친 후 중립적 인사인 의장은 최종적으로 주주총회에서 선출된다.

한편 몬탄공동결정법의 가장 중요한 특징은 이사회의 중요 구성원인 노무이사를 노동조합이 지명한다는 점이다. 노무이사는 이사회에서 다른 이사들과 동등한 참가권과 표결권을 가지고 있으며, 감독이사회에서 노동자대표의 과반수 찬성에 의해 선출된다. 노무이사는 인사관리, 작업조직과 생산방식, 단체협약 관련 사항, 직업훈련, 노동법과 복지제도, 산업안전과 주택문제 등을 관할한다. 그래서 노무이사의 업무와 활동은 사업장평의회는 물론, 해당 기업이 속한 노동조합과의 긴밀한 협조하에서 이루어진다(이상호, 1995: 41).

3) 노동자대표성 1/3 공동결정법

1952년에 제정된 기업조직법은 몬탄공동결정법이 적용되지 않는 500인 이상 2,000인 미만 민간기업에 공동결정제도를 도입하기 위해 제정되었다. 이 법은 1972년 수정되고 2004년 '1/3 참가법(Drittelbeteiligungsgesetz)'으로 다시 개정되어 지금의 모습을 갖추게 되었다(Oechsler, 2004: 65). 이 법에 따르면, 노동자대표는 감독이사회의 1/3을 차지하며, 이 법의 적용대상은 석탄과 철강업종을 제외한 모든 2,000인 미만 주식회사와 500인 이상 유한회사로 확대되었다

(고준기, 1990: 47)

감독이사회의 노동자대표는 기업규모에 따라 3인에서 21인까지 가능하며, 기업 전체 노동자의 비밀투표에 의해서 선출된다. 노동자대표가 1인이면, 그는 반드시 기업 내부 노동자여야 하며, 2인 이상의 경우 그들 중 1인은 반드시 기업에 속하는 사람이어야 한다. 또한 노동자대표는 사무직과 생산직의 혼합구성을 반영해야 하며, 노동자대표의 수가 늘어나면 특별한 제한규정이 없기 때문에 노동조합대표와 같은 외부인사의 선출이 이루어진다. 이때 노동조합은 몬탄공동결정법과 달리, 직접 대표를 지명하지 않고 사업장평의회에 권고와 조언만을 할 수 있다. 또한 노동자대표의 선임과 해임은 해당 기업의 노동자들이 결정한다. 노동자대표는 주주대표와 동등한 권리와 의무를 지닌다. 다만 감독이사회 하부조직으로서 특별위원회가 구성될 때 노동자대표의 참가권에 대해서는 논란이 존재했지만, 일반적으로 기업기본법의 정신에 입각하여 볼 때, 노동자대표가 특별위원회에 참여하는 것이 일반적이다(고준기, 1990: 49).

한편 기업기본법에는 노무이사에 대한 규정이 존재하지 않는다. 그래서 노무이사의 임명을 법적으로 강제하지는 못하지만, 실제로 노동자의 입장을 고려하여 노무이사가 임명되는 것이 일반적이다. 이와 같이 기업조직법에 의한 공동결정제도는 기업 차원에서의 노동자 공동결정을 인정하고 있지만, 감독이사회 구성의 노사동수원칙이 관철되지 않은 점을 보더라도 실제적인 영향력은 제한적이다(Müller-Jentsch, 1999: 292).

4) 1976년 공동결정법

1976년 공동결정법(Mitbestimmungsgesetz)은 탄광·철강산업에 속하는 기업을 제외한 2,000인 이상 상시노동자를 고용하고 있는 주식회사, 합자회사, 유한회사, 동업자조합, 영리상업협동조합 등을 포함하는 모든 영리 민간기업들에게 적용된다. 노동조합은 애초에 이 법을 1951년 몬탄공동결정법과 같이 노사 동수의 동등한 공동결정제도로 관철시키려고 노력했다. 하지만 당시 연립정부를 구성하고 있던 사민당과 자민당의 견해차이로 노사 동수는 이루어졌지만, 실질적인 동등권을 확보하는 데 실패했다(고준기, 1990: 50).

먼저 1976년 공동결정법의 규정에 따라 운용되고 있는 2,000인 이상 기업의 의사결정구조는 〈그림 3-1〉과 같이 나타낼 수 있다.

감독이사회의 인원 구성은 기업 규모에 따라 달라진다. 감독이사회에 참가하는 직원대표의 구성에 있어서 기업 내부 생산직과 사무직의 비율을 고려한다. 또한 사무직의 대표구성은 소위 관리사무직(Leitende Angestellte)의 대표가 포함된다. 이런 방식을 통해 최고경영진을 제외한 기업 내 모든 노동자그룹에서 적어도 1인의 대표를 감독이사회 구성에 참여시킬 수 있다.

한편 소속 노동자의 수가 8,000명을 초과하는 기업의 경우, 선거인단을 통해 노동자대표를 간접적으로 선출하고, 그 이하의 경우 직접선거에 의해 위원을 선출한다. 물론 이러한 선출방식은 노동자의 다수결투표에 의해서 변동가능하다. 그러나 일반적으로 선거는 전체 노동자의 직접선거에 의해서 이루어진다. 감독이사회에 참가하는 노동자대표의 선출과정은 생산직 노동자의 대표 선출, 사무직

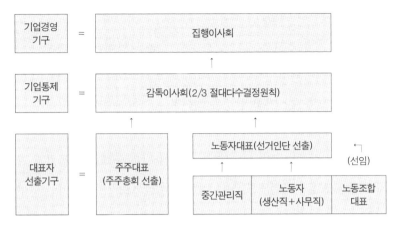

그림 3-1 1976년 공동결정법에 의한 기업의 의사결정구조
출처: Niedenhoff, 2002: 538.

노동자의 대표 선출, 관리사무직을 포함하는 관리자대표 선출, 노동조합대표 선출 등 네 가지 다른 선거에 의해서 최종적으로 결정된다 (고준기, 1990: 55).

　결국 이러한 방식으로 감독이사회 위원이 선출되고 기업의 의사결정과정에서 관리사무직 대표가 종종 주주입장에 동조하면서 노사공동결정의 정당성이 훼손되기도 한다. 이는 일반적으로 관리사무직 대표가 일반노동자보다 주주의 입장에 찬성하는 경우가 많기 때문에 나타나는 현상이다.

　또한 감독이사회의 구성이 노사 동수이기 때문에 표결에서 가부동수가 발생하면 2차 투표를 실시하고, 이 경우에도 다시 가부동수가 발생하면 감독이사회 의장이 최종결정권을 행사한다. 이러한 이유로 인해 의장의 선출은 중요한 의미를 지닌다. 원칙적으로 의장과 부의장은 감독이사회 위원의 2/3 이상 지지에 의해서 선출된다.

만일 두 번의 선출과정을 거치면서 위원 2/3 이상의 동의를 얻지 못하면, 주주측이 추천한 의장을 선출하고 부의장은 노동자측이 추천한 인물이 선출된다. 그래서 감독이사회 의장은 주주의 입장을 대변하고 부의장은 노동자의 입장을 대변하는 것이 일반적이다(아다미·슈테판, 1994: 70).

다른 한편 이사회의 구성과 노무이사 선출에 대한 노동자의 권한도 몬탄공동결정법의 규정에 비해 상대적으로 약하다. 이사의 선출은 감독이사회 2/3 이상의 지지에 의해서 선출된다. 감독이사회의 표결에 의해서 확정되지 못하면 중재위원회가 소집된다. 중재위원회는 의장, 부의장과 노사 양측 대표 각 1인씩으로 4인으로 구성된다. 중재위원회는 이사명단을 감독이사회에 제출하고 감독이사회는 다수결에 의해 이를 최종적으로 결정한다. 만일 가부동수가 발생하면 의장이 최종적으로 결정한다.

노무이사의 선출에 있어서도 몬탄공동결정법과 달리, 다른 이사의 선출 절차와 동일한 과정을 거친 후 선출되고 있으며, 임명과 해임에 있어서도 감독이사회에 참가하는 노동자대표들의 의사에 구애받을 필요가 없다. 이러한 규정으로 인해 감독이사회의 노동자대표가 노무이사의 선출은 물론, 이를 통제할 수단과 방법은 존재하지 않는다. 그러나 일반적으로 노무이사는 인사관리정책의 수립과 원활한 운영을 위해 노동자로부터 신뢰받을 수 있는 사람이 보통 선출된다(Niedenhoff, 1990: 69).

3.3 공동결정제도의 사회경제적 효과에 대한 논란

1) 공동결정제도에 대한 비판적 입장

독일 공동결정제도에 대한 비판은 사업장평의회 같은 사업장 차원 노동자 경영참가에 대한 비판과 감독이사회 위원으로 참가하는 노동자대표가 행사하는 공동결정권에 대한 비판으로 크게 나누어 살펴볼 수 있다. 먼저 사업장 차원의 공동결정제도에 대한 부정적 평가를 살펴보면, 사업장평의회의 활동과 노사협의에 의해 발생하는 추가비용에 대한 사용자들의 불만이 높다. 프란츠(Franz, 2005: 268)에 따르면, 사업장평의회가 존재하는 기업들이 종업원 1인당 연간 약 650유로(2005년 기준)의 추가비용을 지불하고 있다. 다른 나라와의 비용경쟁력 측면에서 볼 때, 이 정도의 비용은 기업에게 일정한 부담으로 작용한다고 볼 수 있다. 이러한 비용발생 가능성은 경영진에 비협조적인 사업장평의회가 임의적으로 의사결정절차를 지체시키거나, 기업의 인수합병 등과 같은 중요한 의사결정조치를 사업장평의회가 방해하는 경우에 더욱 심각한 양상으로 나타날 수 있다(Franz, 2005: 272). 실제로 2001년 기업기본법의 개정 이후 기업의 환경보호, 양성평등 등에 대한 감시권한이 사업장평의회에게 새롭게 부여됨으로써 추가비용의 부담에 대해 부정적 인식이 높아지고 있다.

더욱이 최근 지구화와 자유화 추세 속에서 새롭게 형성되고 있는 경쟁환경은 기업으로 하여금 보다 유연하고 빠른 대응을 요구하고 있다. 그러나 공동결정제도는 근본적으로 노사의 합의과정을 요

구하는 의사결정 메커니즘을 지니고 있기 때문에 이러한 속도경영
에 제대로 대응하기 힘들다. 그래서 비판론자들은 현행 공동결정제
도는 이미 현실화되고 있는 노동세계의 새로운 변화와 도전에 대응
하기 힘들고 부족한 적응력으로 인해 독일의 산업입지 경쟁력이 약
화될 것이라고 우려하고 있다(Oechsler, 2004: 161).

하지만 독일 공동결정제도에 대한 보다 근본적 비판은 노동자
대표의 감독이사회 참가문제와 관련되어 있다. 기업의 최고의사결
정기구에 자본소유권을 가지고 있지 못한 노동자대표를 참가시키는
것이 자본주의의 기본원칙인 소유자의 재산권을 침해한다고 이들
은 비판한다. 또한 국가에 의해 강제된 공동결정법으로 인해 개인의
소유권이 부분적으로 훼손되는 결과가 초래되고 있다고 비판한다
(Kaden, 2002: 5).

그리고 감독이사회의 노동자대표로 참가하는 사업장평의회 위
원과 노동조합 대표자가 감독이사회 위원으로서 이사들의 선임, 감
독, 해임 등을 결정하는 것이 논리적으로 모순이라고 주장한다. 왜냐
하면 이들 노동자대표 중 사업장평의회 위원은 기업 내부에서 경영
사안과 관련하여 이사들과 협상을 벌이고, 노동조합 대표자는 단체
교섭의 협상주체로서 기업 외부에서 이사들과 교섭을 하기도 한다.
이러한 노동자대표들이 감독이사회에서 주주대표와 함께 기업경영
의 최고의사결정을 한다는 것은 자기정체성의 혼란을 자초할 수 있
다고 평가한다. 이러한 이중적 정체성으로 인해 감독이사회 위원들
이 예측하기 힘든 상황에 봉착하기도 하고, 이해대변조직의 대표성
을 제대로 담보하지 못하는 경우가 발생할 수 있다(Kaden, 2002: 8).

최근에 제기되는 또 하나의 비판은 감독이사회에 참가하는 노동자대표의 정당성문제이다. 1976년 공동결정법에 따르면, 감독이사회 위원이 될 수 있는 노동자대표는 독일 국적을 가져야 하는데, 이는 초국적화되고 있는 기업구조, 의사결정과정과 어울리기 힘들다는 평가이다. 예를 들어 독일 증권거래소(DAX)에 상장된 기업의 50% 이상이 해외지사를 가지고 있으며, 상당수의 종업원이 외국인에 해당한다. 이러한 문제를 해결하기 위해서 크라이슬러를 합병한 다임러벤츠는 그룹사업장평의회의 위원에 미국 공장의 노동자대표를 참석시키거나, 그룹 차원을 넘어서는 국제적 차원의 세계사업장평의회(World Works Council)를 구성하는 등 다양한 방안을 모색했다(Baums, 2003: 6).

이와 같이 공동결정제도에 대해 비판적인 이들은 과도한 노동자 대표성으로 인해 기업의사결정이 지체되고 감독이사회 위원들의 이중적 대표성으로 인해 최고의사결정기구의 기능이 약화될 수밖에 없다고 평가하고 있다. 그래서 많은 사용자들이 감독이사회의 노사 동수 대표성으로 인해 자본조달의 어려움을 겪을 수밖에 없으며, 공동결정제도로 인해 독일주식이 자본시장에서 약 20% 낮은 가격으로 평가되고 있다고 주장한다(Kaden, 2002: 14).

그러나 최근에 독일 사민당 에버트재단(FES)이 발간한 보고서에 따르면, 경제의 디지털화에 따른 노동세계의 변화에 적극적으로 대응하기 위해서 독일의 공동결정제도는 여전히 노사 모두에게 유용한 정책수단으로 인식되고 있다. '공동결정 4.0'이라는 명칭을 지닌 이 보고서는 4차 산업혁명으로 인해 발생하는 노동시장과 기업구조의 변화에 대응하기 위해서 공동결정구조의 다양화, 노동자의 직업능력 강화, 기업특화적인 해결방안이 필요하며, 노동조합과 사업장평의회도 더 높은 수준의 참여와 책임을 통해 '공동혁신가(co-innovator)'가 되어야 한다고 강조하고 있다(Oerder, 2016).

2) 사회경제적 효과에 대한 긍정적 평가

위에서 살펴본 바와 같이 독일 사회경제모델의 핵심적 제도라고 할 수 있는 공동결정제도에 대한 비판은 대부분 고비용을 유발하는 비효율성을 주목한다. 이러한 주장은 기업경영학적 관점에서 볼 때 제도 자체가 비용을 초래할 수밖에 없다는 인식이 강하기 때문에 당연한 논리적 귀결이다.

하지만 공동결정제도의 효율성효과 분석에 따르면, 공동결정제도로 인한 단기적 비용유발효과는 확인이 되지만, 중장기적으로 수익성에 부정적 효과를 발휘한다는 증거를 찾기 쉽지 않다(FES, 2005: 38). 오히려 공동결정제도를 도입한 기업의 경우, 경영사유에 따른 해고가 적고 노동이동이 적을 뿐 아니라, 노동시간의 내적, 기능적 유연화가 원활하게 이루어지고 있었다. 이러한 효과는 직접적으로 기업성과에 영향을 미치지는 못하지만, 간접적으로 노동자의 참여와 헌신을 유도하고 창의적 활동을 촉진시킨다(Frick & Sadowski, 1995).

한편 공동결정제도가 기업의 주가와 이윤에도 부정적 영향을 미치지 않는 것으로 나타났다(Müller-Jentsch, 2004: 4), 맥킨지 조사에 따르면, 독일이 주가 디스카운트 측면에서 미국과 스위스보다 더 낮은 국가로 분류되며, 해외투자자 입장에서 볼 때 공동결정제도보다는 조세제도를 독일 산업입지의 약점으로 더 강조하고 있다. 최근 미국상공회의소 독일지사와 보스턴 컨설팅회사의 조사에 따르면, 국제투자자에게 독일은 여전히 매력적인 투자처이며, 지난 5년 동안 독일에 대한 외국자본의 직접투자는 계속 증가하고 있다(Vitols, 2001: 7; Müller-Jentsch, 2004: 4).

다른 한편 감독이사회 노동자대표가 기업 의사결정의 장애물로 작용한다는 논리는 상당히 일면적인 해석이라고 볼 수 있다. 노사의 공동결정과정으로 인해 절대적인 시간이 소요되기 때문에 의사결정의 지체가 문제점으로 지적된다. 하지만 노사가 합의된 결정사항에 대한 저항이나 반발은 상당히 적기 때문에, 오히려 합의된 경영조치의 추진과정이 더 용이하다. 이를 통해 기업 의사결정에 대한 직원들의 수용도가 넓어지고 실현가능성도 더욱 높아진다. 그래서 노동자대표가 기업의 최고의사결정과정에 참가하는 독일 공동결정제도의 효과는 단기적 비용편익분석으로 평가할 수 없으며, 중장기적 관점에서 경영효율성과 조직이점 등을 종합적으로 평가해야 한다(Müller-Jentsch, 2008: 208).

또한 공동결정제도의 긍정적 효과를 주목하는 사람들은 사업장과 기업 차원으로 이원화되어 있는 독일공동결정제도의 구조적 특성을 부정적으로 평가하지 않는다. 오히려 기업 차원의 공동결정제도는 경영투명성과 기업전략의 지속가능성을 보장하고, 사업장 차원의 공동결정제도는 생산효율성과 노동참가형 공동경영을 가능하게 만드는 요인으로 작용한다고 본다(Müller-Jentsch, 2008: 209). 이러한 관점에서 볼 때 사업장평의회 위원이 감독이사회 위원으로 참가함으로써 이중적 정체성문제가 초래되는 것이 아니라, 기업의 중요의사결정과정에서 필요한 정보와 소통의 흐름을 보다 원활하게 만든다고 평가한다. 또한 감독이사회 위원으로 노조대표자가 참가하는 것도 기업 내부자의 이해담합으로 인해 초래될 수 있는 사회적 외부효과를 사전에 차단하는 역할을 수행한다고 판단한다(Müller-Jentsch, 1999: 294).

무엇보다도 독일 공동결정제도의 긍정적 사회경제적 효과는 현실 속에서 증명되고 있다. 독일경제는 여러 가지 어려움에도 불구하고 여전히 높은 질적 국제경쟁력을 확보하고 있으며, 강력한 노동조합의 존재와 높은 노동보호조치에도 불구하고 파업 등 노동쟁의로 인한 노동손실이 국제적으로 아주 낮은 수준이다. 물론 이러한 사회경제적 지표들을 단지 공동결정제도의 효과로 치환할 수는 없지만, 노사의 공동협의와 공동경영이라는 공동결정제도의 '보이지 않는 손'이 산업구조재편과 기업구조조정에 의한 사회정책적 악영향을 최소화하는 데 큰 역할을 했다는 것을 부정하기 힘들다(Höpner, 2004: 18).

최근 독일 할레연구소의 발표에 따르면, 사업장평의회의 참여가 보장되면 노동생산성이 그 이전과 비교하여 더 높아진다는 사실이 실증연구를 통해 검증되었다. 이러한 결과는 사업장평의회가 기업의 상황과 경영자의 요청을 노동자에게 전달하는 창구로서 중요한 역할을 수행하며, 이를 통해 만들어진 신뢰와 공조가 기업의 성과로 나타난다는 이론적 근거를 증명하는 것이다. 1998년부터 2009년 노동시장직업연구소(IAB)의 사업체패널에 대한 시계열분석을 통해서 확인된 이러한 결과는 노동자의 경영참가와 노동생산성의 긍정적 상호작용을 잘 보여준다(Müller, 2015).

더 중요한 사실은 독일의 사회경제적 발전에 있어 공동결정제도가 상당히 큰 기여를 했다는 점이다(Pries, 2006: 3). 공동결정제도는 단순히 기업경영적 관점에서 하나의 제도로만 볼 것이 아니라, 경제민주화를 위한 정치적 기획이고 자본주의의 시장화에 대한 노동의 대응정책이라고 파악할 필요가 있다(Höpner, 2004: 13). 이러한 의미에서 공동결정제도는 '기업과 경제영역에서 민주적 사회모델의 적용형태'라고 규정할 수 있으며, 이는 공동결정제도의 본래적 목적과 상통한다(FES, 2005: 10).

결론적으로 공동결정제도는 경제적 효율성만으로 평가할 수 없으며, 기업공동체에 대한 실질적 참여이자 노동자에 의한 책임경영이라고 볼 수 있다. 이러한 기업조직에서 노동자는 자신을 단순히 하나의 생산요소로 간주하지 않고 민주적 기업사회의 동등권을 지닌 시민으로 인식하게 된다. 즉, 공동결정에 대한 노동자의 참가는 시민권이자, 기업에 대한 정치적 참정권으로 규정할 수 있다(Müller-Jentsch, 2004: 5).

4. 소결: 21세기의 도전에 대한 답, 노사의 공동결정과 공동책임

지금까지 본 것처럼 독일 공동결정제도에 대한 논쟁은 오래되고 다양한 영역에서 전개되었지만, 제도의 사회경제적 유효성은 역사적 현실 속에서 확인되고 있다. 1970년대 도입시기에 발생했던 격렬한 찬반논란과 달리, 독일 공동결정제도는 사업장 차원과 기업 차원에서 실현되고 있는 노동자의 경영참가제도 중에서 참여와 효율을 동시에 달성하는 가장 유력한 제도로 정착되었다.

그러나 2000년대 본격화된 '유럽화'와 '지구화'과정을 거치면서 공동결정제도는 새로운 도전에 봉착했다. 국내외 구조환경적 조건변화는 기업의 국제화, 더 나아가 초국적화를 추동하고, 이로 인해 독일의 공동결정제도는 적응과 전환의 기로에 서 있다. 독일의 공동결정제도는 어떻게 변화해야 하는지, 더 나아가 이러한 변화가 어떤 의미를 지니는지를 다시 물어보아야 한다.

지금까지 독일은 사회경제구조의 심각한 변동과 기업의 일상적 구조조정을 겪으면서 나타나는 갈등과 문제를 사회계약적 방식으로 해결해왔다. 이 과정에서 노동자의 경영참가제도를 대표하는 공동결정제도는 중요한 역할을 수행했다. 공동결정제도는 노사의 협력관계를 굳건하게 만들었을 뿐만 아니라, 노사의 세력균형을 이끌어내기도 했다. 바로 이것이 독일 공동결정제도의 사회정책적 성과이다.

하지만 지구화시대에 독일 공동결정제도의 이러한 긍정적 이미지는 변화하고 있다. 생산과 시장의 지구화는 제도변화의 방향타로 작용하고 있으며, 공동결정제도는 변화의 압력하에 놓여 있다. 이러한 상황에서 "강력한 규제를 의미하는 공동결정제도는 유연화시대에 걸맞지 않는 낡은 역사적 유산이 아닌가. 그리고 자유화와 금융화시대에 독일의 공동결정제도는 어떻게 미래경쟁력을 가질 수 있는가?"라는 질문에 답을 내놓아야 한다.

　이와 같이 사회경제적 조건변화에 대응할 수 있는 노동자 경영 참가의 모범적 모델이 무엇인지에 대한 논의는 지금도 계속되고 있다. 특히 유럽연합의 결성과 동구권 국가들의 신규가입으로 인해 공동결정제도의 '유럽화'는 중요한 문제로 부각되었다. '주식회사 유럽(AG Europa)'은 서로 다른 국가별 공동결정체계를 넘어서는 초기업적 과제를 우리에게 던져준다. 국경을 초월하는 인수합병, 사업장 이전 등에 대한 유럽연합의 지침은 독일 공동결정제도의 미래유용성을 시험하도록 만들고 있다. 예를 들어 독일기업 바이엘(Bayer)이 동유럽에 의약품을 생산하는 현지 공장을 세우는 경우, 독일과 같은 공동결정제도를 도입할 수 있는가에 대한 노사의 이견이 팽팽할 뿐만 아니라, 이에 대한 유럽연합 내부의 논의는 지금도 계속 진행 중이다.

　이와 같이 21세기 공동결정제도는 새로운 도전에 봉착하고 있으며, 동시에 새로운 가능성을 보여주고 있다. 과거에 경영자의 배타적 영역으로 인식되었던 경제적 사안이 공동결정의 영역으로 포함되고 있을 뿐만 아니라, 노사대표의 단체교섭 사안 중에서도 중요한 의제들이 공동결정제도의 영역으로 들어오고 있다. 다른 한편 공동결정제도가 점차 기업의 성과와 목표달성에 집중되면서 공적 이해와 초기업적 노조 요구가 제대로 반영되지 못하는 상황도 발생하고 있다. 바로 이러한 상황에서 어떻게 하면 공동결정제도가 노동자의 경영참가와 기업의 질적 경쟁력을 동시에 만족시킬 수 있는 사회적 제도로 거듭날 수 있을 것인가. 이에 대한 답 찾기는 독일모델에 여전히 남겨진 숙제이다.

4장

미완의 과제로 남아 있는 독일의 사회적 대화

1. 왜 사회적 코포라티즘은 독일에서 성공하지 못했는가?

독일의 역사 속에서 코포라티즘은 각 시기마다 다양한 형태를 띠고 나타났다. 역사적으로 국가적, 사회적, 혹은 경쟁적 코포라티즘으로 발전한 독일의 '삼자협의주의(tripartism)'[14]는 국가권력의 성격과 노사의 세력관계가 역사적 계기를 통해 어떻게 발현되는가에 따라 다른 결과를 낳았다.

　1차대전 이후 노동운동과 사민당이 급성장하는 가운데 초보적 형태로 시도되었던 삼자협의주의는 바이마르공화국의 몰락 이후 등장한 나치정권하에서 '독일노동전선'이라는 국가적 협의주의로 귀결되었다.

14　노사정이 참가하는 삼자주의에 기반한 대화. 협의와 합의까지 모두 포함한다는 의미에서 '삼자협의주의'로 번역한다.

한편 2차대전 이후 독일에서 실현된 노사정협의체는 사회보험과 직업훈련제도 같은 공적 기관에서 제도화된 삼자협의주의에 기반한 최고의사결정기구 외에, 1967년 '협주행동(Konzertierte Aktion)'과 1998년 '일자리동맹(Bündnis für Arbeit, Ausbildung und Wettbewerbsfähigkeit)'이 대표적 사례이다.

약 30년의 시차를 두고 실험된 협주행동과 일자리동맹은 사민당 정권하에서 주도된 사회적 협의주의에 가깝지만, 사회적 동반자 성격은 전자에 비해 후자가 상대적으로 약하게 작동했다.

초기의 의욕적인 출발에도 불구하고 협주행동과 일자리동맹은 독일사회의 구조적 문제를 실질적으로 해결하지 못하고 노사정의 공조가 약화되면서 성공적인 결과를 만들어내지 못했다. 이러한 부정적 평가로 인해 적록연정 2기에 들어서면서 '일자리동맹'이라는 사회적 협의기구는 사실상 유명무실화되고, 정부 주도의 정책협의 기구라고 평가할 수 있는 '하르츠위원회(Hartz Kommission)'가 노동시장의 현대화를 추진하게 된다.

2002년부터 본격적으로 가동된 하르츠위원회가 추진한 노동개혁조치는 초기부터 노사 모두로부터의 엄청난 저항에 부딪쳤다. 뿐만 아니라 그 내용을 둘러싸고 전문가 내부의 뜨거운 논란을 일으켰다. 그러나 한때 '유럽의 병자'로까지 불리던 독일의 경제가 2000년대 중후반에 들어서면서 활력을 되찾고 사회경제적으로 긍정적인 효과가 나타나면서 하르츠위원회의 '노동시장의 현대적 서비스'는 노동개혁의 대명사가 되기도 했다.

이러한 측면에서 볼 때, 독일의 삼자협의주의에 근거한 사회적 대화는 역사적 과정을 거치면서 국가적, 사회적, 경쟁적 협의주의로 변화해왔다고 평가할 수 있다. 바로 이 지점에서 우리가 주목하는 내용은 이러한 변화를 추동하는 주객관적 요인이 무엇이며, 이러한 협의주의의 유형변화를 어떻게 해석할 것인가이다.

　　이러한 문제의식에 따라 이 글은 다음과 같은 순서로 구성된다. 먼저, 독일의 사회적 협의주의의 제도적 변화를 역사적 경험에 비추어 간략하게 살펴본다. 특히 사민당 집권시기에 이루어진 '협주행동'과 '일자리동맹'에 대한 내용은 상세히 살펴본다. 이어서 독일에서 추진된 노사정의 사회적 협의와 정책협의가 우리에게 시사하는 바를 추론할 것이다.

2. 독일의 사회적 협의제도, 그 역사적 경험과 의미

2.1 1918년 중앙노동공동체

일반적으로 알려진 것과 달리 독일에서 협의주의와 사회협약의 역사적 경험은 그리 많지 않다. 19세기 중반 이후 산업화가 급속하게 진행되면서 계급갈등이 표면화되기 시작한다. 그전까지만 해도 수공업 위주로 생산되던 제품이 표준화와 분업화를 통해 집중과 집적 과정을 거치게 된다. 이를 통해 대량생산방식을 도입한 대공장이 점점 더 늘어나고 규율과 강제에 기반한 노동과정이 일상화된다. 노동자의 불만과 저항은 증가하고 생산과 분배과정을 둘러싼 노사의 갈등은 폭발한다.

이러한 상황에서 노사 갈등을 조정하고 통제하기 위해서 중재자로서 국가가 나서야 한다는 주장이 제기된다. 국가가 자본과 노동의 이익공동체로서 자기 역할을 규정하고, 이러한 공동이익을 실현하기 위해 정부는 중앙 차원의 '보편적 협의기구'를 구성하고 사회경제적 이해갈등을 통합해야 한다는 주장이 제안되었다.

이에 대해 프리드리히 나우만, 테오도르 로만 등 노동조합 지도자들은 노동자의 통합을 위해서는 노동자 참여가 보장된 사회적 파트너십이 필요하다고 보았다. 이들은 더 나아가 산업민주주의를 위한 제도적 형태로 기업의 의사결정과정에 노사가 공동으로 참여하고 주요 사안을 결정하는 노동자위원회 설치를 주장했다(스테판 버거 외, 2002: 181).

하지만 19세기 말까지 독일에서는 노동진영의 참여가 배제된 채, 정부와 경제계의 정책협의가 초보적인 형태로 이루어졌다. 정부의 입장에서 볼 때 당시 후발자본주의국가에 머물러 있던 독일을 빠른 시일 내에 산업화시키기 위해서는 노동보다는 자본의 이익대표체라고 할 수 있는 경제계의 협조가 더 요구되었기 때문이다. 또한 사회주의자 탄압법(1878년)으로 인해 노동조합의 정치활동은 공식적으로 불법화되어 있었고, 노동조합의 정책협의 참여는 사실상 불가능했다. 또한 군국주의적 성향을 지닌 비스마르크정부와의 정책협의 그 자체를 불온시하는 경향이 노동운동 진영 내부에도 상당히 강하게 존재했다는 사실도 노동조합의 참여 자체를 어렵게 하는 요인으로 작용했다(스테판 버거 외, 2002: 182).

그러나 독일이 1차대전을 일으키면서 이러한 상황은 변화한다. 제국주의전쟁의 승리를 최고의 목표로 삼은 정부는 1916년 11월 '전시동원법'을 입법화하면서 노동조합 포섭을 위한 다양한 조치들을 강구한다. 정부는 주요한 산업경제정책의 결정과정에 노동조합이 참여할 수 있는 길을 열어주는 동시에, 지금까지 불온시해온 노동조합의 기업 내 활동을 합법화시킨다. 1차대전 시기 이러한 노동조합의 정책협의 참가는 전시경제를 유지시키는 데 결정적인 역할을 수행했다. 경제계와 노동조합의 긴밀한 협력하에 정부는 생산과 분배계획을 실현할 수 있었고, 경제와 무역의 통제시스템을 유지할 수 있었다(스테판 버거 외, 2002: 184).

하지만 군국주의를 지향하는 정부의 제국주의전쟁에 대한 협조 여부를 둘러싸고 벌어진 노동조합운동 내부의 심각한 갈등은 권력투쟁에까지 이어졌다. 제국주의 정부에 대한 협조를 통해 노동조합의 조직적 성장과 사회적 인정이라는 긍정적 효과를 결국 이끌어냈지만, 이는 이후 노동조합으로 하여금 이에 상응하는 역사적 대가를 치르게 만든다(이상호, 2005: 20; Schneider. 2000: 37).

이러한 노동조합의 정책협의 참가경험은 1차대전 이후 수립된 바이마르공화국 시기 경제공황을 극복하기 위한 사민당 정부의 노사관계 제도화과정에서도 중요한 기반으로 작용한다. 사민당이 이끄는 바이마르공화국 정부는 소비에트혁명의 영향력을 차단하고 점진적으로 독일사회를 개혁하기 위해서 중앙협약 형태의 노사대타협을 시도했다. 1918년 1월 사민당의 적극적인 지원에 힘입어 사용자단체 대표 스티네스와 자유노조 위원장 레기엔은 즉각적인 주요 산업과 시설의 사회화 요구 철회와 노동조합의 합법적 제도화를 주요 내용으로 하는 협정에 서명하게 된다(스테판 버거 외, 2002: 186).

이러한 노사대타협[15]은 당시 러시아혁명 등 혁명과 변혁의 물결에 휩싸인 사회적 분위기 속에서 자신의 존재기반을 보호해야 한다는 사용자들의 위기감을 표현하고 있으며, 급진화되고 있는 노동자대중에 대한 자유노조의 불안감이 내재되어 있었다. 그럼에도 불구하고 이러한 노사대협정을 통해서 노동조합은 노동자이해 대변의 유일한 주체로서 사회적 인정을 공식적으로 획득하게 된다. 또한 결사의 자유와 노동자의 단결권이 법적으로 보장되고, 그동안 거부하고 있던 노동조합의 단체협약 체결권을 사용자단체가 공식적으로 수용하게 된다. 한편 일부 대기업에서 노동조합의 활동을 방해하기 위해 만들었던 어용노조가 불법화된다. 그 외에 노사 동수의 대표자가 운영하는 노동증명기관과 50인 이상 사업장에 '노동자위원회' 설치가 의무화된다(이상호, 2005: 21).

이러한 제도개혁조치와 함께, 노사대타협의 핵심적 내용은 협정 제10조에 규정되어 있는 노사 동수로 구성되는 '중앙노동공동체'의 설치였다. 이 기구는 11월대협정의 추진과 실행, 경제생활의 유지, 노동자의 생존권보장 등을 목적으로 연방 차원에서 설치된 노사대표자들의 공동협의체였다. 이러한 대타협에 대해서 기독교노조와 히르쉬–둥커조합(자유주의노조) 등은 생산현장에서 자본과 노동이

---

15   독일 역사상 최초의 전국단위 노사정협약이라고 할 수 있는 11월대협정은 이후 독일 노사관계의 발전과정에서 부침을 반복하는 사회적 대화의 역사적 시발점이었다고 평가할 수 있다.

신뢰에 근거하여 협력할 수 있는 길이 열리게 되었다고 환영한 반면, 자유노조 내부의 좌파, 특히 금속노조에서는 강력한 반발이 있었다. 이러한 반발은 자유노조 지도부에 의해서 체결된 대타협이 소유권과 경제적 권력관계의 변화가능성을 전혀 고려하지 않음으로써, 1918년 독일에서 발생한 민주주의혁명인 11월혁명 정신을 대표하는 '노동자평의회'와 '사회화'를 실질적으로 포기하고 있다는 판단에 근거하고 있었다. 결국 1919년 10월에 금속노조가 탈퇴하는 것을 시발점으로, 여러 직종노조 대표자들이 중앙노동공동체를 탈퇴하게 된다. 특히 사용자연합이 초기에 약속했던 '1일 8노동시간'의 단체협약화를 의도적으로 계속 지체시키는 상황이 발생하면서 자유노조 지도부 또한 1924년 초 중앙노동공동체를 공식적으로 탈퇴하게 된다(이상호, 2005: 22)

한편 중앙노동공동체와 함께 정부는 내각 산하에 경제자문위원회 성격을 지닌 제국임시경제위원회를 설치했다. 여기에 산업, 상업, 농업, 중소기업을 대표하는 이익단체, 그리고 노동조합대표들이 참여하여 수출과세, 통화개혁, 금융정책, 산업정책 같은 각종 사회경제정책을 논의했지만, 참여단체들의 이해대립과 1920년대 초반에 발생한 경제공황으로 인해 무용지물이 되고 말았다(스테판 버거 외, 2002: 187).

이와 같이 1차대전을 전후로 한 독일의 협의주의는 국가주도적 성격이 매우 강했다. 이러한 국가주도성은 나치 시기 독일노동전선(DAF)의 사례에서 가장 극명하게 드러나지만, 이후에 독일에서 나타났던 삼자주의적 협의제도 또한 다른 나라와 달리 국가주도성이 어느 정도 내포되어 있었다. 이는 개별 이해관계자들의 이해조정을 위한 하나의 공동체로서 국가를 인식하는 뿌리 깊은 독일적 전통 때문이다.

2.2 1960~70년대 협주행동

2차대전 이후 독일에서 정부, 노조, 사용자단체 등이 참가하는 사회적 협의기구가 복원된 것은 1967년 사민당과 기민당의 대연정시기였다. '협주행동'이라고 불리는 이 삼자주의적 협의기구는 불황과 실업율 상승이라는 경제적 위기상황을 타개하기 위한 정부의 적극적 의지와 깊은 관련을 맺고 있다. 즉, 당시의 협주행동은 노사정의 사회적 합의에 근거하여 실업증가와 물가인상으로 촉발된 경제위기를 극복하기 위한 새로운 정치적 실험이었다(Schroeder, 2003: 124; 이용갑, 2000: 45).

　하지만 협주행동에 참여한 노사정의 이해관계는 서로 달랐다. 기민당은 노사의 양보를 통해 당면한 경제위기를 극복하는 데 일차적 목적이 있었던 반면, 사민당은 협주행동의 가시적 성과를 통해서 자신의 집권능력을 정치적으로 확인시키고자 했다. 한편 사용자 대표는 경제위기에 따른 노사갈등의 격화가능성을 해소하고 경기회복을 위해서 필요한 제반 여건들을 사회적 협의과정을 통해 조성하고자 했다. 다른 한편 노동조합은 내부 반발과 의구심에도 불구하고 사회적 협의기구 참여를 결정한다. 이는 정부정책의 추진과정에 적극적으로 참여함으로써, 사회경제정책에 대한 노동자의 입장과 이해를 반영하는 동시에, 경제위기를 극복하는 데 있어 책임감 있는 행위주체로서 자신의 위상을 공인받고자 하는 목적이 있었기 때문이다(이용갑, 2000: 48).

이러한 협주행동은 1967년부터 1977년 노사가 공식적으로 탈퇴를 선언하기까지 무려 10년간 지속되었다. 하지만 물가안정과 실업축소를 위해 노사정이 합의한 임금조정정책은 그리 오래 유지되지 못한다. 1969년부터 경기가 급속히 회복되고 물가인상의 압력이 강화되면서 낮은 임금인상에 대한 노동자들의 반발이 거세게 일어난다. 한편 임금인상요구를 바탕으로 한 현장파업이 늘어나면서 노사의 합의내용은 견고하게 유지되지 못한다. 한편 노사관계법에 대한 제반논의가 공전되면서 사회적 대화에 대한 참여자들의 관심과 열의가 줄어들었고, 1976년 통과된 '신공동결정법'을 둘러싼 노사의 극단적 대립으로 인해 협주행동은 사실상 와해된다(이용갑, 2000: 48).

이러한 결과로 인해 협주행동에 대한 평가는 그리 긍정적이지 못하다. 전후 최초의 사회적 협의기구인 협주행동은 다음과 같은 문제로 인해 결국 실패했다. 먼저, 연방정부와 노사단체, 중앙은행 등이 참여한 협주행동은 제도적 틀을 확고히 하지 못함으로써, 참여자들의 의견조정을 이루지 못했고 시간이 지나감에 따라 임금인상문제가 불거지면서 합의된 내용들을 추진할 수가 없었다. 둘째, 당면한 경제위기상황을 극복하기 위해서 급조된 협의기구였기 때문에 예상과 달리 단기간에 경기가 회복되면서 협주행동의 존립 자체가 근거를 잃어버렸다. 셋째, 협주행동을 통해 논의된 내용들이 주로 임금억제를 비롯한 소득정책에 집중됨으로써, 노동조합 내부의 반발이 거세게 일어났고, 정부의 긴축재정과 신공동결정법에 대한 사용자단체의 위헌제소로 인해 노동조합의 참여의지가 결정적으로 훼손되었다(Schroeder, 2003: 125; 이용갑, 2000: 51).

그럼에도 불구하고 노사정이 당면한 사회경제적 문제를 해결하기 위해서 공동의 목표를 위해 자신의 이해관계를 넘어서는 합의를 추구했다는 점은 높이 평가할 만하다. 특히 노동조합은 단순히 단체교섭의 주체가 아니라, 경제적 위기상황을 극복하기 위한 사회정치적 동반자로서 사용자와 정부로부터 그 역할을 인정받는 계기로 작용했다. 중앙 차원의 노사정 대표들이 사회적 협의를 통해 사회경제적 위기상황을 어떻게 극복할 수 있는지를 확인시켜주는 중요한 역사적 경험이었다(Schneider, 2000: 349).

3. 독일의 일자리동맹과 하르츠개혁

3.1 보수자유연정의 좌초된 '고용동맹'

1982년 사민당과 자민당의 대연정이 무너지고 기민당과 자민당의 보수자유 연립정부가 들어선다. 경제관계의 세계화와 사회적 응집력의 내적 붕괴를 극복하기 위해서 사회적 통합 과제가 중요한 문제로 떠오르고 있었다. 하지만 보수자유 연립정부는 사회적 협의주의에 근거한 노사정 협의모델을 추진하기보다는 신자유주의적 탈규제정책과 신보수주의적 노조배제정책을 일관되게 추구했다. 이러한 정부의 정책노선은 1980년대 내내 노사정관계를 갈등관계에 머물도록 만들었다(이용갑, 2000: 53).

한편 1990년 통독 이후 약 2년 동안 지속되던 특수거품이 빠지기 시작하면서 독일경제는 다시 한 번 심각한 위기상황에 봉착한다. 1993년 물가는 전년 대비 5%가 상승하고 실질 국내총생산은 전후 최초로 전년 대비 1.1% 감소했다. 실업은 1990년 4.8%를 기점으로 지속적으로 증가하여 1994년 8.4%를 기록하게 된다. 대량실업과 고물가, 소득분배의 불평등 증가에 따라 정치적 이해관계와 사회집단의 이익을 초월하는 사회개혁 방향에 대한 논의가 다시 불붙기 시작한다(Schroeder, 2003: 126; 이용갑, 2000: 54).

이러한 상황에서 1995년 10월 30일 금속노조 위원장 클라우스 츠비켈은 새로운 사회적 협의방식인 '고용과 산업입지안정을 위한 동맹(이하 고용동맹)'을 제안했다. 그는 고실업과 경기침체에 대한 노동조합의 사회적 책임을 다하기 위해서 물가상승분만을 고려한 임금인상률을 노동조합이 받아들일 수 있다고 선언한다. 한편 이에 대한 반대급부로 사용자단체에게 향후 3년간 10만 개 일자리창출, 1만 명 장기실업자의 재취업을 약속하고, 연립정부가 추진 중인 사회보장축소방안의 폐기 등을 요구했다. 이러한 제안에 대해 정부와 사용자단체가 필요성을 수용하면서 1996년 초반 노사정 대표자의 1차 회동이 이루어진다. 이 자리에서 실업축소를 위한 다양한 정책협의를 시도해보지만, 노사정의 의견대립으로 더 이상 협상이 진전되지 못한다. 특히 노조의 고용창출에 대한 구체적 제안에 대해 보수자유연립정부는 확실한 대안을 제시하기보다는 실업률을 반으로 줄이기 위한 다양한 형태의 탈규제화 등 거시경제적 대책으로 여론의 압력을 피해가려고 했다. 결국 노사정 대표자회의는 파국을 맞이하게 된다. '노동자 병가 시기 임금계속지불에 대한 법률'을 개악하려는 연립정부에 맞서서 독일노총이 30만 명을 동원하는 시위를 조직하면서 노사정의 대화는 단절되고, 사회적 대화의 자리는 더 이상 마련되지 못한다(Bispinck & Schulten, 2000: 189; Schroeder, 2003: 127).

3.2 '일자리동맹'의 정치경제학

1) 사회적 협의에 대한 노사정의 이해관계

1998년 가을 연방선거에서 사민당과 녹색당이 승리함으로써, 16년 동안 지속되어온 보수자유 연립정부는 종지부를 찍게 된다. 적록연정은 사회적 시장경제의 전통에 근거한 노사정의 사회적 대화를 통해 노동시장과 사회복지체계의 개혁을 추구하고자 했다. 이를 위해서 핵심적인 선거공약으로 노사정이 함께 참여하는 사회적 대화 기구인 '일자리, 직업훈련과 경쟁력을 위한 동맹(이하 일자리동맹)'을 제시했을 뿐만 아니라, 총선승리 이후 이루어진 제1기 사민당과 녹색당 연립정부의 연정합의서에도 이를 명확히 했다(이용갑, 2000: 58).

하지만 '일자리동맹'의 실질적인 구성과 활동은 쉽지 않았다. 노동조합은 1996년 금속노조 위원장 츠비켈이 제안한 '고용동맹'이 올바른 취지에도 불구하고 보수자유 연립정부의 미온적 태도와 사용자단체의 거부로 인해 추진되지 못했다고 판단했다. 신정부는 친노동적 성향을 지닌 적록연정이기 때문에 일자리동맹을 통한 정치적 협상에서 노동조합이 원하는 방향으로 작용할 것이라고 기대했다. 또한 노동조합은 고실업과 경기침체라는 상황에서 고용, 경제성장·재정문제에 대한 종합적인 논의를 진행할 수 있는 일자리동맹을 사용자단체가 거부할 수 없을 것으로 판단했다. 또한 보수자유 연립정부 시기와 달리 노동조합에게 가장 큰 부담으로 작용하는 임금가이드라인에 대한 논의가 일자리동맹의 협의의제에서 제외되어 있다는 사실은 일자리동맹에 대한 노동조합의 참여의지를 더욱 높이는 계기로 작용했다(오승근, 2005: 90).

다른 한편 사용자단체는 내부의 격렬한 이견에도 불구하고 변화된 정치지형을 고려한 상태에서 일자리동맹에 참여하는 것이 불가피하다는 인식을 하게 된다. 정부가 기존의 시장지향적 경제정책을 포기하지 않고 민간일자리 창출에 대해 직접적으로 개입하지 않는다는 전제하에 일자리동맹 참여를 결정하게 된다(이용갑, 2000: 69).

마침내 1998년 12월 7일 일자리동맹은 노동시장, 사회보장, 경쟁 등에 대한 정책 기본방향을 1차 노사정 대표자회의에서 논의한다. 노사정은 경제회복과 실업축소라는 거시적 목표에는 모두 동의했지만, 핵심목표 달성을 위한 정책조치의 추진방식, 정책수단과 금기사항에 대해서는 상당한 이견이 존재했다. 정부는 실업축소와 이를 위한 재정건전성 확보에, 노조는 실업감소와 함께 사회보장체계 유지에, 사용자는 국제경쟁력의 강화를 위한 사회복지 축소에 더 큰 관심을 가지고 있었다. 특히 고실업상태를 극복하기 위한 정책수단에 있어서 노동조합과 정부는 청년취업예정자들을 위한 견습생일자리를 사용자가 확대해야 하며, 연금수령연령을 낮추는 동시에 고령노동자의 단기간 노동을 용이하게 만드는 것에 주안점을 두고 있었다. 이와 달리 사용자단체는 기업의 비용절감을 위해 법인세, 사회보장세 등의 세금부담을 줄이고 노동조합이 임금인상을 자제해야 한다고 보았다(이용갑, 2000: 60).

2) 일자리동맹의 구성과 활동

이러한 이해갈등에도 불구하고 '일자리동맹'은 1차 노사정 대표자회의에서 12가지 사항을 합의한다.

첫째, 노동자에게 지급되는 임금 이외 법정노동비용의 절감과 사회보험의 구조개혁을 위해 노력한다. 둘째, 고용확대를 위한 일자리분배, 노동시간 유연화와 이에 근거하여 초과노동시간의 축소를 위해 노력한다. 셋째, 독일기업의 경쟁력강화를 위해 법인세율의 인하, 특히 중소기업의 조세부담을 낮추는 세제개혁을 위해 노력한다. 넷째, 기업의 혁신능력과 경쟁력을 향상시키기 위해 노력한다. 다섯째, 법정노령연금의 수급연령한도 내에서 조기퇴직이 가능하도록 법제도, 단체협약, 사업장협정의 규정을 개정하는 방안을 마련한다. 여섯째, 고용확대를 지원할 수 있는 임금정책을 개발하도록 노력한다. 일곱째, 중소기업의 창업을 용이하게 만드는 창업자본의 형성방안을 강구한다. 여덟째, 노동자의 재산형성과 이익분배에 대한 참여를 촉진하는 방안을 강구한다. 아홉째, 고용창출, 혁신강화와 경쟁력 향상을 위해 전문가의 논의와 각 의제별 사회적 대화가 가능하도

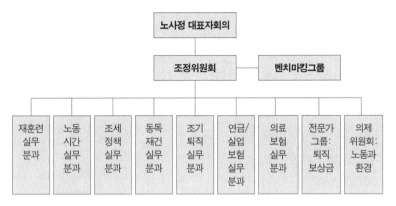

그림 4-1 독일 일자리동맹 구성도

록 지원한다. 열 번째, 기업의 창업과 성장을 위한 구조적 방해요인을 지속적으로 제거한다. 열한 번째, 노동시장에서 취업이 쉽지 않은 노동자집단의 고용증진을 위해 새로운 정책수단을 도입하고, 이를 통해 저숙련노동자를 위한 새로운 고용·직업훈련 기회를 제공한다. 열두 번째, 청년실업과 장기실업의 극복을 위해 직업교육과 직업훈련의 지속적 개혁을 가능하게 만드는 적극적 노동시장정책의 혁신 방안을 강구한다(이용갑, 2000: 74).

이러한 12가지 합의사항은 이후 비정기적으로 개최된 노사정 대표자회의의 주요의제가 되었을 뿐만 아니라, 조직구조의 편성에도 그대로 반영되었다. 한편 일자리동맹은 〈그림 4-1〉과 같이 구성되었다.

위의 그림에서 알 수 있듯이 일자리동맹의 최고의사결정체는 노사정 대표자회의이다. 정부측에서 총리, 재무장관, 경제장관, 보건장관, 정무장관 등 5인, 사용자단체에서 독일사용자단체, 독일산업

협회, 독일상공회의소, 독일수공업자협회 등 4인, 노동조합에서 독
일노총, 금속노조, 화학에너지노조, 공공운수노조(이후 베르디), 독일
사무직노조(DAG) 등 5인이 참여하는 노사정 대표자회의는 고용촉
진, 직업훈련향상과 경쟁력강화를 위해 필요한 다양한 정책제안 중
에서 우선순위를 정하고, 각 사안의 종합적인 연계방안을 최종적으
로 합의하는 기구이다.

　　한편 다양한 의제들을 다루는 실무분과의 논의결과와 성과에
대한 이해관계자의 이견을 검토하고 대표자회의의 안건을 준비하
는 단위로서 조정위원회가 설치되었다. 이와 함께 소수의 전문가집
단으로 벤치마킹그룹을 구성했다. 이 그룹은 상대적으로 독립적인
단위로 일자리동맹의 성공적인 실행을 위해서 노사정이 필요로 하
는 자료들을 공동으로 작성하고 독일경제의 구조적 문제에 대한 해
결방안을 제시함으로써, 조정위원회의 작업을 간접적으로 지원하는
역할을 수행했다. 실무분과는 노사정 전문가들이 개별 정책분야(재
훈련, 노동시간, 조세정책, 동독재건, 조기퇴직, 연금 및 실업보험, 의료보험
등 7개 실무분과와 퇴직보상금 전문가그룹, 노동과 환경위원회)에서 문제
해결을 위한 정책대안을 논의하고 개발하기 위한 단위이다.

3) 일자리협약을 둘러싼 노사정의 이해갈등

한편 일자리동맹의 노사정 대표자회의는 2002년 1월 '일자리-활성
화법(Job-AQTIV)'이 통과되기 전까지 총 8차례 진행되었다. 노사정
대표자회의를 중심으로 진행된 일자리동맹의 각 시기별 의제와 내
용은 다음의 표와 같이 정리할 수 있다.

표 4-1 일자리동맹의 노사정 대표자회의 연력

경과일자	핵심의제와 합의내용
1차 회의 (1998년 12월 7일)	활동목표의 확정과 조직구조 구성
2차 회의 (1999년 2월 25일)	연방 차원 일자리동맹과 주 차원 일자리동맹의 긴밀한 협력관계 구축을 합의하고 청년취업예정자들을 위한 프로그램(JUMP) 추진
3차 회의 (1999년 7월 6일)	견습생일자리 제공(10만 개)과 동독지역 재건프로그램 합의
4차 회의 (1999년 12월 12일)	법정최저임금제도 도입을 위한 시범모델(마인츠/자르모델) 운영 합의
5차 회의 (2000년 1월 9일)	고용촉진적인 임금정책의 일환으로서 정년제도의 특성화(산업별/기 업별) 논의
6차 회의 (2000년 7월 10일)	정보통신분야의 일자리확대를 합의하지만, 기업기본법 개정방안에 대한 합의 실패
7차 회의 (2001년 3월 4일)	초과노동과 기업기본법 합의 실패
8차 회의 (2002년 1월 25일)	투자확대, 재정건전화 등에 대한 합의 실패 Job-AQTIV 법제화

출처: Schroeder, 2003: 132; 오승근, 2005: 91.

위의 표에서도 확인할 수 있듯이 노사정에 의해서 이루어진 정
책협의의 실효성이 시간이 지나감에 따라 점점 더 떨어지고 있다
는 사실은 일자리동맹 노사정 대표자회의의 빈도수에서도 확인할
수 있다. 1998년 12월 7일 첫 회의 이후 분기마다 예정된 노사정 대
표자회의는 2001년과 2002년에는 고작 한 번밖에 열리지 않는다.
1999년 4차 노사정 대표자회의 이후 임금과 노동조건의 조정이 핵
심의제로 떠오르게 되면서 이를 둘러싼 노사정의 이견이 극명하게
나타나는 과정에서 다른 논의조차 쉽지 않았기 때문이다.

1차 노사정 대표자회의에서 임금정책은 중심의제가 아니었다. 하지만 2차 노사정 대표자회의에서 사용자단체가 매년 일정수준의 임금인상률을 노사정이 권고하는 방안을 제시한다. 이에 대해 노조는 이런 방식이 임금가이드라인이라고 강하게 반발했다. 이러한 노사의 갈등과 대립은 3차 대표자회의에서 임금정책의 현대화를 위한 다양한 정책제안(노동시간 유연화, 초과노동 축소, 기업연금제도 개선 등)이 가미되면서 노사의 공동선언방식으로 일정하게 봉합된다.

그러나 사용자단체는 고실업상황을 극복하기 위해서는 임금인상 억제가 필수적으로 요구된다는 점을 그 이후에도 계속 제기한다. 한편 임금정책의 개혁문제가 노사정 대표자회의에서 본격적으로 다루어지면서 다른 주요의제의 합의가 쉽지 않은 상황이 발생했다. 또한 임금정책의 개혁방향과 내용을 둘러싸고 노동조합에서조차 내부 이견이 불거지고 병가 시기 임금보전방안, 연금개혁조치, 기업조직법 개정 등을 정부가 독자적으로 입법추진하면서 일자리동맹의 기본틀이 근본적으로 흔들리게 된다(Bispinck & Schulten, 2000: 199; Schroeder, 2003: 132).

한편 노사정의 이해갈등과 대립은 고용촉진을 위한 정책협의에서도 그대로 나타났다. 일자리동맹에서 고용촉진을 위한 정책적 조치는 크게 노동시장정책을 통한 직접적 조치, 사회보장제도의 개혁과 기업경쟁력의 강화로 대표되는 간접적 조치 등 세 가지 정책수단을 통해 추진되었다(이용갑, 2000: 78)

일자리 재분배, 노동시간 유연화, 임금정책 개혁 같은 의제를 실행하기 위해서는 노동조합의 양보가 요구되었지만, 이에 대한 노동조합 내부의 이견은 조정되지 못했다. 또한 기업경쟁력 강화를 위해 법인세의 인하, 중소기업의 대출조건 개선, 기업설립조건의 규제완화 같은 정부의 정책조치가 시행되었음에도 불구하고, 사용자단체는 1999년 3차 대표자회의에서 합의한 청년층 취업을 위한 견습생 일자리 제공을 계속적으로 지체시켰다. 사용자단체의 합의에도 불구하고 산하 개별기업에서 직업훈련생들을 위한 견습생일자리를 실제로 제공하지 않은 경우가 발생했다. 노사정 대표자회의에서 합의된 내용에 대해 개별기업들이 존중하고 이를 기업현장에서 실행해야 함에도 불구하고 실제적으로 이를 강제할 방법은 없었다. 결국 노동조합과 정부는 사용자측의 약속이행을 압박하기 위해 '직업훈련분담금'을 입법화하겠다고 압력을 행사하게 되고, 이러한 이해갈등은 일자리동맹의 순조로운 활동을 어렵게 만들었다(Bispinck & Schulten, 2000: 205; 오승근, 2005: 92).

3.3 독일정부 주도의 하르츠개혁

1) 하르츠위원회의 위상과 성격

2002년 1월 8차 노사정 대표자회의가 뚜렷한 성과를 내지 못하고 결렬된 이후, 슈뢰더정부는 노동시장정책과 제도개선을 위한 독자적인 개혁프로그램을 추진한다. 폭스바겐 노무총괄이사인 피터 하르츠를 위원장으로 한 위원회를 구성하고 '노동시장의 현대적 서비스'라고 불리는 개혁안을 제출한다. 하르츠위원회도 노사정이 추천한 전문가와 실무책임자들이 참가했지만, 일자리동맹같이 노사정의 대표자로

표 4-2 일자리동맹 vs. 하르츠위원회 비교

	일자리동맹(1998-2002)	하르츠위원회(2002-2004)
위상과 역할	노사정 협의	총리 자문위원회
목적	노동시장 등 다양한 개혁안	고용청 개편 등 법개정안
구성	삼자 대등원칙	전문가 위주
활동방식	합의안 목표	권고안 목표

구성된 것은 아니다. 즉, 적록연정은 집권 2기 사회개혁프로그램을 추진하기 위해 삼자주의적 사회적 합의방식이 아닌 자문기구인 위원회방식을 채택한 것이다. 즉, 하르츠위원회는 위상과 역할, 목적, 구성, 활동방식에 있어 일자리동맹과 차별성을 지니고 있었다.

먼저 일자리동맹은 다양한 정책의제를 포괄적으로 다루었던 반면, 하르츠위원회는 노사정의 이해대립이 직접적이지 않은 '고용청 개혁'[16]을 핵심적인 정책과제로 설정하고 이 문제와 관련된 노동시장제도의 개선방안에 논의를 집중시켰다. 물론 시간이 지남에 따라 하르츠위원회의 논의 주제는 노동시장정책 전반으로 확대되었다. 둘째, 일자리동맹은 노사정의 합의를 전제로 하여 운영한 반면, 하르츠위원회는 노사 양측에게 자문기능만을 부여하고 실질적인 결정권은 정부가 위촉한 위원들이 직접 관할하는 방식을 취했다.

16　고용청 개혁은 공적 고용서비스체계의 개편을 의미한다. 기존의 연방노동청은 연방고용공단(BA)로 재편되면서 고용서비스의 신속화와 효율화를 추진했다. 연방고용청은 고용사무소(Arbeitsagenturen)를 관장하고, 지자체는 노동공동체(Arbeitsgemeinschaft)를 관장하면서 두 기관의 협업을 강화시켰다. 연방고용청은 실업급여와 행정비용을 지불하고, 지자체는 실직자의 숙소·난방비용 등을 보조한다. 또한 실업급여 지급조건을 강화하여 일자리 중계를 거부할 경우 실업급여 혜택을 제한하였다.

2) 하르츠개혁을 둘러싼 논란

'하르츠개혁'은 노동시장정책의 효율화, 구직자의 책임강화를 통한 취업활동 촉진, 노동시장의 유연성과 경쟁력 제고를 통한 고용창출 등을 목표로 하는 노동시장의 탈규제화조치를 주요 내용으로 한다. 시차를 두고 단계별로 진행된 하르츠위원회의 개혁조치는 실업보험제도, 직업중개제도, 취약노동자와 창업지원제도, 경미고용(Mini-Job) 창출, 고령자의 취업지원, 중소기업의 채용지원 등 다양한 영역에서 법제도 변화를 초래했다. 〈표 4-3〉은 하르츠위원회가 제안한 노동시장의 제도개혁 내용과 목표를 간략하게 정리한 것이다.

이러한 하르츠개혁은 기존의 노동시장정책을 '적극화 노동시장 정책'[17]으로 전환하는 것을 의미한다. 실업자 생계보호와 공공주도의 일자리 지원체계에 지원대상자의 책임과 의무사항을 결합시켜서 구직활동을 활성화시키는 것을 정책목표로 설정했다. 이를 통해 실업자의 도덕적 해이를 줄이고 노동시장의 참여를 촉진하는 효과를 기대했다. 이러한 적극화 노동시장정책은 실업자의 취업률을 높이는 효과를 발휘한 것은 분명하지만, 불안정고용을 늘리고 비정형 고용관계를 확산시키는 부작용을 남겼다.

이와 같이 적록연정 2기가 추진한 적극화 노동시장정책은 '패러다임 전환'이라는 이름에 걸맞게 기존 고용정책의 전면적 변화를 의

---

17 적극적 노동시장정책은 실업자의 숙련교육과 직업훈련 참여를 촉진하기 위한 정책을 의미한다. 이와 달리 적극화(Aktivierende) 노동시장정책은 실업급여의 수급조건을 엄격히 관리함으로써, 실업자가 자발적으로 노동시장에 참여하도록 유도하기 위한 고용촉진 정책이다. 실업자는 실업급여를 받기 위해서 구직활동이나 직업재교육에 더욱 적극적으로 참여할 의무를 지게 된다.

표 4-3 하르츠개혁의 노동시장 정책수단과 정책목표

정책수단	주요 내용	정책목표
실업보험제도	실업급여(I)의 기간과 수준 축소 실업부조와 사회부조의 통합을 통한 실업급여(II) 도입	실업자·구직자의 취업촉진
취업중개제도	직업센터를 통한 구직자 원스톱 고용지원서비스 제공 인력공급회사(PSA)를 통한 시간제 노동자 취업소개	구직활동·취업중개효과 적극화
취약노동자 지원제도	맞춤형 직업훈련과 직업훈련증서 제도 도입 생계보조금 지원·채용기업의 사회보험분담금 감면	구직능력이 떨어지는 취약계층 취업 촉진
창업지원제도	1인기업·가족기업에 3년치 실업 수당을 창업보조금으로 지원	실업자의 자영업 진출 촉진
경미고용(Mini-Job) 지원제도	정상적 고용관계로 인정하고 세금· 사회보험 보험료 감면	무등록 저임금 일자리·불법노동 축소
고령자 취업지원제도	실업자인 고령자 채용시 기업에 인센티브 제공 고령자가 취업을 거부하는 경우, 벌칙 부가	실업에 대한 노사의 책임 강화
중소기업 채용지원제도	중소기업이 견습생을 계속 고용 하는 경우, 금융지원	견습생의 고용지속성 촉진

출처: Oschmiansky & Ebach, 2009: 5-6.

미하는 동시에, 노동시장의 이중화와 취약화를 촉진하는 발화제가
되었다.

3.4 독일 '일자리동맹'에 대한 평가

위에서 살펴본 바와 같이 독일의 사회적 대화모델이라고 할 수 있는

일자리동맹은 초기의 의욕적 출발에도 불구하고 소기의 성과를 거두지 못한 것으로 평가할 수 있다. 일반적으로 그 실패원인을 슈뢰더 총리의 일방적 정치스타일, 노사대표자들의 약한 조직장악력, 임금정책에 대한 개입력 부재, 사회적 대화의 미미한 법적 강제력 등에서 찾을 수 있다.

하지만 가장 큰 문제는 노사정 각각이 사회적 협의체를 통해 얻고자 한 목표에 너무 집착함으로써, 사회경제의 구조적 문제에 대한 책임감 있는 이해관계자 역할을 방기한 데 있다. 청년층의 고실업상태를 줄이기 위해서 일자리창출이 필요했음에도 불구하고 사용자단체는 이를 위한 실질적 조치를 취하지 않았다. 노동조합은 고용친화적 임금정책의 필요성을 인정하고 있음에도 불구하고, 단체교섭제도의 약화를 우려하여 임금정책의 조정에 대한 논의를 회피했다. 또한 정부는 노사정 협의모델을 일관성을 가지고 추진하지 못하고 단기적 성과를 선거 국면에 활용하려는 조급증을 보였다. 2002년 이후 삼자협의주의 모델을 아예 포기하고 정부 주도의 자문위원회를 구성하고 직접적인 법제화로 방향을 선회한 것은 이러한 슈뢰더정부의 태도를 잘 보여준다.

이와 같이 독일의 사회적 대화에 대한 역사적 경험은 오랜 기간 사회체제 내에 안착된 이해관계자들이 기존 법제도적 틀을 뛰어넘어 새로운 협치관계를 형성하기가 얼마나 어려운가를 잘 보여준다. 기업 차원의 노사협의와 초기업 차원의 단체교섭을 넘어서서 사회적 대화에 근거한 노사정 협의를 성사시키기 위해서는 이해관계자들의 민주적 거버넌스가 지닌 약한 연계성을 극복하고 합의를 실천할 수 있는 정치적 리더십과 조직적 통합력이 반드시 필요하다는 사실을 다시 한 번 강조할 필요가 있다.

4. 소결: 노사정의 연대책임으로 여는 사회적 대화의 새로운 장

지금까지 살펴본 바와 같이 노사정을 중심으로 한 사회적 대화 측면에서 보면 독일의 사례는 그리 성공적이라고 평가하기 힘들다.

　　과연 그렇다면 우리의 경우는 어떠한가?

　　독일이 겪은 노사정을 중심으로 한 사회적 대화의 어려움은 우리에게도 예외는 아니다. 1997년 말 외환위기 당시 김대중정부는 위기극복을 위한 사회적 응집력과 국민적 대통합을 형성하기 위해서 노사정위원회를 설치하고 이듬해 2월 6일 '경제위기 극복을 위한 사회협약'을 체결하는 데 성공한다. 하지만 민주노총은 파견법과 정리해고제 도입을 빌미로 1999년 2월 24일 대의원대회를 통해 노사정위원회를 '신자유주의적 구조조정을 위한 들러리기구'로 규정하고 공식적으로 불참을 선언한다. 그 이후 노사정위원회는 노무현정부, 이명박정부와 박근혜정부를 거쳐오면서 형식적 틀은 계속 유지되었지만, 노사정의 사회적 대화기구로서 실질적인 역할과 기능은 제대로 수행하지 못했다. 그 이후에 2008년 미국발 금융위기 당시 '경제위기 극복을 위한 노사민정 선언', 2015년 박근혜정부 당시 '노동시장구조개선을 위한 노사정 합의' 등이 이루어지긴 했지만, 이는 진정한 의미의 사회적 합의라고 할 수 없는 정부 주도의 '유사' 사회적 합의에 불과했다.

이렇게 유명무실한 사회적 대화를 복원하고 노사정위원회를 정상가동시키기 위한 노력은 2017년 5월 문재인정부가 들어서면서 다시 시작되었다. 노동계 출신의 문성현을 위원장으로 임명하고 경제사회발전 노사정위원회를 '경제사회노동위원회'로 이름을 바꾸면서 비정규직, 청년, 여성, 중소기업, 중견기업, 소상공인 대표를 위원회에 참여시킴으로써 소수계층의 대표성을 높였다.

하지만 사회적 대화의 정상화에 있어서 가장 중요한 전제조건으로 인식되었던 민주노총의 경제사회노동위원회 참여결정이 계속 지체되고, 민감한 노동현안이 위원회의 논의안건이 되면서 참여주체 간 이견과 갈등이 불거졌다. 2018년 11월 집권여당 더불어민주당이 입법사항이라고 할 수 있는 탄력근로제 단위기간 연장문제를 국회에서 직접 논의하지 않고 사회적 합의의 필요성이라는 명목을 달고 경제사회노동위원회의 안건으로 만들어버렸다. 정치적 고려에 의해 이렇게 당면 현안을 논의의제로 삼는 것은 노사의 계층별 대표자까지 위원으로 포함시키면서 이제 막 새롭게 출발하는 경제사회노동위원회에게 큰 부담이 될 수밖에 없다. 결국 수개월간 지속된 탄력근로의 제도개선에 대한 노사정 협의는 순조롭게 진행되지 못하면서 사회적 합의는커녕, 새로운 사회적 대화기구로서 경제사회노동위원회의 정상적 가동조차 어렵게 만들었다.

이와 같이 문재인정부 또한 지금까지 경제사회노동위원회로 상징화되는 노사정 협의기구를 아직도 정상화시키지 못하고 있다. 이런 상황에서 지난 몇 년간의 경험을 반성하고 향후 사회적 대화의 성공적 안착을 위해 몇 가지 제안을 하면 다음과 같다.

　먼저 단기성과주의와 도구론적 사고에 갇혀 있는 사회적 대화의 활용론을 극복하고 사회연대책임에 기반한 노사정의 전략적 선택이 필요하다. 2000년대 들어서면서 노동문제는 물론, 사회경제적 문제를 둘러싼 구조환경적 조건이 더욱 복합적으로 작용하면서 사회적 대화의 필요성은 점점 더 증가하고 있다. 하지만 노사정으로 대표되는 행위주체의 상호불신과 이중적 태도, 도구주의적 접근 등으로 인해 사회적 대화의 위상과 역할은 여전히 제자리를 찾지 못하고 있는 상황이다. 특히 행위주체적 요인이 지닌 한계는 사회적 대화에 대한 도구론적 인식, 의사결정과 책임권한을 제대로 위임받지 못하는 대표자의 약한 리더십, 단기 현안에 매몰된 행위선택으로 인한 사회적 정당성의 약화 등에서 확인된다.

　한편 새로운 사회적 대화기구로 출범한 경제사회노동위원회의 성공적 안착을 위해서는 노사정 참여주체의 내적 권위를 강화하고 외적 신뢰를 확보하는 동시에, 사회적 대화에 대한 국민적 지지와 사회적 정당성을 높여야 한다. 지금까지 노사정 모두 사회적 대화의 협의, 합의사항을 번복하거나, 합의내용을 실질적으로 무력화시키는 경우가 빈번하게 발생하면서 기구의 권위와 행위주체의 신뢰가 무너지고 있다. 이로 인해 노사정의 불신이 깊어지고 기회주의적 행위가 자주 발생했다. 노동은 주체적 역량 미비로 책임 있는 결정을 내리지 못하고, 자본은 수동적이고 무책임한 태도로 관망하고 있으며, 정부는 사회적 대화를 노동 현안문제의 소통창구로 활용하고 있는 실정이다.

이러한 상황은 경제사회노동위원회에서도 마찬가지이다. 노사 모두 내적 권위와 외적 신뢰가 확보되지 않으면서 사회적 대화를 통해 논의된 사안을 내외적으로 제대로 전달하거나 확산시키지도 못하는 현실에 봉착하고 있다. 의제조정과 관철력이 제대로 확보되지 않은 상태에서 이루어지는 사회적 대화는 지속가능성과 실효성을 담보하기 힘들기 때문에, 정부 또한 새로운 의제, 업종, 계층별 위원회의 설치와 운영에 있어서 내외적 조건과 필요성, 참가주체의 역량을 고려한 신중한 판단이 요구된다.

이러한 문제를 극복하기 위해서는 노사정 모두 자신의 이해관계를 넘어설 수 있는 외적 충격(경제위기 등)이 발생하거나, 계층·집단·세대 이해를 넘어설 수 있는 사회적 공동목표의 합의와 지속가능한 미래지향을 위한 행위주체와 관계의 혁신이 필요하다. 노사가 먼저 분배를 둘러싼 영합게임이 아니라, 사회적 연대책임에 근거한 내부격차 축소와 하후상박을 지향하는 활동과 사업을 전개해야 한다. 한국형 사회적 대화의 핵심목표가 사회양극화 해소와 노동존중 사회 실현에 있다고 한다면, 현 시기 사회적 대화 전략은 취약계층과 소수집단의 참여와 요구를 포괄하는 동시에, 노사정 등 주요 이해관계자의 고통분담과 책임공유를 전제로 한 포용적 노동정책과 사회정책을 추진해야 한다.

이러한 의미에서 한국형 사회적 대화는 사회경제적 양극화와 불평등이 초래하는 격차사회, 장벽사회를 극복하고 일하는 사람이라면 모두 동등한 권리와 책임을 공유하는 '포용적 코포라티즘'을 지향해야 한다. 포용적 코포라티즘은 신자유주의의 영향을 받은 경쟁적 코포라티즘의 '안티'테제라는 점에서, 노동시장과 한국사회의 취약계층과 소수집단에 대한 배제와 차별을 극복하고 포용적 노동시장과 사회연대의 노사관계를 지향하는 사회적 대화 전략이라고 해석할 수 있다.

이와 같이 사회적 대화의 장이 대기업·조직노동·공공부문을 대표하는 노사정의 담합기구로 전락하지 않기 위해서는 노사정 대표자가 사회적 약자와 취약계층의 권익신장과 삶의 질 향상을 위한 연대책임을 분담한다는 포용적 코포라티즘의 기조에 동의해야 한다. 또한 경제사회노동위원회가 노사갈등이 재현되는 대립과 투쟁의 장으로 전락하거나, 국가자원을 선취하기 위한 합법적 로비의 장이 되어서는 안 된다.

이를 위해서는 정부의 기능을 단순한 조정자로 한정하는 것이 아니라, 사회적 대화의 촉진자적 역할을 강화하고 노사정의 담합과 일탈을 감시하고 견제할 수 있는 사회적 공론화 기제(회의공개, 시민자문, 공론화위원회 등)를 제도적으로 도입해야 한다.

II

일자리혁명을 위한
노사정의 사회연대책임

5장

삼자협의주의를 실현한 독일의 직업교육훈련제도

1. 세계 최고수준의 독일 제품경쟁력은 어떻게 가능한가?

독일의 직업교육훈련은 직업학교와 산업현장에서 동시에 이루어지는 이원적 체계로 유명하다. 직업훈련과 숙련교육이 서로 분리되지 않고 학습과 실습이 결합되는 이원적 직업교육훈련체계는 독일이 최고의 국제경쟁력을 유지하는 데 든든한 버팀목으로 작용했다. 고생산성-고품질-고부가가치로 이어지는 독일경쟁력 우위의 선순환 구조를 받쳐주는 혁신적 노동정책의 대표적 사례이기도 하다.

흔히 도제교육이라고 불리는 일과 학습 병행제도는 취업을 원하는 학생들이 자신이 원하는 직업에 필요한 지식과 기술을 3년 과정 직업학교에서 무상으로 습득하고 바로 산업현장에서 일할 수 있도록 만든다. 또한 숙련향상과 계속교육이 직장생활에서 충분히 가능하기 때문에 더 나은 기술을 체득하기 위해 굳이 회사를 그만두고 일반대학에 진학할 이유가 없다. 오히려 국가기술자격제도에 따라 직업재교육과정을 이수하고 경력관리를 할 수 있기 때문에 노동이동에 따른 사회적 비용을 줄이고 숙련지식에 근거한 노동생산성을 증가시킬 수 있다.

이뿐만이 아니다. 이원적 직업교육훈련체계는 정부의 교육부가 주관하고 있지만, 상공회의소를 비롯한 경제계는 물론, 노동조합의 대표자가 의사결정과정과 실행단위에 공식적으로 참가하는 대표적인 제도이다. 직업훈련과 숙련교육의 기획, 실행과 평가에 이르는 전 과정에서 주요 이해관계자의 입장과 요구가 반영되고 의견이 관철되기도 한다. 바로 이러한 이유로 직업교육훈련체계를 독일 삼자협의주의의 중요한 사례로 언급되고 있다.

5장은 독일 직업교육훈련체계의 구조와 내용을 살펴보고 직업능력개발과 숙련향상을 위해 노사정이 공동으로 추진하고 있는 정책 사례를 발굴함으로써, 한국에 대한 시사점을 도출하는 데 목적이 있다. 이를 위해서 먼저 독일 직업교육훈련체계의 이원적 구조와 각 유형별 특성을 분석한다. 또한 직업교육훈련제도의 삼자협의주의적 성격을 보여주는 '직업훈련과 신규전문인력을 위한 국가협약'을 살펴본다. 이어 직업교육훈련체계가 업종, 지역, 기업 차원에서 어떻게 작동하고 있는지를 독일 자동차산업의 사례를 중심으로 분석한다. 고용촉진·인적자원개발을 위한 지원정책과 직업교육훈련의 활성화방안을 금속사용자연합의 직업교육훈련정책, 바덴-비텐베르크지역의 직업훈련 산별협약 등 사례연구를 통해 분석한다. 마지막으로 이러한 독일 사례를 통해 우리가 얻을 수 있는 정책적 시사점을 찾고자 한다.

2. 독일 직업교육훈련제도의 구조와 특성

2.1 직업교육훈련체계의 이원적 구조와 유형별 특성

1) 직업교육과 직업훈련의 상호작용

직업교육훈련체계의 가장 큰 특징은 이원적 구조에 있다. 여기서 이원적 구조란 사업체의 현장실습과 학교의 직업교육이 동시에 이루어지지만, 각각을 관할하는 기구와 법제도는 분리되어 있다는 것을 의미한다(Arnold & Münch, 1996: 2). 하지만 이러한 이원적 구조는 각 기관의 협의과정을 통해 이해갈등을 조정하는 내부조절장치를 가지고 있다. 교육과 실습장소가 다르고 직업훈련법과 주 교육법의 규정을 동시에 받는다는 점에서 이중적 구조를 보인다. 하지만 교육과정과 훈련내용에 대한 이해관계자의 협의구조가 존재하기 때문에 직업교육과 훈련과정에서 발생할 수 있는 여러 가지 문제를 사업체와 직업학교는 사전에 서로 조율할 수 있다.

한편 독일의 직업교육훈련은 크게 직업학교 학생이 사업체 내외부에서 받는 양성훈련(Ausbildung), 재직자의 직업능력향상과 전직을 지원하는 계속훈련(Weiterbildung), 장애인의 재활훈련과 실직자를 포함한 특수그룹을 대상으로 한 직업훈련 특별프로그램으로 유형을 구분할 수 있다.

2) 학습과 실습을 결합한 양성훈련

양성훈련은 직업교육과 현장실습을 통합적으로 운영하는 이원화제도의 대표적 사례이다. 직업학교의 직업교육과 사업체 내외부의 현장훈련[18]을 동시에 수행하는 이 제도는 오래된 역사적 발전과정에서 형성된 독일 직업교육훈련제도의 가장 중요한 특징이다.

특히 직업학교의 책임과 권한이 주정부에 있기 때문에 교과과목, 시간, 교육과정과 자격시험 등에 있어 주마다 일정한 차이가 존재한다. 이러한 차이는 학교교육의 경우, 주정부 문화부 소관 교육법에 의해서 운영되고, 사업체훈련은 '직업훈련법'에 의해서 연방 차원에서 보편적으로 운영되는 이중 관리체계 때문에 발생하는 것이다. 직업학교에 다니는 학생을 훈련대상자로 선발하기 위해서 직훈기관과 사업체는 해당 직종의 요구사항과 훈련생의 능력, 그리고 적성을 공정하고 엄격한 기준에 따라 평가하고 있다.

이러한 과정을 거쳐 선발된 학생은 견습생일자리를 제공한 사업장과 훈련계약서를 작성하고 난 후 본격적인 양성훈련에 돌입한다. 이러한 양성훈련을 통해 취업으로 이어지는 것이 통상적인 절차이지만, 훈련계약은 근로계약과 달리 다른 법에 의해서 규정을 받기 때문에 임금 대신에 훈련보조금을 지급하고 해약조건도 다르다.

한편 양성훈련의 재원은 이원적으로 조달되고 있다. 직업학교에 대한 지원은 전적으로 주정부의 예산과 사업체단체에서 유입되는 보조금에 의해서 충당된다. 연방정부가 일부 보조하고 있지만, 재정의 약 80% 이상을 주정부가 직접 지원하고 있다. 이와 달리 사업체

---

18   여기서 '사업체 내외부'란 기업의 사업장만을 의미하는 것이 아니다. 대기업의 경우 독자적인 훈련전담 사업장을 운영하기도 하지만, 대부분의 경우 해당 지역 상공회의소와 수공업협회 등이 초기업 차원에서 운영하는 훈련기관이 존재한다.

현장훈련의 경우 견습생에게 지불되는 훈련수당, 그 외 생활비와 교육비용 대부분을 사업주가 부담하며, 일부 특별훈련 프로그램과 적극적 노동시장정책조치 등과 관련하여 연방고용청이 정부지원금 형태로 사업체에 지원하고 있다(Arnold & Münch, 1996: 69).

3) 직업능력향상을 위한 계속훈련

직업계속훈련은 평생교육의 한 형태로서, 양성훈련을 마치고 취업을 하고 난 후 자신과 회사의 필요에 의해서 다시 직업훈련을 받는 것을 의미한다.[19] 계속훈련은 1969년 고용촉진법에 의해서 실시되었는데, 그 취지는 변화하는 노동환경과 직업능력에 대한 기업의 새로운 요구를 능동적으로 대처하고 노동자에게 실업예방과 조기 재취업을 용이하게 만드는 것이다. 계속훈련은 사업체 현장, 직업훈련기관, 통신교육, 직업학교와 대학, 사용자협회 부속기관 등에서 이루어지며, 참가자는 일정한 조건하에 전액, 혹은 일부를 지원받거나 대출받을 수 있다. 사업체 현장과 직업훈련기관에서 교육이 이루어지는 비율이 70% 이상을 차지하고 있다. 한편 이러한 계속훈련은 〈표 5-1〉과 같이 크게 세 종류로 나눌 수 있다(Arnold & Münch, 1996: 93).

　한편 계속훈련의 재원은 교육의 종류와 방식에 따라 다르다. 노동자를 위한 계속훈련에 대한 재정적 부담은 1998년 고용촉진법의 개정(사회법 Ⅲ) 이후 원칙적으로 사업주와 노동자에게 부여된다. 사

19　직업계속훈련(Berufliche Weiterbildung)은 계속훈련의 한 형태로 구분할 수 있다. 그리고 계속훈련은 평생교육을 의미하며, 그 유형은 일반교육, 직업교육, 문화교육, 정치교육 등 다양하게 분류할 수 있다.

표 5-1 계속훈련의 종류와 내용

종류	내용
직업향상교육	이미 한 직업교육을 이수했거나 재직경험이 있는 성인의 직업에 대한 전문지식과 수행능력의 유지, 향상, 확대
전직교육	대상은 대부분 직업교육을 이수하지 않은 실업자, 교육과정은 독일연방정부의 양성교육 규정에 따름
현장적응교육	근로계약이 체결된 노동자의 적응교육 기간 동안 사업주는 수당을 지급

출처: 홍선이, 1999: 23.

업장 내부의 계속훈련과 위탁교육의 경우, 사업주가 전적으로 비용을 부담해야 한다. 그리고 사업장 외부의 계속훈련의 경우도 사업주는 재직노동자의 능력향상을 위해서 장소와 시간에 관계없이 계속훈련에 대한 비용부담을 일부 지원해야 한다. 노동자 본인이 필요하다고 판단해 계속훈련프로그램에 지원하고 그 사실을 사업주에게 통보하고 난 후 재정지원을 받을 수 있다. 지원여부는 계속훈련의 내용과 업무연관성에 따라 결정된다. 한편 노동자가 자비로 계속훈련에 참가할 경우, 교통비 등 훈련에 필요한 지원수당을 정부로부터 지원받을 수 있다. 다만 실업자와 재활교육을 위한 계속훈련의 경우 정부가 전적으로 비용을 부담한다.

4) 실직자훈련

실직자훈련은 크게 여성, 장애인, 이주민을 비롯한 취약계층을 중심으로 한 장기실업자훈련과 청년실업자훈련으로 나눌 수 있다. 먼저 장기실업자에 대한 직업훈련의 목표는 자격획득과 직업능력을 향상시키는 동시에, 근로의욕을 복원시키는 것에 맞추어져 있다. 이들의 경우 한 번 실업에 빠지면 다시 취업현장으로 복귀하는 것이 힘들기 때문에 정부는 장기실업자를 대상으로 하는 직업훈련에 대해 특별 지원책을 시행하고 있다.

이러한 특별지원조치는 크게 세 가지 형태로 수행되고 있다.

첫째, 개별사업체가 아닌 직업훈련기관의 작업장에서 훈련과 노동을 병행하는 것이다. 사회부조금을 지급하는 대신에 목조, 정원, 농경, 건축 같은 노동현장에 실업자를 투입하여 일을 하면서 그 직종의 기술과 지식을 습득하게 하고 이와 관련된 직업교육을 병행하여 보다 높은 수준의 직업능력을 배양하도록 만들고 있다. 노동과 직업훈련의 비율을 20대 80 정도로 배치하고 이에 필요한 재원은 연방고용청과 주정부가 전적으로 부담하고 있다.

둘째, 개별사업체에서 노동과 직업훈련을 동시에 하는 경우이다. 기존의 사업장 내부의 양성교육과 비슷한 과정을 거치거나, 민간이 참여하는 공공사업에서 일과 교육을 병행하기도 한다. 이때 훈련과정은 해당 법규와 직업훈련법에 따라 직업훈련기관이 담당한다. 이 과정에서 전문지식, 기술습득과 직무경험, 자아확립 등 사회인성적 부분 또한 똑같은 비중으로 교육받는다.

셋째, 취업예정지인 개별사업장에서 훈련과 근로를 병행하는 경우이다. 앞의 경우와 다른 점은 이들은 대체적으로 교육 이후 취업이 보장된다는 사실이다. 이들은 훈련생, 계약직 등의 형태로 훈련을 받으며, 재정적 지원은 전적으로 연방고용청과 유럽연합 지원프로그램에서 나온다.

한편 청년실업자에 대한 직업교육도 중요한 과제 중의 하나이다. 직업훈련 경험이 있는 청년노동자와 그렇지 못한 청년노동자 사이에 취업가능성의 차이가 워낙 크게 나타나고 있기 때문에, 정부는 기존의 지원조치 외에, 긴급프로그램을 현재 운영하고 있다. 특히 취약계층의 자녀들과 구 동독지역의 청년실업자들을 주요대상으로 삼고 있다. 이들에게 제공되고 있는 프로그램은 아직 견습생일자리를 제공받지 못한 훈련지원자들에게 현장 내외부 교육을 시키거나, 직업학교 졸업자와 청년실업자들을 위한 취업준비과정을 개설하거나, 추가적인 직업훈련기회를 제공하는 것이다.

2.2 직업교육훈련제도의 삼자협의주의

1) 직업교육훈련제도의 행위주체와 의사결정기구
독일의 직업교육훈련제도는 다양한 이해당사자들의 협의와 합의를 보장하고 있다. 이는 직업교육훈련을 대표적인 정책협의사항으로 인정하는 사회적 합의정신 때문이다. 직업교육훈련제도에 있어 정부의 역할은 이해당사자들의 의견을 수렴하여 직업훈련 관련 법안들을 입안하고 이에 대한 재정적 지원을 하는 데 있다. 한편 직업교육훈련의 자격을 검정하는 기관은 상공회의소나 수공업협회 같은 직능단체이다. 이들이 정부로부터 위탁받은 검정 관련 업무는 문제의 출제, 관리, 검정시행, 채점, 합격자관리, 자격증발급 등 자격제도의 전반적인 관리운영사항이다. 개별기업은 견습생 양성훈련과 재직자 계속훈련의 주체이다. 이들은 견습생의 선발권을 가지고 있으며, 훈련수당을 지급하고 구체적인 훈련내용을 결정한다. 한편 직업교육훈련제도의 관리운영에 있어 중요한 역할을 수행하는 것이 노조와 사용자연합이다. 노조와 사용자연합은 직업교육훈련의 시행과 건정의 주체는 아니지만, 각 단위(지역/주/연방)별로 구성되어 있는 직업훈련 관련 각종 위원회의 운영주체이다. 이들은 훈련직종과 자격종목의 신설, 변경과 폐지에 대한 의사결정에 참여하고 있을 뿐만 아니라, 검정위원회 위원으로 감시역할을 하고 있다(Arnold & Münch, 1996: 111).

앞에서 살펴본 바와 같이 독일의 경우 직업교육훈련이 사회적 협의사항에 가깝기 때문에 직업훈련기관의 관리, 운영, 재정에 대한 의사결정과정에 있어 노사정을 비롯한 이해당사자들의 위상과 역할이 강하게 나타나고 있다. 직업교육훈련에 대한 연방 차원의 자문기관인 직업교육연방연구소(BIBB)의 최고의사결정기구인 중앙위원회는 물론, 운영관리기구인 상임위원회, 대표위원회, 전문위원회 등에서 노사정은 동등한 참여·결정권을 보장받고 있다. 특히 이러한 협의구조는 직업훈련 관련법의 입안과 개정은 물론, 정책건의, 직업훈련계획 수립, 훈련기준과 평가기준의 조정에 실질적인 영향을 행사하고 있다. 이와 함께 훈련과 검정의 시행주체인 상공회의소와 수공업협회의 관리운영에도 노사가 동등하게 참여하고 있다. 물론 이들과 함께 직업교육훈련의 시행자인 훈련교사도 동등한 권한을 가지고 직훈위원회와 검정위원회에 참여하고 있다. 〈표 5-2〉는 직업훈련기관의 주요 기구에 참여하고 있는 이해관계자와 결정사항을 보여주고 있다.

이와 같이 독일의 직업교육훈련제도에서 확인되는 것은 직훈 관련 입법과정에서뿐만 아니라, 관리와 운영과정에서 노사정을 비

표 5-2 직업훈련기관의 거버넌스 구조

기구	조직	구성원	비고
BIBB	중앙위원회	노동자대표 16, 사용자대표 16, 연방정부대표 16, 주정부대표 16	직업훈련의 계획수립, 법규제안 및 직종간 훈련기준 조정, 새로운 훈련직종 개설에 관한 사항
	상업위원회	노동자대표 2, 사용자대표 2, 연방정부대표 2, 주정부대표 2	
	주대표위원회	노동자대표 3, 사용자대표 3, 연방정부대표 3, 주정부대표 각 1	
	전문위원회	전문인사(특히 교사)가 노동자대표와 사용자대표 동수로 구성된 중앙위원회로부터 추천을 받아 임명	
상공회의소와 수공업협회	직업훈련위원회	노동자대표 6, 사용자대표 6, 교사 6	훈련감독, 훈련기준 결정, 검정의 내용 및 기준 결정, 검정시행에 관한 사항
	검정위원회	노동자대표와 사용자대표 동수, 교사	

출처: 이동임·김덕기, 2005: 54.

롯한 이해당사자가 동등하게 참여하고 있으며, 중요의사결정과정에서 자신의 이해와 요구를 반영하고 있다는 점이다. 즉, 독일의 경우 직업훈련제도와 관련해 핵심이해당사자인 노사정이 민주적 거버넌스를 구축하고 주요 행위주체로서 활동하고 있다는 점이 다른 나라와 가장 큰 차이점이라고 할 수 있다(최영호 외, 1999).

2) 직업훈련 활성화와 전문인력 양성을 위한 노사정 사회협약[20]

독일은 고용문제를 사회적 협의의 중요한 의제로 삼아왔다. 임금과

20　이 부분은 연방정부가 발표한 "Nationaler Pakt für Ausbildung und Fachkräftenach-wuchs in Deutschland(직업훈련과 신규전문인력을 위한 국가협약)"에 대한 보도자료를 주로 참고하여 작성했다.

노동조건의 경우 산별협약을 통한 노사자율주의에 근거하여 교섭하는 반면, 실업과 고용불안은 가장 중요한 사회적 문제로 인식하고 노사정을 중심으로 한 협의구조를 제도적 차원에서 구축하고 있다. 이러한 대표적 사례가 바로 고용청과 직업교육훈련기관의 중요의 사결정기구에 노사정이 동수로 참여하고 동등한 권한과 책임을 가지고 활동하고 있는 것이다. 한편 이러한 전통적인 법제도적 삼자협의기구 외에, 현안문제를 풀기 위해 노사정이 사회적 협의기구를 구성한 것이 바로 '일자리동맹'이었다. 1997년 적록연정이 출범하면서 시도된 노사정의 새로운 모색은 커다란 성과를 얻지 못하고 좌초되었지만, 직업교육훈련과 관련된 다양한 프로그램들이 연방 차원과 주 차원에서 추진되었다. 이는 노사정 모두 직업교육훈련이 독일 경제가 세계시장에서 성공하기 위해 필수적으로 요구되는 미래투자라는 사실을 잘 알고 있었기 때문에 가능했다. 특히 고임금국가인 독일로서는 고부가가치와 고품질을 추구하는 생산전략을 구사할 수밖에 없기 때문에 숙련노동자와 전문기술인력 양성은 반드시 필요한 것이었다. 하지만 높은 실업률에도 불구하고 기업에서는 전문적 지식을 지닌 기능인력 부족을 계속 제기하고 있었고, 노동조합 또한 청년실업자의 증가 추세를 모른 체할 수 없었다.

바로 이러한 이유로 직업교육훈련 강화와 훈련생의 일자리제공을 위한 노사정의 논의가 2003년 이후 다시 본격화된다. 하지만 노사정이 봉착한 가장 큰 문제는 예비노동자들에게 '견습생일자리'를 제공하는 기업들의 비용부담이 너무 많을 뿐만 아니라, 해당 기업들에 견습생일자리 제공을 의무화하기가 쉽지 않다는 것이었다. 바로 이러한 이유 때문에 적록연정과 노동조합은 적절한 양의 견습생 일자리를 제공하지 않는 기업들에게 '직업훈련세'를 거두어서 이 재원을 가지고 성실하게 견습생일자리를 제공하는 기업들에게 재정을 지원하는 방안을 제안한다. 예를 들어 10인 이상 고용사업장의 경우 현재 고용량의 7% 미만으로 견습생일자리를 제공하고 있다면, 그 부족분만큼 사용자가 직업훈련세를 내는 것이다. 구체적인 세액은 규모, 직업훈련 비용과 임금수준에 따라 차등을 두도록 했다.

하지만 이러한 정부와 노조의 주장에 대해 사용자연합과 산업계는 강제적 방식이 지닌 문제를 지적하면서 '직업훈련기금'의 조성 같은 노사정의 공동분담방식을 제안한다. 이 문제를 둘러싼 노사의 갈등이 심화되고 적록연정의 부담이 커지면서 결국 정부는 사회적 협약 방식을 제안하게 된다. 하지만 이에 대해 노조는 강력한 반대 의사를 밝히고 논의구조에서 빠지게 된다. 결국 2004년 7월 16일 독일정부는 사용자단체와 산업계 대표들과 함께 '직업훈련과 신규전문인력을 위한 국가협약'을 체결한다.

이 협약의 핵심적 내용은 해당 기업들이 법적인 강제성격을 지닌 직업훈련세를 국가에 내는 대신, 사용자단체의 자체적인 운영을 위한 '직업훈련분담금'을 내는 것이다. 좀 더 자세히 살펴보면 다음과 같다(Bundesregierung, 2004). 경제계와 정부는 향후 3년간 직업훈련 일자리를 늘리기 위해서 다음 조치들을 공동으로 수행할 것을 합의한다. 첫째, 경제계는 매년 3만 개의 새로운 견습생일자리 외에, 견습생일자리를 구하지 못한 미숙련 청년실업자에게 매년 2만 5,000개의 훈련일자리를 추가적으로 제공한다. 기업은 직훈생 인건비와 교육비를 부담하고 연방고용청은 견습생의 생활비를 지원한다. 정부는 독자적으로 산하 공공기관에 견습생일자리를 2003년 수준보다 20% 더 늘리고 연방고용청은 직업훈련을 지원하는 재정사업을 최소 2003년도 수준을 유지한다. 둘째, 인력수급의 최적화를 위해 정부와 경제계 산하 각 기관들이 공동으로 노력하고 견습생일자리를 늘리기 위해서 다양한 추가조치와 정책대안을 마련한다. 한편 연방정부와 경제계는 청년실업자를 줄이기 위해서 주정부와 지방자치단체는 물론, 사회 각 구성원에게 공조와 협력을 호소한다.

독일정부와 사용자단체는 2004년 12월 이러한 직업훈련국가협약에 대한 중간보고서를 발표한다. 이 보고서에 따르면, 2004년 12월 기준 협약의 내용에 따라 견습생일자리가 제공되고 있으며, 저숙련 직업훈련생을 위한 숙련자격과정의 참가율도 상당히 높다고 평가하고 있다. 한편 2003년과 비교하여 2004년도에 견습생일자리를 찾는 훈련생의 숫자가 약 2만 명 정도 더 증가했음에도 불구하고 이들 대부분이 이번 협약을 통해서 견습생일자리를 찾을 수 있을 것이라고 전망했다. 이와 같이 정부와 사용자단체는 국가협약이 보여준 놀라운 성과를 높이 평가했다.

하지만 이러한 평가에 대한 노사정의 논란은 계속되었다. 특히 2006년 10월 독일노총을 비롯한 노조는 현재 약 7만 6,000명의 직업훈련생 중 약 48%만이 정상적인 유급 견습생일자리에서 근무하고 있을 뿐, 나머지는 정상적인 직업훈련수당을 받지 못하거나, 아직도 견습생일자리를 얻지 못하고 있다고 반박했다.

이러한 논란에도 불구하고 2007년 3월 5일 기민당과 사민당의 연립정부와 사용자대표 및 경제계대표는 직업교육훈련 일자리 관련 2차 국가협약을 체결한다(Bundesregierung, 2007). 이 2차 국가협약에서 정부와 경제계는 1차 국가협약의 성과를 높이 평가하고 추가적인 견습생일자리의 제공과 직업훈련제도의 현대화를 추진하기로 합의한다.

그 핵심적인 내용은 다음과 같다.

첫째, 향후 4년 동안 경제계는 매년 6만 개의 새로운 견습생일자리를 제공하고 저숙련 직훈생을 숙련자격과정에 참가시키기 위해서 추가적으로 매년 4만 개의 견습생일자리를 만든다. 둘째, 정부는 청년 견습생일자리에 대한 긴급프로그램(EQJ)의 일환으로 약 4만 개의 일자리를 제공하고 이를 지원한다. 또한 정부 산하 공공기관에 견습생일자리를 최소 7% 이상 더 늘리고, 다양한 형태의 지원프로그램을 개발한다. 셋째, 연방고용공단은 장애인을 위한 초기업적 훈련프로그램을 2006년 수준으로 유지하고, 이민자 자녀와 취약계층에 대한 특별프로그램을 위해 재정적, 인적 지원을 강화한다. 넷째, 1차 협약에서 합의한 청년취업예정자와 실업자를 위한 인력수급, 중개기능을 강화하고, 이에 걸맞는 직업훈련제도의 현대화를 추진하기 위해서 노사정, 더 나아가 연방·주·지자체의 협조하에 공동사업을 추진한다.

한편 이 국가협약은 2011년 한차례 더 연장된 후 재차 2015년 직업교육훈련과 관련된 시대적 도전과 과제를 고려하여 새롭게 체결된다. 2014년 12월 체결된 '양성훈련과 계속훈련을 위한 동맹(Allianz für Aus- und Weiterbildung)'은 정부, 경제계와 노동계 모두 참여한 노사정 합의라는 점에서 역사적인 의미를 지닌 '직업훈련 사회협약'

이라고 평가할 수 있다. 2015년부터 2018년까지 약 4년간 유효한 이 사회협약은 매년 50만 개의 견습생일자리 제공을 통해 청년구직자들이 빠른 시일 내 좋은 일거리를 찾을 수 있도록 정책목표와 수단에 대해 노사정이 합의하고 있다. 특히 '보완적 직업훈련과 보조인 지원'이라는 새로운 제도를 도입했다. 이 제도는 장애, 중퇴, 난민 등 개인적 사유로 인해 일반 청년보다 일자리를 찾기가 더 힘든 청년구직자에게 추가적인 직업교육훈련의 기회를 제공한다. 또한 해당자가 이러한 특화프로그램에 참여하고 교육훈련을 받는 과정에 도움을 주는 보조인 서비스도 받을 수 있도록 만들었다. 이를 통해 노동시장에 진입하지 못하거나, 장기실업자로 전락하기 쉬운 청년열위집단이 보다 쉽게 안정적인 일자리를 찾을 수 있는 길을 열었다.[21]

이와 같이 2004년 '직업훈련과 신규전문인력을 위한 국가협약'으로 출발하여 2014년 '양성훈련과 계속훈련을 위한 동맹'이라는 사회협약으로 발전한 직업교육훈련제도 개혁을 위한 독일 노사정의 노력은 지금도 계속되고 있다. 한때 노동조합이 현안문제와 이해갈등으로 인해 사회적 협의과정에 참여하지 못한 시기도 있었지만, 공정하고 효율적인 직업교육훈련을 통해 더 많고 좋은 일자리를 만들어내기 위해 정부와 노사 모두 기업협정, 단체협약, 그리고 사회적 합의를 통한 사회협약 등 다양한 방안을 모색하고 있다. 그래서 독일의 경우, 직업교육훈련과 관련된 노사정의 사회협약이 일자리혁명을 달성하기 위해 필요한 고용정책과 교육정책을 매개하는 중요한 역할을 수행하고 있다는 사실을 재확인할 수 있다.

---

21   https://www.bmbf.de/de/allianz-fuer-aus-und-weitwebildung-1071.html

3. 독일 자동차업종의 직업교육훈련과 노사정의 참여정책

3.1 직종과 직무에 조응하는 교육훈련체계

독일의 경우 자동차업종 차원에서 독립적으로 운영하고 있는 직업교육훈련제도는 존재하지 않는다. 이는 독일의 직업교육훈련체계가 직무와 직종을 중심으로 편성되어 있고, 교육훈련을 관리하고 운영하는 주체인 직능단체가 자동차업종의 경우 금속전자산업에 속해 있기 때문이다. 제조업의 경우 이러한 직능단체의 대표체가 바로 각 지역의 상공회의소와 수공업협회이다. 즉, 자동차업종 관련 직무와 직종에 대한 직업교육훈련은 각 지역의 상공회의소와 수공업협회가 담당하고 있다.[22] 이들은 초기업적 직업교육훈련프로그램에 자동차업종 관련 직무에 대한 교육훈련을 포함시키거나 자동차업종 관련 기업에서 이루어지는 현장 직업교육훈련에 대한 지침 등을 제공한다(이동임·김득기, 2005).

　자동차 관련 금속직업과 전기직업의 직업훈련기간은 직종과 직무에 따라 3년에서 3년 6개월 사이에 걸쳐 있다. 최종시험기간의 조정문제가 제기되었지만, 기본직업교육훈련의 이수를 위해서 기간단축은 어렵다고 판단하고 있다. 직업교육훈련의 단계별 구성은 기존

22　예를 들어 직종분류상 자동차업종의 직종과 직간접적으로 관련된 기계제작 및 정비직종(중분류상 27번)과 차량, 비행기 제작 및 정비직종(중분류상 28번)의 경우를 살펴보면 다음과 같다. 산업기술자, 자동차정비공, 자동차제조공은 상공회의소와 수공업협회에서 공동으로 직훈프로그램을 개발하고 자격기준 및 평가기준을 합의하여 시행하고 있다. 하지만 차체 및 차량제조공, 차체 및 차량부품수리공과 기능공의 경우 수공업협회에서 전적으로 관할하고 있다(이동임·김득기, 2005, 부록 참고).

에 기초교육(1년), 초직업적 전문교육(6개월), 직업특화교육(6개월), 전문특화교육(1년 6개월)이었지만, 2003년 법개정을 통해 공통핵심 직업교육(21개월)과 직업특화전문교육(21개월)으로 나누고 교과과 정을 통합적으로 운영하고 있다. 기존에는 직업학교교육을 하고 난 후 현장실습을 하는 방식으로 운영되었지만, 현재는 교과내용의 특 성에 따라 학교교육과 실습훈련이 동시에 이루어지고 있다.

이러한 통합교육훈련을 통해 사업장 내부 직업훈련을 강화하고 산업현장에 능동적으로 적응할 수 있는 역량을 배양시키고 있다. 즉, 핵심직업교육을 통해 체득한 직업능력을 특정 직무에 한정시키지 않고 산업현장에서 필요로 하는 직무에 바로 투입되어 근무할 수 있 도록 만드는 것이 통합교육훈련의 목적이다(Gesamtmetall, 2005: 9).

각 단계별로 제공되는 직업교육과 실습훈련의 내용을 공장과 설비가동에 필요한 전기장치의 설치, 관리, 유지보수를 담당하는 가 동전기공의 사례를 통해 살펴보면 〈표 5-3〉과 같다(Gesamtmetall, 2005: 17).

이와 같이 금속전자산업 관련 직업교육 및 훈련내용은 그 전에 는 전문분야별로 분리된 경향이 강했으나, 2003년 새로운 직업훈련 규정에 따라 직업별 과제를 중심으로 통합적으로 운영되고 있다. 산 업현장의 실습내용은 직업학교의 교과내용 계획위원회와의 협조 를 통해 구체화된다. 이렇게 함으로써, 훈련교사는 훈련생의 현장실 습훈련과 조응할 수 있는 교육내용을 개발할 수 있다(Gesamtmetall, 2005: 14).

한편 직업교육훈련에 대한 평가는 중간시험과 최종시험으로 나

표 5-3 가동전기공의 직업교육과 실습훈련 내용

단계	현장실습	학교 교과내용
1~6개월	- 전기제품의 조립, 조작 및 측정 - 설비의 조립과 연결	- 전기체계분석 및 기능 교육 - 전기설비의 운영 교육
6~12개월	- 조절장치의 설치와 점검 - IT기술체계의 설치 및 조작	- 조절장치 분석 및 적용 교육 - IT기술체계에 대한 교육
13~18개월	- 전기설비의 설치, 운영, 안전장치 점검 - 전류기술의 배합 및 점검	- 가동기계의 에너지 및 안전에 대한 교육 - 설비 부속장치의 분석 및 점검 교육
18~24개월	- 조절장치의 변형 및 프로그램화 - 전기가동장치의 조작 및 분석	- 조절장치의 프로그램화 교육 - 전기가동장치의 분석 및 배합 교육
24~42개월	- 전기장치망의 설치 및 점검 - 가동장비의 운영 및 보수 - 다양한 현장실습훈련	- 건물전기장치 운영 교육 - 전류장치의 설치 및 운영 교육 - 자동화장치의 운영 교육 - 전기설비의 계획, 설치, 운영 교육

출처: Gesamtmetall, 2005 : 17.

누어서 시행된다. 초기 1년 6개월간의 직업교육훈련을 마치고 나서 2년차로 들어가기 전에 중간시험을 보게 된다. 이 중간시험은 각 직업별로 필수적으로 요구되는 기초내용을 필기와 실습을 통해 확인하는 절차이다. 복합적인 직업별 기초과제를 어느 정도 수행할 수 있는지 평가하기 위해서 2시간의 필기시험과 최고 10시간의 실습시험이 병행된다. 그리고 3년 6개월간의 직업교육훈련이 끝나면 최종시험을 보게 된다. 이때 훈련생의 종합적인 직업능력에 대한 평가가 이루어지기 때문에 최종시험은 훈련생의 실질적인 직업역량을 검증하는 과제해결능력, 직업특수적인 과제해결능력, 종합적 문제해결능력, 사회경제학 등 네 가지 영역으로 구성된다.

  다른 한편 이러한 직업교육훈련은 사용자로 하여금 상당한 비용

을 발생시킨다. 금속사용자연합(Gesamtmetall, 2005: 36)의 조사에 따르면, 매년 한 명의 직훈생에게 들어가는 비용이 약 2만 유로인 것으로 나타나고 있다. 총비용은 산별 단체협약을 통해 정해지는 훈련생수당과 사회보험비용 등이 약 50%를 차지하고 훈련담당자의 월급과 간접비용이 약 30%, 그 외 교육훈련에 필요한 운영비용이 20%를 차지한다. 이와 같이 직업훈련생의 채용과 실습훈련에 따른 비용부담 때문에 직업훈련기관, 특히 사업체는 직업교육과 훈련과정이 실질적인 직업능력의 향상에 기여하는 내용으로 구성될 것을 요구하고, 가능한 한 현장교육과 실습을 늘릴 수 있는 방법을 찾고 있다. 그래서 총 3년 6개월의 총 직업교육훈련기간 중 최소 4,000시간을 사업체 현장교육과 실습으로 할당하고 있으며, 이 중 2,000시간은 실제적인 생산활동과 병행되도록 배치하고 있다(Gesamtmetall, 2005: 36)

3.2 지역 노사민정의 직업교육훈련 연계망

직업교육훈련체계의 가장 중요한 특징 중에 하나가 바로 행위주체들, 특히 직능단체, 사용자연합, 노조와 직업훈련기관 등이 각 지역별로 두터운 연계망을 형성하고 개별기업의 노사가 추진하고 있는 직업능력향상과 숙련교육을 지원하고 있다는 사실이다. 금속전자산업의 경우도 예외가 아니다. 여기서 금속사용자연합의 사례를 살펴보도록 하자. 금속사용자연합은 전통적으로 직업훈련과 숙련교육을 위해서 여러 가지 지원정책을 수행하고 있다. 유형별로 나누어 소개하면 다음과 같다(Gesamtmetall, 2002: 11).

먼저 금속사용자연합은 각 지역별로 상공회의소나 수공업협회와 함께 산업교육기관(Bildungswerk der Wirtschaft)에 출자하고 운영과정에 참여하고 있다. 2005년 기준 약 5,000명의 훈련담당자들이 일하고 있는 산하 직업훈련기관의 프로그램은 매년 1만 7,000개에 이르고, 참여노동자의 수는 약 22만 명에 이른다. 여기서 제공하는 프로그램은 정규과정(직훈생의 시험준비 등), 법제도에 대한 강의, 특정영역에 대한 전문지식 등을 포괄한다.

예를 들어 바덴-비텐베르크지역의 경우 직업능력전수프로그램(Transferprojekt ESMO)을 운영하여 저숙련 조립공의 직업능력향상을 모색하고 있다. 단순업무를 넘어서는 다기능 숙련노동자로 발전시키기 위한 직업훈련 프로그램을 개발해 노동자가 자신의 직무능력을 높이고 시장 및 생산유연화에 능동적으로 대처할 수 있는 교육내용을 제공하고 있다. 초기업 차원에서 이루어지는 이 프로그램은 1년 과정이며, 이론교육 외에 현장실습이 병행된다. 이 과정에 참석하는 노동자는 회사로부터 유급교육시간을 보장받으며, 교육과정이 끝나면 이수증이 제공되어 승진에 상당한 도움을 주고 있다.

둘째, 금속사용자연합은 직업교육기관(Lehrwerkstatt)을 직접 운영하고 있다. 특히 이 직업교육기관은 소속 개별사업체의 직업학교 학생의 견습과정(기초직업교육, 자격시험준비 등)을 총괄하고 있을 뿐 아니라, 기존 취업자들의 재교육까지 담당하고 있다. 이러한 직업교육기관 외에, 사용자연합은 특정 직업영역의 숙련교육을 전담하는 교육시설(마이스터 양성기관, 정보통신 아카데미, 석사취득 지원기관 등)을 운영하고 있다. 예를 들어 라인란트-라인헤센지역의 경우, 코블

렌츠에 직업교육기관을 설립하고 해당지역 기능공의 CNC 기술교육, SPS 표준기술 등을 교육하고 있다.

셋째, 직업훈련을 제공하는 외부기관에 대한 재정지원을 하고 있다. 예를 들어 바이에른지역의 금속사용자연합은 뮌헨대학교에서 운영하는 신기술 전공자 대상 엘리트 아카데미(Elite Akademie) 운영자금을 지원하고 있을 뿐만 아니라, 경영공학 전공생들이 사업장에서 현장경험을 할 수 있도록 수많은 프로젝트를 기획하고 있다. 또한 직업학교, 전문대학과 일반대학이 공동으로 수행하는 직업훈련프로그램에 참여해 실습현장을 제공하고 재정지원을 하고 있다.

넷째, 동일한 업종의 사업장이 밀집된 지역에서 사용자연합과 상공회의소가 직업교육기관과 대규모 사업장의 협조를 받아 사업장 내외부의 직업훈련을 공유하는 공동직업훈련제도를 운영하고 있다. 중소기업의 경우 자체적으로 훈련생의 실습현장교육을 실시하기가 힘들거나, 해당 직무에 대한 교육담당자가 없는 경우가 많다. 바로 이러한 문제를 극복하기 위해서 공동직업훈련제도는 중소기업의 훈련생을 대공장이나 직업훈련기관에 위탁해 교육받을 수 있게 알선하고 이에 대한 재원을 지원하고 있다. 그 대표적인 사례는 작센지역의 '공동직업훈련 프로그램(ARIMES)'이다. 작센지역 금속사용자연합의 주선으로 약 79개 중소기업이 참여한 이 프로그램으로 2000년에 약 1,200명의 훈련생들이 일자리를 얻게 되었다.

다섯째, 금속사용자연합은 각 지역별로 다양한 직업교육훈련 프로그램을 개발하거나 지원하고 있다. 동일업종 개별기업의 인사노무담당자들의 경험을 공유하기 위해서 정기적인 세미나와 간담회

를 개최하고 있을 뿐만 아니라, 소속 기업이 직업훈련에 대한 모델
을 찾거나, 초기업적인 협력을 모색하고 상호간에 노하우를 교류하
는 사업을 전개하고 있다. 헤르트포드지역의 경우, 약 20개 기업이
공동으로 인력개발체계 개선을 위한 프로그램(MACH 2)을 진행했
다. 이 프로그램은 개별기업이 부딪히는 양성훈련과 재교육, 인적자
원개발 문제를 공동으로 해결하고 각 기업의 현장경험을 상호교류
하기 위해서 만들어졌다.

마지막으로 금속사용자연합은 직업교육훈련 분야에서 노조와
공동협력 프로그램을 운영하고 있다. 특히 중소기업의 견습생일자
리를 늘리고 직업교육훈련이 내실화될 수 있도록 컨설팅활동을 병
행했다. 그 대표적인 사례는 북독일금속사용자연합과 금속노조 퀴
스테 광역지구가 공동으로 추진한 '엑삼(EXAM)'이다. 이 프로젝트
는 견습생일자리 제공이 쉽지 않은 중소기업들을 대상으로 노사의
추천을 받은 직업훈련 전문가들이 해당 기업들에 대해 훈련컨설팅
을 하는 사업이다. 이 사업을 통해 1998년부터 2000년까지 약 1,200
개의 견습생일자리가 해당 지역 중소기업에서 만들어졌다.

3.3 직업훈련의 활성화를 위한 노사협약: 바덴-비텐베르크지역의 산별협약 사례

1) 취지와 배경
바덴-비텐베르크지역은 독일중남부에 위치한 금속산업, 특히 기계
제조업체와 자동차업체들이 밀집되어 있는 지역이다. 우리가 잘 아

는 다임러 본사와 조립공장이 위치하고 있는 슈투트가르트가 이 지역 주도이고, 보쉬, 포르쉐, 트룸프(Trumpf) 같은 세계적인 자동차 관련 업체들이 이 지역에 소재하고 있다. 이 지역의 노사는 금속산업의 단체교섭에 있어 매번 타 지역의 선도적 역할을 수행하고 있을 뿐만 아니라, 임금체계와 숙련, 고용안정과 관련된 혁신적 단체협약을 체결하고 있다(Heidemann, 2001).

이미 이 지역에서는 기본협약에 숙련교육, 직업훈련과 관련된 내용을 포함하고 있었다. 하지만 1990년대 중반 이후 금속산업의 국제경쟁이 격화되고 경기침체에 따라 실업이 늘어나고 고용불안이 확산되면서 금속노사는 다양한 형태의 전략적 타협을 모색하게 된다(Bahnmüller, 2002). 바로 이러한 전략적 타협의 대표적 사례가 바로 직업교육훈련과 관련된 단체협약과 사업장협정, 그리고 이러한 직업교육훈련 프로그램을 주관하는 노사공동출자회사(Agentur Q)의 설치였다.

2) 지역단위 직업훈련 단체협약

2001년 바덴-비텐베르크지역 금속사용자연합과 금속노조 광역지역본부 간에 체결된 '직업훈련을 위한 단체협약'은 그 내용뿐만 아니라, 노사의 독특한 합의과정을 규정하고 있기 때문에 주목할 만하다. 원래 노동조합은 요구안으로 미래지향적 교육훈련을 위해 개별 노동자들의 선택권을 강화하고 3개월의 현장교육훈련을 의무화하고 일정기간 동안 숙련교육을 받지 못한 노동자들에게 특별프로그램을 적용할 것을 요구했다. 이러한 노조의 요구에 대해 초기에 사용자연합은 직업훈련과 관련된 현행 법제도적 조치와 단체협약 내용조차 기업의 비용부담을 가중시키고 있다는 주장을 했다. 하지만 협약체결을 위한 조합원의 단체행동과 사용자측의 수정안에 대해 노조가 동의하면서 2001년 5월에 직업교육훈련에 대한 특별협약이 체결되었다(Bahnmüller & Fischbach, 2006: 49).

이렇게 체결된 직업교육훈련 산별협약은 다음과 같은 내용들을 가지고 있다(Kruse, 2003: 29). 첫째, 해당 노동자들은 적어도 매년 한 번 상급자와 정기적 면담을 통해 자신의 직업능력향상의 필요성을 확인하고 필요한 직훈프로그램 참여를 합의할 수 있다. 실제로 이러한 합의가 쉽지 않기 때문에 직업훈련요구와 관련된 특정한 '고충처리절차'를 명문화하고 있다. 즉, 해당 노동자의 직업훈련조치에 대한 합의가 이루어지지 않으면, 300인 이상 사업장의 경우 노사 동수의 공동위원회가 소집되어 시행여부를 결정한다. 중소기업은 합의가 이루어지지 않는 경우, 이 문제를 직업훈련담당기관의 노사대표자가 협의하여 결정한다. 이러한 고충처리절차는 상급자의 직업훈련에 대한 압박을 제어하고 해당 노동자의 필요성과 요구를 적극적으로 반영하고 있다는 점에서 기존의 협약과 차이가 있다.

둘째, 기업 차원의 직업교육과 개인 차원의 직업교육을 구별하고 있다. 기업 차원 직업교육의 경우, 기본적으로 근무시간과 마찬가지로 직훈시간에 대해 기업이 전액 비용부담을 하고 있다. 하지만 개인 차원 직업교육의 경우는 다르다. 여기서 개인 차원의 직업교육은 기업의 필요와 무관한 교육훈련을 말한다. 이 경우 5년 근속이 지난 노동자는 3년까지 일시휴직을 할 수 있다. 하지만 직업훈련을 마치고 돌아온 해당 노동자는 그 전에 근무하던 직무와는 다른 일자리를 받아들여야 한다. 또한 이 경우 직업훈련에 대한 비용부담은 해당 노동자의 몫이다.

셋째, 흐름생산과정에 종사하는 미숙련 노동자들 같은 특정노동자그룹에 대한 규정이 존재한다. 이 협약에 따르면, 이 그룹에 속하는 노동자들에게는 직업훈련 특별프로그램을 제공하고 있으며, 보다 나은 직무로 이동할 수 있는 직업훈련기회에 대해 우선권을 부여하고 있다.

넷째, 강제적인 직업재교육조치는 아니지만, 기업의 직업훈련요구에 협력해야 한다는 조항은 노동자들에게 자신의 의사와는 무관하게 사실상 직업훈련의 의무를 부가하는 것이다.

다섯째, 직업훈련을 활성화하고 지원하기 위한 노사공동출자회사를 설립한다. 이 회사는 직업훈련의 필요성 강화, 취약계층에 대한 교육프로그램 개발, 기업 내외부의 훈련프로그램 홍보와 직업훈련모델 전파, 직업교육과정 개발 및 평가 등을 담당한다. 이러한 노사공동회사의 활동은 특히 개별기업 차원에서 직업교육활동을 수행하기 힘든 중소기업들에게 실질적인 도움을 주는 한편, 직업훈련문제로 인한 노사의 갈등을 사전적으로 차단하는 기능을 수행한다.

3) 아겐투어 큐

바덴-비텐베르크지역의 2001년 직업훈련 산별협약은 제6조에 교육훈련전문회사에 대한 내용을 다루고 있다. 이 규정에 따라 만들어진 회사가 바로 노사공동출자회사 아겐투어 큐(Agentur Q: AQ)이다. 특히 이 교육훈련회사는 노사가 공동으로 출자하고 공동으로 운영되었다. 노사 각각 2인의 전임자와 2인의 명예직 운영위원을 두고 개별기업 차원에서 포괄적인 직업교육훈련을 수행하기 힘든 중소기업을 대상으로 활동을 전개하도록 명문화했다.

　이듬해 2월에 설립된 아겐투어 큐는 직업교육훈련에 대한 정보제공, 훈련컨설팅, 교육프로그램의 개발과 노사의 이해조정을 활동영역으로 설정한다. 아겐투어 큐의 가장 중요한 역할은 기업 내부 향상훈련을 위한 교육모델을 개발하고 이를 실행할 수 있는 프로젝트를 추진하는 것은 물론, 향상훈련의 수급자간 정보교류를 촉진시켜 노사가 합의한 직업훈련 단체협약의 현실화를 추구하는 것이다. 이를 위해 아겐투어 큐는 직업훈련 관련 단협의 실행방안, 기업 내부 직업훈련 수요조사, 훈련생 선발을 위한 면접, 훈련계획과 평가 등을 주제로 한 워크숍을 진행시켰다. 아겐투어 큐의 두 번째 활동은 중소기업에 대한 직업교육훈련의 컨설팅업무였다. 중소기업은 직업교육훈련에 대한 경험이 부족하고 역량이 약하기 때문에 단체협약이 현장에서 실제적으로 적용될 수 있도록 직업훈련 전문가들이 이들 중소기업의 노사를 도와주는 역할을 수행했다. 그 외에 아겐투어 큐는 직업교육훈련의 법제도적 체계에서 비어 있는 대안적 향상훈련프로그램을 개발했다. 그 대표적인 사례가 바로 '콤파스(Kompass)', '트랜스퍼+(Transfer Plus)', '전문인력향상훈련(WAP)'이다(Bahnmüller & Fischbach, 2006: 146).

　먼저 '콤파스'는 산별 차원에서 체결된 직업교육 단체협약을 중소기업에 잘 적용될 수 있도록 지원하는 프로젝트였다. 왜냐하면 중소기업의 경우, 직업훈련협약의 내용대로 현장에서 실행하기가 쉽지 않았기 때문이다. 그래서 아겐투어 큐는 수차례 워크숍을 통해 중소기업 노사담당자들이 직업훈련 단체협약을 제대로 이해하도록 만드는 동시에, 이를 개별기업 차원에서 제대로 적용하는 데 필요한 내용을 교육했다.

한편 '트랜스퍼+'는 아겐투어 큐가 추진하고 연방직업교육연구소가 후원하는 기업 내부 향상훈련 혁신프로젝트였다. 이 프로젝트의 목적은 중소기업이 향상훈련에 대한 프로그램을 개발하여 혁신역량을 강화시킬 수 있는 방법을 찾는 것이었다. 이 프로젝트는 교육과 훈련을 하나의 과정으로 이해하고 기업 내부 행위주체들(관리자, 사업장평의회, 노동자)이 공동책임하에 새로운 혁신모델을 실현하도록 만들었다.

마지막으로 금속전자산업의 전문인력에게 필요한 향상훈련을 주관하는 '전문인력향상훈련'은 노동자의 향상훈련이 학습과정인 동시에 노동과정이라는 문제의식에서 출발한다. 특히 제도화된 교과과정이 아니라, 비공식적인 교육훈련의 가능성을 모색하고 현장에서 노동자 스스로가 훈련의욕을 고양시킬 수 있는 방안 등을 개발하고자 했다.

4. 소결: 직업교육훈련제도 개혁으로 참여적 노사관계 기반 구축

지금까지 우리는 독일 직업교육훈련체계의 구조적 특성과 자동차산업의 구체적 사례를 살펴보았다. 이원적 직업교육훈련을 특징으로 하는 독일의 제도와 정책에 대한 사례연구가 우리에게 어떤 시사점을 주고 있는지를 살펴보면 아래와 같이 정리할 수 있다.

먼저, 독일은 직업교육훈련제도의 운영과정과 정책결정에 있어 주요 이해관계자인 노사정의 이해와 요구를 수렴하고 조정할 수 있는 제도적 틀을 구축하고 있다. 직업교육훈련기관(연방직업교육연구소, 직능단체 산하 교육훈련기관, 그 외 관련 공공기관 등)의 중요의사결정기구에 노사는 물론, 정부와 교육담당자가 참가하고 있을 뿐만 아니라 직업훈련의 계획, 법규제안, 훈련기준과 평가과정에서 동등한 결정권을 행사하고 있다. 이러한 독일의 경험으로 볼 때, 한국은 숙련향상과 직업능력개발 관련 공공기관과 협의기구들을 민주적으로 운영할 수 있도록 제도적 기반을 조속히 재구축해야 한다. 특히 이해당사자들의 적극적 참여를 촉진시키기 위해서는 의사결정과정에서 자신의 이해와 요구를 반영할 수 있는 길을 열어주어야 한다. 정부는 직업교육과 인적자원개발을 위한 협의기구에 노동조합의 참여를 촉진시키고 이들의 책임의식을 높일 수 있는 방안을 시급히 마련해야 할 것이다.

둘째, 독일의 노사정은 직업교육훈련의 중요성을 인식하고 이 문제를 사회적 협의과정을 통해 해결하고자 노력했다. '일자리동맹'에서 다루어진 직업훈련생과 청년취업예정자를 위한 견습생일자리 관련 노사정의 논의가 대표적 사례였다. 물론 일자리동맹에서 소기의 성과를 제대로 거두지 못하고 이후 사용자단체와 정부만이 참여하는 '직업훈련과 신규전문인력을 위한 국가협약'으로 귀결되었다. 이러한 사회협약은 직업훈련생과 청년구직자의 일자리문제를 사회적 대화를 통해 공론화하고, 이를 통해 견습생일자리의 제공과 직업교육훈련제도의 현대화에 대해 정부와 사용자간 합의를 도출했다는 것 자체가 큰 의미를 지닌다. 특히 사용자가 보여준 직업교육에 대한 인식과 견습생일자리에 대한 사회적 책임은 우리에게 시사하는 바가 크다. 그들은 직업교육을 미래투자의 핵심적 요소로 인식했을 뿐만 아니라, 직업훈련생의 일자리제공이 기업이 책임져야 할 중요한 사회적 과제라는 점을 실천으로 보여주었다.

셋째, 독일의 노사는 단체교섭제도를 통해 직업훈련정책과 다른 의제들을 긴밀하게 연계시켜서 혁신적 노동정책을 추구하고 있다. 산별협약 차원에서 지역 내 노동자들의 직업재교육을 활성화하기 위한 특별협약을 체결한 바덴-비텐베르크지역의 사례는 고용안정과 경쟁력향상을 위해 독일 노사가 공동으로 노력하는 모습을 확인할 수 있다. 숙련향상과 직업능력개발이 기업의 생산성향상과 혁신능력의 강화를 유발시키는 동시에, 노동자의 고용가능성과 직업안정성을 높여준다는 사실을 노사 모두 인정하고 있다고 볼 수 있다. 우리의 경우 단체교섭을 통해 직업교육과 인적자원개발을 노사가 협의한다는 것 자체가 아직 먼 이야기일 수 있지만, 고용불안을 줄이고 기업역량을 높이기 위해서는 이 문제를 노사가 본격적으로 논의의제로 제시할 때가 되었다.

우리가 살펴본 독일의 사례는 직업훈련과 숙련향상이 대립적 노사관계를 협력적 노사관계로 전환시킬 수 있는 중요한 의제라는 사실을 보여준다. 직업교육훈련은 노동시간의 유연화, 그룹노동의 현대화, 숙련유인적 보상체계 같은 다른 의제들과 결합되어 혁신적 노동정책의 핵심구성요소로 다루어졌다. 즉, 노동자의 자율성과 책임성을 기본원칙으로 하는 혁신적 노동정책은 노동자의 적극적인 참여를 기반으로 하여 발전하기 때문에 직업능력개발과 숙련향상을 위한 노사협력이 반드시 필요하다. 바로 이러한 측면에서 볼 때, 직업교육훈련이 우리나라의 노사관계를 참여형 노사관계로 변화시키기 위한 중요한 마중물로 작용할 수 있을 것이다.

6장

지역 노사정의 다층적 파트너십[23]

1. 폭스바겐은 어떻게 독일의 국민기업으로 성장했나?

1990년대 들어서면서 세계 각국에서 전개된 사회적 대화기구에서
다뤄진 의제는 다양한 사회경제적 문제와 연관되어 있다. 하지만 그
중심에는 항상 고용문제가 놓여 있다. 대부분의 '사회협약'에서 노
동조합은 지속가능한 고용안정성을 추구하는 대신, 사용자는 경쟁
력향상을 위한 노동조직의 재편과 직업능력의 강화에 더 많은 관심
을 표명한다. 물론 정부는 노동시장정책에 대한 직간접적인 개입을
통해 이러한 노사의 이해조정과정에서 발생할 수 있는 사회적 외부
효과를 완화하는 정책적 조치를 지원한다.

23   이 글은 이상호 외(2005), 『중소기업의 구조적 문제와 지역산업의 실태』(진보정치연구
      소) 중 5장 "독일 중북부 폭스바겐지역의 노동친화적 산업발전프로젝트에 대한 소고"를
      대폭 수정하고 보완한 것이다.

그러나 고용문제에 대한 사회협약의 성과는 국가별로 큰 차이를 보이고 있을 뿐만 아니라, 하나의 국가 내부에서도 지역 간에 일정한 차별성을 보이고 있는 것이 현실이다. 독일의 경우 1990년대 말 중앙 수준의 '일자리동맹'이 가시적 성과를 뚜렷이 달성하지 못함으로써, 고용문제에 대한 사회적 대화가 실패한 것으로 평가되는 것이 일반적이다.

하지만 1990년대 독일에서 확인되는 다양한 형태의 '기업과 지역의 고용동맹(Betriebliche und Regionale Bündnisse für Arbeit)' 사례들은 이러한 평가에 대한 보다 신중한 접근을 요구하고 있다. 이글에서 살펴볼 폭스바겐 주요 공장이 위치하고 있는 독일중북부 자동차산업 거점지역의 사례는 고용문제에 대한 다층적 동반관계의 중요성을 보여준다. 지역고용문제의 해결을 위해서 마을공동체, 기초지방자치단체, 광역지방자치단체로 연결되는 각 경제단위의 보완성과 행위주체들의 호혜성을 고려해야 하며, 실질적인 고용창출이라는 공동의 목표를 위해 노사정의 파트너십이 다차원적으로 구성되어야 한다는 것을 보여준다.[24] 특히 지역 차원에서 이루어진 폭스바겐의 사회적 연대책임 활동은 노사의 파트너십에 기반한 모범사례로 손색이 없다. 이를 바탕으로 폭스바겐은 나치시대 '군수공장'이란 오명을 벗어던지고 자신의 이름에 걸맞는 국민자동차(Volks-wagen) 기업으로 성장할 수 있었다.

---

24   폭스바겐 노사의 'Auto 5000 × 5000 단체협약'(2001년), 기초지자체(볼프스부르크시)에서 중심기업과 지방정부의 민관협력인 'AutoVision 프로젝트'(1996년), 광역지자체(남동니더작센지역)의 노사민정간 협력사업인 'RESON 프로젝트'(1997년)는 지역 노사정의 다층적 파트너십을 보여주는 대표적 사례이다.

이러한 문제의식에 따라 이 글은 먼저 1993년 폭스바겐의 기업 위기가 지역경제에 어떤 영향을 미쳤으며, 그 여파로 인해 발생한 고용위기의 내용을 살펴볼 것이다. 둘째, 폭스바겐 본사가 있는 볼프스부르크시에서 1996년 이후 전개된 '아우토비전(AutoVision)' 프로젝트의 내용을 살펴보고 민관파트너십의 사회경제적 효과를 평가할 것이다. 셋째, 폭스바겐 자회사들이 위치하는 삼각지대로 구성된 남동니더작센지역에서 지역산업의 재생과 구조개혁을 위해서 추진된 '지역발전계획(RESON)'의 내용을 살펴보고, 추진과정에서 노사정은 어떤 역할을 수행했는지를 분석한다. 넷째, 새로운 생산기지를 해외에 만드는 대신에 국내 산업입지에 신규투자가 이루어지고 청년에게 일자리를 제공한 폭스바겐의 아우토 5000 모델을 다루고 있다. 마지막으로 이러한 독일사례가 우리에게 시사하는 바를 대기업 노사의 사회적 책임, 산업클러스터의 운영원칙과 방향, 그리고 지역경제의 활성화를 위한 민관파트너십과 노사정의 역할 등으로 나누어 추론한다.

2. 폭스바겐의 경영위기와 지역경제의 딜레마

2.1 1990년대 초반 폭스바겐의 기업위기

1980년대 말 이후 세계 완성차업체들의 전반적인 과잉생산과 경쟁 격화로 인해 독일 자동차산업은 심각한 문제에 봉착하고 있었다. 특

히 재통일의 특수거품이 빠지고 난 1993년 이후 독일 자동차산업의
수출은 정체현상을 보이고 급격한 내수부진으로 인해 완성차업체와
부품업체는 경영위기에 빠진다.

특히 다임러벤츠나 BMW보다 폭스바겐의 상황이 훨씬 심각했
다. 왜냐하면 폭스바겐의 경우는 당시에 소형차 위주의 제품전략을
채택하고 있었기 때문에 해외시장뿐만 아니라, 국내시장에서조차
일본과 한국 자동차업체들과 치열한 경쟁상태에 놓여 있었기 때문
이다. 결국 1992년까지 지속적 증가세를 보이던 생산량이 1993년과
1994년에 급격히 떨어진다. 특히 국내 공장들의 생산량 감소 비중이
전체 대비 80% 이상을 차지했다(Volkswagen, 2005).

자동차산업의 경기예측이 비관적으로 흐르면서 대량해고사태
를 피할 수 없는 것같이 보였다. 최고경영진의 판단에 따르면, 1993
년 폭스바겐은 약 3만 명이 해고되어야 할 상황에 놓여 있었다. 이
러한 상황에서 폭스바겐 사업장평의회와 금속노조는 사회적 부담과
비용이 막대한 사회계약적 방식으로 고용조정을 추진하는 것이 바
람직하지 않다고 판단했다. 또한 이들이 단지 경영상의 이유로 회사
를 떠나는 것도 인정할 수 없었다(Haipeter, 2000: 327). 다행히 대량
실업을 유발시키는 정리해고에 대해 폭스바겐도 대단히 부정적이었
다. 최고경영진은 폭스바겐이 지역사회의 고용문제에 대한 사회적
책임을 져야 한다는 점, 대량해고가 폭스바겐의 협력적 노사관계 전
통을 위협할 수 있다는 점, 대량해고로 인해 발생하는 사회적 비용
이 장기적으로 기업경영에 부담이 될 수 있다는 점, 대량해고는 생
산성향상에 필수적인 노동자의 참여, 동기부여, 창의성을 줄어들게

만든다는 점 등을 고려하여 정리해고를 가능한 한 피하고자 노력했다(Haipeter, 2000: 329).

결국 폭스바겐의 노사는 노동시간 단축을 통한 일자리나누기의 대표적 사례로 언급되는 '고용과 산업입지안정을 위한 협약'을 1993년 11월 체결함으로써 대량해고라는 최악의 상황을 피할 수 있었다. 하지만 지역중심기업인 폭스바겐의 기업위기와 독일 자동차산업의 전반적 불황은 개별기업 차원을 넘어서서 지역 내부노동시장의 상태를 극도로 악화시키는 동시에, 지역경제에 부정적 영향을 미쳤다.

2.2 폭스바겐 기업위기의 지역노동시장 효과

폭스바겐의 기업위기가 지역경제에 미친 악영향은 기본적으로 지역 산업구조의 불균등성에서 기인한다. 폭스바겐의 본사와 조립공장이 위치하고 있는 볼프스부르크시는 물론, 산하 사업장들이 밀집되어 있는 남동니더작센지역은 자동차산업지역이라고 해도 과언이 아니다.[25] 특히 해당 지역 내 중소기업 상당수가 자동차 관련 부품업체와 연관기업이다. 이는 해당 지역경제의 자동차산업에 대한 의존도가 상당히 높다는 것을 의미할 뿐만 아니라, 지역의 산업구조가 다양하

---

25 2003년 기준 폭스바겐 주식회사는 독일 국내에 총 10만 3,800명을 고용하고 있다. 그중 볼프스부르크에 5만 200명, 잘츠기터에 7,200명, 브라운슈바이게에 6,600명이 고용되어 있다. 이 수치는 총 고용량의 약 58%에 해당한다. 이 세 도시로 연결된 삼각지대가 바로 남동니더작센지역이다. 남동니더작센지역은 독일 중북부지역을 대표한다. 한편 볼프스부르크시는 폭스바겐 본사 외에, 최대 조립공장들과 연구개발센터가 위치하고 있는 곳이다. 잘츠기터와 브라운슈바이게 공장의 경우 엔진과 모듈부품을 비롯한 핵심부품들을 생산하고 있다.

표 6-1 취업자 수의 상대적 변동추이

	정규직 노동자 변동추이			
	1992~1998		1998~2003	
	절대치(명)	서독지역 평균의 상대비율(%)	절대치(명)	서독지역 평균의 상대적 비율(%)
서독지역	-1,315,996	0.0	-253,118	0.0
남동니더작센지역	-36,358	-0.5	14,161	0.4
볼프스부르크지역	-11,929	-1.4	16,982	3.7

출처: NIW, 2004: 45.

지 않다는 것을 반증한다. 이러한 산업구조의 특성으로 인해 자동차 산업과 폭스바겐의 위기는 직접적으로 지역경제의 위기로 비약적으로 발전하게 된다.

실제로 이러한 지역경제의 위기는 고용위기 형태로 나타나게 된다. 〈표 6-1〉에서 알 수 있듯이, 폭스바겐의 기업위기가 발생한 1992년부터 1998년까지 볼프스부르크시의 취업자 감소분은 서독 지역 전체평균보다 훨씬 높게 나타난다. 이러한 현상은 남동니더작 센지역의 취업자 수 변동에서도 확인된다. 지역 내 정규직 노동자의 감소추이는 폭스바겐 내부 노동자의 경우 경영위기에도 불구하고 고용과 산업입지 안정을 위한 협약을 통해 고용안정을 확보할 수 있었던 반면, 다른 연관부품업체나 지원기업을 포함하는 지역 제조업의 고용능력은 상당히 악화되었다는 것을 보여준다. 하지만 1998년 이후 이 지역 취업자 증가분에서 알 수 있듯이, 지역의 취업률이 서독 평균치보다 서서히 더 높아진다. 서독지역 총평균치를 대비해보면, 남동니더작센지역과 볼프스부르크시는 동일하게 긍정적 고용효과를 보이고 있지만, 볼프스부르크시의 수치가 월등히 높다. 이는 다른 지역과 달리, 동일한 시기 이 지역 내 고용창출이 늘어나는 어떤 계기가 있었다는 것을 반증한다.

당시의 경기변동지수를 고려하더라도 그전까지 서독지역 평균보다 훨씬 더 높은 실업률을 나타내고 있던 볼프스부르크시와 남동니더작센지역에서 1998년 이후 상대적으로 더 빠르게 실업률이 줄어든 이유는 무엇인가? 어떤 계기를 통해 이 지역의 경제는 활성화되고 고용능력은 급격하게 증가했는가? 그 비밀은 바로 지역고용능력의 향상과 지역산업의 구조개혁이라는 목표를 향해 지역사회의 이해당사자들이 사회적 동반관계를 형성하고 책임감 있는 행위주체로서 고용친화적 지역산업노동정책에 합의할 수 있었기 때문에 가능했다. 보다 자세히 살펴보도록 하자.

3. 자동차산업 거점지역 노사정의 다층적 파트너십

3.1 산업도시 재활성화 프로젝트, 아우토비전

1) 고용친화적 지역산업 활성화전략

지역사회의 중심기업과 지방정부가 지역산업의 재생과 활성화에 어떤 역할을 해야 하는가를 보여주는 대표적 사례가 바로 볼프스부르크시에서 폭스바겐이 지방정부와 함께 추진한 '아우토비전(Auto-

Vision)' 프로젝트이다. 폭스바겐의 노사와 지역정부는 1997년부터 "모든 일자리는 이를 담당할 사람이 존재한다"라는 모토하에 지역 내 실업률을 반으로 줄이기 위한 야심찬 프로젝트를 추진한다(Wolfsburg AG, 2004: 4). 특히 이 사업의 추진과정에서 노사의 이견이나 갈등이 존재할 수밖에 없었다. 하지만 지역 노동자와 노동조합은 이 계획의 수립과정에 적극적으로 참여했고 그 실행과정에서 능동적 역할을 수행했다. 왜냐하면 그들이 단순히 이를 거부하거나 이 문제에 대해 침묵으로 일관한다면 결국 방관자로 머물 수밖에 없다는 것을 잘 알고 있었기 때문이었다.

그래서 폭스바겐 사업장평의회는 지역의 노동자, 노조활동가, 노조간부들의 의견을 수렴하여 이 프로젝트에 대한 독자적인 안을 제시하고 노동친화적인 요구안을 가지고 협상에 임했다. 이 모든 과정 속에서 사업장평의회가 관철하고자 한 원칙은 이 프로젝트로 인해 동반될 수밖에 없는 지역경제의 구조변화에 대해 노동자의 피해를 최소화할 수 있는 조건을 만들고 사업장평의회가 참여할 수 있는 권리를 확보하는 것이었다.

볼프스부르크시에서 지역 민관협력이 형성된 결정적인 이유는 지역경제의 발목을 잡고 있던 실업문제 때문이었다.[26] 더 큰 문제는 볼프스부르크시의 경제구조적 특성으로 볼 때, 지역산업구조의 혁신

---

26 자동차산업의 경기회복에도 불구하고 1992년 9%에 불과하던 실업률이 1997년 말 17%를 기록하고 있었다. 당시에 지역고용청에 약 9,300명이 실업자로 등록되어 있었다. 그 중 60%가 직업훈련자격증이 없는 저숙련노동자, 20%가 50세 이상, 약 2,500명이 조기 퇴직자였다. 이와 같이 실업자의 구성적 특성은 이들 상당수가 장기실업의 위험에 처할 수밖에 없다는 사실을 보여준다(Wolfsburg AG, 2003).

적 재편 없이는 고용창출의 가능성이 희박하다는 사실이었다(Dierkes, 2002: 202). 그래서 지역산업의 구조개편 방향이 고용창출이라는 기본목표하에 자동차 관련 중소기업의 입지기반 확충과 혁신적 창업활동의 지원, 상업부문과 문화서비스 관련 지원사업의 확대 등으로 맞추어지고 이를 종합적으로 포괄하는 아우토비전 프로젝트가 1998년부터 본격적으로 수행된다.

2) 아우토비전의 사업주체, 볼프스부르크 주식회사

아우토비전 프로젝트는 폭스바겐사가 위치한 볼프스부르크시와 인근 지역에 자동차관련 기업들에게 산업경제적으로 매력적인 여건을 조성하는 데 일차적 목적을 두고 있다. 즉, 아우토비전 프로젝트는 모든 경제활동이 '이동성'에 근거를 두고 있다는 데에서 착안한 전략적 개념이다(Dierkes, 2002: 204). 또한 이 프로젝트는 교통부문과 자동차산업 관련 입지집중성을 넘어서는 지역연계발전계획과 결합되었다. 새로운 산업과 부문을 형성하고 이 영역에 고용을 창출하여 볼프스부르크시와 주변지역의 경제동학을 활성화하는 것이 바로 연계방안의 핵심적 내용이다. 한편 이 프로젝트를 추진하는 책임주체로 볼프스부르크 주식회사(Wolfsburg AG)가 설립되었다. 1999년 7월 기존의 창업혁신회사(GIZ)와 아우토비전 유한회사를 개편하여 만들어진 볼프스부르크 주식회사는 볼프스부르크시와 폭스바겐이 공동으로 출자한 회사[27]이다. 한편 최고의사결정기구인 경영감독

---

27 폭스바겐사와 볼프스부르크시가 각각 250만 유로를 출자하여 총 500만 유로의 자기자본으로 사업을 시작한다.

그림 6-1 볼프스부르크 주식회사의 사업영역

아우토비전 프로젝트

폭스바겐사와 볼프스부르크시의 공동출자를 통한 볼프스부르크 주식회사 설립

부품단지	혁신캠퍼스
• 부품업체파크와 '동시적 엔지니어링센터'의 설립과 운영 • 부품업체에 대한 기업서비스의 중개기관 • 부품업체 국제박람회의 개최	• 혁신캠퍼스의 건설과 운영 • 지역창업활동의 활성화 • 창업의 재정지원 및 교육 • 산학연의 협력 지원
경험세계 • 휴식과 자유시간을 위한 시설 설립 • 테마파크와 다기능공원의 개발	인력서비스회사 • 인력중개, 직업알선 및 인력서비스 제공 • 기업과 직업훈련기관 간 네트워크 구축

출처: Dierkes, 2002 : 212.

이사회를 동수의 민관대표로 구성함으로써, 기업의 의사결정내용이 경제, 노동시장, 지역사회의 이해와 조응할 수 있도록 만들었다.

〈그림 6-1〉에서 알 수 있듯이 볼프스부르크 주식회사는 네 가지 핵심 사업영역을 가지고 있다.[28] 먼저, 혁신캠퍼스(InnovationsCampus)는 창업활동과 기술이전의 촉진자 역할을 수행한다. 혁신캠퍼스는 사업아이디어의 개발로부터 기업의 성공적 정착에 이르는 과정을 돌보는 것이 주 임무이다. 기업의 창업에서 안정적 활동까지 모든 과정에 조언, 훈련, 지도와 지원을 수행한다. 그리고 아이디어 제공자, 기술이전체, 자본대여자, 전문경영인을 서로 연결시켜주는 플랫폼으로서 혁신캠퍼스가 서비스기능을 수행하고 있다. 이를 통해 창업자의 필요에 따라 사무실과 설비를 빌릴 수 있고, 혁신캠퍼

---

28   2005년 5월 '프로젝트 건강'과 '지속가능한 경제'라는 새로운 사업영역이 추가되었다.

스 내 기업서비스네트워크를 이용할 수 있다. 또한 기술이전의 촉진 자로서 혁신캠퍼스는 창업자, 기술보유자, 기존 기업들의 협력네트 워크로 역할을 수행하게 된다. 2004년 6월 기준 약 400개의 창업활 동을 지원하기 위해서 볼프스부르크 주식회사의 직원 100명과 전문 가 25명이 이 혁신캠퍼스에 상주하면서 기업지원활동을 수행하고 있다. 이를 통해 혁신캠퍼스는 명실상부한 혁신클러스터로서의 면 모를 갖추고자 노력하고 있다(Dierkes, 2002: 207).

둘째, 부품단지(LieferantenAnsiedlung)는 중소기업의 유치와 혁 신역량의 강화를 위한 기반이 된다. 이미 오래전부터 폭스바겐은 자 체적으로 기업서비스업체와 부품업체의 근접화를 지원해왔다. 이러 한 노력으로 지난 1998년 중반 부품단지조성이 추진된 이후 2000년 말까지 약 1,000개의 일자리가 더 늘어났다. 부품단지의 조성을 통 해 조립공장과 부품업체, 중심업체와 주변업체 간의 협력을 강화함 으로써 거래비용을 줄이고 연구개발의 노하우를 상호공유하고 기술 이전의 가능성을 높일 수 있었다. 지역 내 부품단지의 조성을 통해 기존 기업들의 고용을 위협하지 않고 새로운 기업들이 유입됨으로 써, 고용증가와 기술능력의 제고라는 측면에서 지역경제에 긍정적 인 영향을 미치게 된다. 부품단지조성에 있어 핵심적인 사업은 '동 시적 엔지니어링센터'의 설립이었다. 이를 통해 약 700개의 일자리 가 늘어났을 뿐만 아니라, 완성차업체와 핵심부품업체의 협력사업 으로 인해 자동차산업의 연구와 개발능력이 크게 향상되었다. 또한 센터를 통한 기업 간 공동연구와 개발로 인해 제품개발의 시간과 편 차를 상당히 줄일 수 있었다. 2004년 기준 완성차업체를 위한 부품업체 단지가 완성되면 추가적으로 약 500개 내지 1,000개의 새로운 일자리가 생길 것으로 예상했다(Dierkes, 2002: 208).

셋째, 경험세계(ErlebnisWelt)는 볼프스부르크시의 도시생활환경을 개선하기 위해 다양한 문화레저사업을 전개하기 위해 만들어졌다. 이 사업의 목표는 그동안 볼프스부르크시에 미비했던 상업부문의 활성화와 매력적인 문화관광요인을 결합하는 것이다. 볼프스부르크 주변지역과 위성도시에 다양한 문화편의시설(과학센터, 운동장, 다기능스포츠센터)을 조성하고 이미 건설되어 있는 폭스바겐의 아우토스타트(AutoStadt) 시설을 간접적으로 지원하게 된다. 볼프스부르크시의 도시매력을 높이고, 장기적으로 많은 관광객과 외부방문자들을 끌어들임으로써, 서비스부문의 고용창출효과를 높일 수 있다. 시민들의 문화생활과 삶의 질을 향상시키는 것도 이 사업영역의 중요한 지향점이었다. 이러한 노력을 통해서 지역기업에 근무하는 많은 이들이 지역 내로 거주지를 옮기고 새로운 기업의 이주동기를 촉진시킬 수 있기 때문이다. 즉, 이러한 노력을 통해 산업도시라는 낡은 이미지를 벗어던지고 미래도시의 지역사회가치를 확보할 수 있다(Dierkes, 2002: 212).

마지막으로 인력서비스회사(PSA)는 노동시장의 중개자로서 실직자와 구직자들의 직업훈련과 취업을 알선하는 일자리 매칭기능을 수행했다. 혁신캠퍼스, 부품단지, 경험세계 같은 사업과 활동을 통해 생겨나는 새로운 일자리를 적절한 사람들에게 연결시켜주기 위해서는 직업알선, 소개와 교육을 담당하는 고용중개기구가 필요하다. 이를 위해서 독자적인 인력서비스기능을 볼프스부르크 주식회사가 사업영역으로 설정하게 된다. 이 사업은 능력과 소질을 지닌 구직자를 가능한 한 빨리 적합한 일자리에 연결시켜주는 업무를 지역 내 기업 네트워크, 지방고용청과의 긴밀한 협력하에서 수행한다. 주요 서비스기능은 최적인력의 소개, 훈련과 숙련교육의 기회, 단시간노동의 공급 등이다. 인력소개업무는 일자리의 중개와 관련된 모든 일을 의미한다. 훈련과 숙련교육은 지방의 공공교육기관과 폭스바겐사 내부의 폭스바겐 직업훈련회사와 함께 수행하며, 정부의 직업재훈련 조치에 의해서 재정적으로 지원된다. 또한 이 회사는 지역 내 기업에서 어쩔 수 없이 발생하는 노동력의 단기적 부족분을 시간제 노동자가 수행할 수 있도록 연결해주는 동시에, 그들이 상용직으로 일할 수 있도록 도와준다. 예를 들어 인력서비스회사는 2000년에 약 3,600명의 노동자를 폭스바겐에 소개시켜 주었고, 이 중 933명은 단기계약기간이 끝난 후 상용직으로 전환되었다(Dierkes, 2002: 212).

3.2 산업집적지 남동니더작센의 지역발전 프로젝트

1) 남동니더작센지역의 산업경제구조

1990년대 초반 남동니더작센지역의 산업경제는 다음과 같은 상황에 봉착하고 있었다(Blöcker & Lompe, 1995: 56; Prätorius, 2002: 81).

첫째, 독일은 물론, 유럽 전역에서 산업입지를 지키기 위한 지역사회의 경쟁이 치열해지고 있었다. 이러한 상황에서 산업입지의 경쟁력을 확보하기 위해서는 무엇보다도 지역경제의 산업연관관계를 강화시키는 각 사회주체의 협력이 필수적으로 요구되었다. 정치경제 및 사회적 주체의 협력은 산업입지의 잠재력을 확대할 수 있는 기본적인 조건으로 작용하고 있었다.

둘째, 이 지역 산업구조의 가장 큰 특징은 제조업과 대기업 위주라는 점이었다. 여타 지역의 제조업 비율이 37% 정도인데 반해, 남동니더작센은 46%를 차지하고, 피고용인 500인 이상인 대기업에 취업한 노동자의 비율이 전체 피고용인의 약 70%에 이른다. 그리고 이들 대기업 대부분이 자동차산업, 혹은 연관 산업에 속하는 사업장들이었다.

셋째, 지역 내 연구·학문기관들의 혁신역량이 상대적으로 높은 것으로 평가되었다. 특히 폭스바겐에만 약 1만 명의 연구개발인력이 지역 내에서 일하고 있고 연구개발인력의 수로 산정된 혁신역량지표비교에서 이 지역순위는 전국 5위를 차지하고 있었다. 많은 연구개발인력이 자동차산업에 종사하고 있지만, 바이오기술과 마이크로시스템기술 또한 상당한 수준의 연구개발인력을 확보하고 있었다. 이러한 상황은 지역 내 대학 4개, 그리고 지역 내 연구기관까지 포함하면, 약 4,000명의 전문가들이 연구분야에 종사하고 있었기 때문에 가능했다.

넷째, 산업인프라 측면에서 볼 때, 이 지역의 중요한 특성은 남동니더작센지역이 동서독을 연결하는 교통과 수송의 요지라는 사실이다. 도로는 물론, 철도망에서 이 지역은 상당히 중요한 역할을 수행하고 있었다.

2) 노사정의 협력모델로서의 지역발전계획

지역경제의 구조적 문제에 대한 노사정의 공동인식은 1992년부터 다시 악화되기 시작한 경제상황과 맞물려 있었다. 당시에 급속하게 증가한 실업률은 지역사회의 가장 큰 문제였다. 실업자 수를 줄이고 지역발전의 지속가능성을 높이기 위해서 노사정은 지역경제의 새로운 발전전략으로 '지역발전계획'[29]을 검토하게 된다.

하지만 남동니더작센지역에서 수행된 지역발전계획의 경우, 다른 지역의 발전계획과는 다음과 같은 차별성을 지니고 있었다 (Blöcker & Lompe, 1995: 80). 첫째, 지역발전의 상을 구체화하기 위해서 밑으로부터 심도 있는 논의와 지역적 합의를 위한 지속적 모색이 전개되었다. 둘째, 이러한 발전계획에 있어 노동조합의 주도성이 돋보인다. 즉, 노조의 지역지부 간 협력을 위해 금속노조의 광역지구 본부가 추진력을 발휘했을 뿐만 아니라, 지역 내 핵심대기업의 참여를 위해 노조와 사업장평의회가 많은 노력을 기울였다. 셋째, 이러한 지역발전프로젝트를 현실화시키기 위해서 주정부 산하의 지자체대표자가 협의체의 구성원으로 참여했다.

한편 남동니더작센지역의 지역발전계획은 지역잠재력의 활성화를 통한 경쟁과 혁신능력의 강화, 고용안정과 새로운 일자리 창출, 산학연의 협력강화와 지역공동사업, 지역특성화의 균형과 결합, 지역의 생활, 노동과 환경조건 개선 같은 핵심목표를 설정하고 있다. 이러한 핵심목표를 추진하기 위해 사회적 행위주체들의 적극적인

---

29   이 계획은 원래 1990년 독일노총 산하 한스 뵈클러 재단(HBS)에서 지역경제의 구조정책에 대한 노동조합의 개입전략을 마련하기 위해서 만든 '노동친화적 구조정책을 위한 발전기구(EfaS)'에서 기획된 것이다(Kremer, 2000: 9; Prätorius, 2002: 85).

참여와 책임, 대화와 협력문화에 대한 지원, 발전목표에 대한 합의형성, 핵심프로젝트의 실현가능성 강화 등에 대한 노사정의 합의를 달성한다.

이러한 가운데 남동니더작센지역의 발전계획을 담당할 기구는 노사정 협의모델에 근거하여 만들어진다. 폭스바겐의 볼프스부르크 본사, 잘츠기터공장, 브라운슈바이게 공장이 입지해 있는 독일 중북부 남동니더작센지역에서 1994년 9월 지역 대기업, 지방정부, 노동조합, 공공기관(직업훈련원, 연구소와 대학 등)이 공동으로 지역발전기구(reson)를 설립하고 지역발전계획을 추진하게 된다.

이러한 지역발전계획을 구체화시키기 위해서 1996년 8월 지역연석회의가 열리게 된다. 이 자리에서 기존의 '브라운슈바이게 지역협회(ZGB)'와 '브라운슈바이게 지방자치단체연합(BezReg)', 그리고 노사정학 대표자들로 구성된 '남동니더작센을 위한 지역발전기구'가 전체사업의 총괄·조정자 역할을 수행하도록 결정한다. 세 단체는 '경제와 혁신', '교통과 이동성', '문화와 학문'이라는 핵심 사업영역의 추진주체로 확정된다. 이들 세 가지 사업영역 산하에 전문그룹이 구성되고 이들 간의 공동사업으로 다양한 프로젝트들이 수행되었다.

한편 남동니더작센 지역발전프로젝트는 노사정의 협력을 기반으로 해 사업을 추진했다. 2001년 기준 지역 내 대기업 대부분을 아우르는 42개 기업은 물론, 교육, 학문과 문화예술을 대표하는 32개 기관과 사회단체, 지역 내 정부기구를 대표하는 32개 공공기관, 지역 내 노사를 대표하는 29개 노조와 경제단체 등이 구성원으로 참여

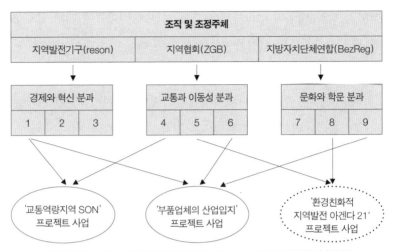

그림 6-2 남동니더작센 지역발전계획의 구조와 사업

출처: RESON, 2001: 14

하고 있다. 〈그림 6-2〉는 남동니더작센 지역발전계획의 구조와 사업을 보여주고 있다.

이와 같이 남동니더작센 지역발전 프로젝트로 대변되는 '지역화된 구조정책'의 목적은 지역경제의 경쟁력을 유지하기 위해서 내생적 발전잠재력을 확인하고 이를 현실화시킴으로써, 지역고용을 안정화시키고 미래지향적 방향으로 산업구조를 혁신하는 데 있다. 발전잠재력을 발견하고 기존의 장애물을 제거하는 것은 혁신전략에 근거한 재구조화정책의 전제조건이다. 지역의 발전가능성은 전문적 경제기술적 능력 외에, 노동력의 숙련 정도, 환경요인의 질과 인프라, 그리고 산업입지요인과 기업의 혁신능력이 중요한 변수로 작용한다. 기업의 성공은 더 이상 자신의 역량과 능력에 의해서만 결정

되는 것이 아니라, 다른 기업, 연구기술의 인프라, 정치사회적 행위
주체들과의 협조와 상호작용에 큰 영향을 받는다. 그래서 전통적인
물적 지원조치, 산업단지 건설, 단순한 기술이전만으로는 혁신과정
을 촉진시키기 어렵다. 그리고 경제활동이 지역산업의 연관관계와
잘 결합될 때 비로소 기업과 지역구조의 경쟁력에 긍정적인 영향을
미칠 수 있다(Lompe, 1996: 302).

3) 지역발전기구의 구조적 특성

남동니더작센지역의 경제·혁신영역의 추진주체는 '지역발전기구
(reson)'이다.[30] 이 기구는 1994년 3월 폭스바겐, 프로이삭 같은 지
역대기업, 금속노조의 지역지부, 니더작센 주정부가 공동으로 설립
했다. 2003년 10월 현재 3개 지방대학, 25개 기업, 7개 노조지부, 지
방정부기관 12개가 구성원으로 참여하고 있다. 흥미로운 점은 총 8명
의 이사진 중 2명이 노동조합대표이고, 지방정부(주와 지자체)대표 2인,
기업대표가 4인이라는 사실이다. 그러나 이 기업대표 중에는 2인의
폭스바겐 사업장평의회 의장단이 포함되어 있다. 이들은 또한 노동
조합 조합원이기도 하다. 이러한 이유로 기업대표이면서 노동조합
원인 폭스바겐 총사업장평의회 위원이 지역발전기구 이사회의 의장
을 맡고 있다.

　기본재정을 채우기 위해서 노사정이 공동으로 출자했다. 사용자
는 종업원의 수에 따라 1인당 매달 0.25유로, 지방정부기관은 해당

30　이 기구의 성격은 유럽국가의 '지역혁신체계(RIS)'에서 사업의 심의 및 추진체 역할을
　　수행하는 '지역개발공사(RDA)'와 비슷하다.

지역취업자의 수에 따라 1인당 매달 0.005유로로, 노동조합은 조합원의 수에 따라 1인당 매달 0.005유로를 내고 있다. 그 외에 고용창출, 직업훈련과 관련된 주정부와 연방정부의 지원금, 그리고 유럽연합의 구조기금과 사회기금에 의존하고 있다.

이러한 지역발전기구는 지역발전을 위한 경제와 구조조정정책을 세우기 위한 조사활동을 수행하고 있을 뿐만 아니라, 주요 사업영역을 '노동조직과 숙련향상', '교통기술과 환경', '프로젝트조정과 기술이전'으로 세분했다. 이는 기존의 자동차지역에서 교통역량지역으로 지역경제를 전환시키기 위해 필수적으로 요구되는 사업들을 주요 활동으로 설정하고 있다는 것을 의미한다. 이러한 사업내용은 지역의 산업입지 역량과 고용능력을 높이기 위해서 필수적으로 요구되는 것이다. 한편 운영과정에 있어 남동니더작센이라는 지역적 특성을 고려하고 혁신적 제품과 서비스를 제공하기 위해서 지역구조정책의 의사결정에 각 구성원들이 동등한 자격으로 참가하는 사회적 대화방식을 채택하고 있다(Lompe, 1996: 307). 또한 이러한 사업은 전문가 토론, 주제별 포럼, 보고서 발간 등을 통해 지역여론을 반영하고 있다.

한편 지역발전기구의 활동에 있어서 노동조합의 역할은 다른 지역과 같이 단순한 자문역할과 프로젝트 구성원에 머물러 있지 않다. 독일 노르트라인-베스트팔렌주의 경우, 지역발전기구의 활동 중 노동조합이 적극적인 역할을 수행하는 분야가 단지 '직업훈련과 숙련교육'에 한정된 반면, 니더작센주의 경우 노동조합이 지역산업, 경제와 구조조정정책 전반에 걸쳐 자신의 입장을 제출하고 있을 뿐만

아니라, 이러한 정책조합의 결정에 있어 노동조합의 영향력은 상당
히 컸다.

3.3 아우토 5000 모델

1) 사회통합형 일자리의 배경과 필요성

앞에서 살펴본 바와 같이 독일 자동차산업은 1990년대 들어서 커다
란 위기를 맞는다. 더구나 독일 자동차산업은 당시 높은 노동비용과
낮은 생산성이라는 전형적인 고비용·저효율의 병폐를 안고 있었기
때문에, 일본은 물론 한국 자동차업체의 저가경쟁에 상당한 타격을
받는다. 특히 중소형차를 주로 생산하는 폭스바겐은 그 피해가 심각
했다.

폭스바겐 본사가 있는 볼프스부르크 공장의 생산량은 1989년
88만 6,000대에서 2001년 54만 1,000대로 줄어들었다. 동일기간 피
고용인의 수도 61,300명에서 51,450명으로 약 15%가 줄어들었다.
그 사이 구 동독지역인 작센에 10만 대 규모의 골프(Golf) 생산공장
이 새로 생겼고, 주 생산차종이던 폴로(Polo)는 비용경쟁력 때문에
스페인 팜플로나 공장으로 생산기지가 이전되었다.

이러한 상황에서 자동차산업의 글로벌화에 따른 해외현지생산
이 본격화되면서 폭스바겐 경영진은 신형차종인 투아렉(Tourag)의
생산기지를 슬로바키아의 브라티슬라바, 루포(Lopo)의 생산기지를
벨기에 브뤼셀로 결정했다고 발표한다.

이러한 상황에서 1999년 말 폭스바겐의 하르츠 인사노무 담당

이사는 '아우토(Auto) 5000' 모델을 발표하면서 노조에 "폭스바겐이 국내에 신설 자동차 자회사를 만들어서 5,000명의 실업자를 월 5,000마르크의 급여를 주는 정규직으로 채용하려고 하는데 이에 대해 동의할 수 있는가?"라고 제안했다.

폭스바겐 경영진의 이러한 제안은 독일 자동차산업의 지속가능한 발전을 위해서는 노사가 협력하여 독일 국내에 양질의 새로운 일자리를 만들어내야 한다는 고용에 대한 기업의 사회적 책임에 기반하고 있다. 또한 이러한 일자리 창출을 위해서는 기존의 폭스바겐보다 낮은 수준의 임금과 혁신적인 생산방식이 적용되는 새로운 완성차 생산공장이 필요했다.

높은 임금을 비롯한 고비용구조로 인해 독일 국내에서 더 이상 새로운 일자리를 만들기는 쉽지 않을 것이라는 회의적인 전망이 지배적인 분위기 속에서 폭스바겐 경영진의 이러한 제안은 커다란 사회적 반향을 일으켰다.

한편 이러한 파격적인 제안을 접한 노동조합은 국내 신설공장의 건설을 통한 양질의 일자리 창출이라는 대외적 명분에도 불구하고 곤욕스러운 지점이 존재했다. '아우토 5000' 모델의 명칭에서 알 수 있듯이, 폭스바겐 경영진이 제안한 월 5,000마르크는 당시 폭스바겐 노동자의 임금보다 20% 적은 수준이었다. 그러나 이러한 임금 수준은 폭스바겐 본사가 위치한 볼프스부르크시가 속해 있는 니더작센주 지역협약임금과 동일했다.

노조 입장에서 볼 때, 상대적 저임금을 받으면서 다른 단체협약을 적용받는 노동자가 본사 공장단지 내부에 위치한 신설공장에

서 일하게 되는 상황이 어떤 영향을 미칠 수 있을지에 대한 불안감
이 분명히 존재했다. 그러나 15%에 육박하는 고실업상태가 지속되
고 비용경쟁력 때문에 해외에서 현지생산이 증가하는 상황 속에서
국내 신설공장에 5,000명의 실업자들이 정규직으로 취업하여 매달
5,000마르크를 받는 양질의 일자리가 만들어지는 경영진의 제안을
거부할 수 없었다.

결국 노동조합은 '아우토 5000' 모델의 기본 취지에 동감을 표
시하고 노사협상을 전개한다. 그러나 예상대로 협상과정은 순탄치
않았다. 특히 노동시간과 '성과평가(프로그램)수당'을 둘러싸고 의견
차이가 심각하게 나타났지만, 노사의 전략적 판단과 '아우토 5000'
모델을 성사시키려는 사회적 여론과 압력에 의해 결국 협상은 2001
년 8월 극적으로 타결되었다.

2) 혁신적 단체협약과 생산방식

노사는 먼저 '아우토 5000' 모델의 전제조건이라고 할 수 있는 법인
설립에 합의했다. 2002년 3월 '아우토 5000' 유한회사를 설립하고,
신규공장은 기존 공장시설을 리모델링하기로 합의했다.

원래 계획은 먼저 5,000명의 실업자를 채용하여 3,500명은 볼프
스부르크 신규공장에, 그리고 1,500명은 하노버 상용차공장에 투입
할 예정이었다. 그러나 하노버의 경우 그 당시 상용차 수요가 급격
히 감소하고 이후 시장수요 전망도 어두웠기 때문에 실제투자가 이
루어지지 못했다.

그럼에도 불구하고 볼프스부르크의 '아우토 5000' 공장은 성공

적으로 진행되었다. 신규공장은 1990년대 말 스페인으로 생산기지
가 이전된 폴로를 생산하던 볼프스부르크 공장의 7/8/9 생산라인에
약 3,000만 유로를 투입해 새로운 노동방식과 생산방식이 적용되는
혁신공장으로 재탄생했다.

　　초기 아우토 5000 모델의 적용기간은 3년 6개월을 상정했지만,
결국 2009년 1월 1일 폭스바겐 본사로 통합되기 전까지 무려 7년으
로 늘어났다. 또한 이 공장에서 일하는 근무인원도 초기 3,500명을
넘어서 본사 통합 전에는 4,200명에 이르렀다. 2002년 이 공장이 설
립되고 2004년에 비로소 풀가동이 이루어졌는데, 생산차종은 미니
밴 투란(Touran)이었다. 이 차종으로 '아우토 5000'은 2005년 미니
밴 국내시장의 27%를 차지했다. 이러한 성과에 힘입어 노사는 2005
년 티구안(Tiguan) 신모델을 이 공장에 투입하기로 합의하고 2007
년 본격적인 생산에 돌입했다.

　　한편 독립법인으로서 독자적인 단체협약을 적용받는 '아우토
5000'은 임금, 노동시간, 생산방식과 작업조직 등에서도 혁신적 모
델을 적극적으로 도입했다.

　　먼저 임금수준은 월 5,000마르크(2,556유로)로 확정했는데, 이는
니더작센주 지역협약임금의 수준이다. 여기에 개별평가에 따른 개
인성과급과 회사의 총성과에 따라 동일한 양으로 지급되는 집단성
과급이 추가된다. 또한 임금체계는 모두가 월 5,000마르크를 기준으
로 하는 '통일임금'원칙에 따름으로써 기존의 직무급이 지닌 복잡성
으로 인한 갈등을 최소화하고, 부서와 직무간 기능통합과 협업관계
를 용이하게 만들었다.

　　노동시간은 폭스바겐 관할 노동조합인 금속노조의 지역협약노동시간이라고 할 수 있는 주35시간인 정규노동시간에 3시간의 숙련화시간을 추가했다. 이러한 3시간의 숙련화시간에 대한 보상은 50%만 이루어졌다. 또한 주당 상한노동시간은 42시간으로 정하고, 생산목표량을 달성하지 못할 경우 하루 0.5시간의 잔업을 해야 했다. 잔업의 귀책사유가 회사일 경우 유급으로 처리하고 그렇지 않을 경우 무급으로 일해야 했다. 이것이 바로 '프로그램임금'이라는 새로운 임금부가방식이다.

　　한편 생산과 작업조직에서도 다양한 혁신방안이 도입되었다. 기능통합적 팀작업, 소통과 협력의 학습공장 등이 도입되고 실험되었다. 또한 과거 엔지니어의 소관사항이었던 작업강도와 성과측정과정에도 노동자대표가 참여하여 공동결정했다. 이는 기존의 공동결정제도가 포괄하던 수준과 범위를 넘어서는 수준이다. 즉, '아우토 5000' 모델을 통해 도입된 생산과 작업방식은 수평적 조직화와 분권화를 통해서 과거 테일러주의적 분업과 위계질서를 크게 완화시켰다고 볼 수 있다. 이를 통해 노동자들의 작업과정에의 헌신과 참여기회가 많아지고 직무만족도도 함께 높아졌다.

　　또한 이상과 같은 단체협약을 토대로 하여 '아우토 5000' 모델에는 다양하고 새로운 노동과 생산방식이 적용되었다.

　　특히 '아우토 5000'의 작업조직은 기존의 테일러주의와 달리, 노동의 인간화를 통해 생산효율성을 극대화시키는 것을 목표로 삼았다. 전통적인 테일러주의적 통제와 미숙련에 기반한 단순반복작업에서 벗어나서 높은 자율성과 다기능적 역량을 발휘하는 작업조

표 6-2 기존 테일러주의와 아우토 5000의 작업조직 특성 비교

	전통적 구조	1990년대 이후	아우토 5000
숙련범위	단순실행(제조)	제한된 기능통합 (간접작업의 부분적 통합)	포괄적 기능통합(직접/간접작업, 프로세스 조정/최적화, 작업계획)
작업형태	개별작업	팀작업(제한된 자율성)	높은 자율성의 팀작업, 팀대표(팀원들의 선출)
교육체계	learning by doing	선별적인 이론적/실천적 교육	프로세스 지향의 규칙적 학습, 학습공장(노동-학습-소통의 연계)

출처: 레이버플러스, 2018: 270.

직을 만들고 동기부여를 통해 생산성을 향상시키는 것이 목표이다. 이러한 '아우토 5000'의 작업조직이 과거와 달리 어떤 특성을 지니고 있는지는 〈표 6-2〉가 잘 보여주고 있다. 1990년대 중반에 들어서 독일 자동차산업은 커다란 위기를 겪으면서 그 해결책으로 신자유주의적 탈규제화와 린생산방식(lean production)이 지배적인 패러다임을 형성하고 작업조직도 '재표준화'되는 경향을 강하게 보였다. 이러한 시기에 '아우토 5000' 모델은 혁신적 작업조직을 도입하여 노동의 인간화와 효율성 향상을 동시에 달성하기 위한 방안을 새롭게 모색했던 것이다.

　이와 같이 '아우토 5000'은 임금, 노동조건, 작업조직, 생산방식과 노사관계 등에서 많은 혁신적 실험을 시도했고, 노사 모두 이에 대한 만족도가 상당히 높은 것으로 나타났다. 이는 노동의 인간화와 경쟁력 향상을 결합하려고 했던 '아우토 5000'의 목표가 성공적으로 달성되었다는 것을 말해준다. 그동안 보아왔던 대립적 노사관계의 가장 근본적인 원인은 생산성향상과 노동의 인간화가 상호모순

적인 관계로 발전해왔기 때문이다. 회사는 생산성에만 매달리면서 노동의 인간화는 뒷전으로 밀어놨고, 노조는 생산성문제는 고려하지 않고 노동의 인간화에만 초점을 맞추었다. 그러나 이 두 요소는 서로 결합되지 않으면 안 된다. 생산성이 낮아 경쟁력이 없으면 회사 자체의 존립이 문제가 될 것이며, 노동조건이 지속적으로 개선되지 않으면 노동자들의 불만이 높아지고 노동동기가 떨어져 이 역시 결국은 회사의 지속가능성에 큰 문제가 된다.

'아우토 5000'은 어느 일방의 양보만을 고집하지 않고 노사가 전략적 선택을 통해 상생의 조건을 만들었다. 노조는 독립법인을 세워 실업자 5,000명을 정규직으로 채용하는 데 동의하고, 비용절감을 위한 회사의 요구에 대해 최대한 합리적인 자세를 보였다. 공장과 작업조직은 노동의 인간화 측면에서 독일 자동차산업 내에서 가장 혁신적인 것이었으며, 생산성 측면에서도 회사를 만족시키는 수준을 달성했다. 통합적이고 자율성이 높은 팀작업, 숙련화시간, 학습공장, 노동시간제도의 유연화, 참여적 노사관계 등은 노동의 인간화와 경쟁력 향상을 결합시키는 혁신적 도구가 될 수 있었다.

3.4 다층적 노사정 파트너십의 지역고용에 대한 효과

독일 중북부지역이 보여준 다층적 파트너십의 가장 뚜렷한 성과는 고용창출효과에 있다. 볼프스부르크시의 경우, 지역실업률이 1997년 17.2%에서 2003년 8.4%로 줄어들었다. 볼프스부르크 주식회사의 사업보고서에 따르면, 지역 내 총 1만 2,000개의 새로운 일자리가 창출된 것으로 나타나고 있다. 이 중 6,000개가 볼프스부르크 주식회사의 4개 사업영역을 통해 직간접적으로 새로 생겨난 일자리였다. 나머지 일자리는 아우토비전 프로젝트의 후방효과를 통해 지역경제가 활성화되면서 생겨났다. 특히 지역고용공단과의 협조하에 운영되고 있는 인력서비스회사는 지역 내 각 기업의 단기적 인력수급을 원활히 하는 데 큰 기여를 한 것으로 나타났다. 단순한 인력소개에 머무는 것이 아니라, 실업자들의 직업능력과 숙련수준을 향상시킬 수 있는 다양한 재교육조치를 볼프스부르크 주식회사가 제공함으로써, 재취업자의 이직률을 낮추는 데 성공한 것으로 나타났다 (Wolfsburg AG, 2003: 5).

이러한 고용성과는 다른 지역과의 비교지표에서도 확인할 수 있다. 독일 전체의 지표를 보면 실업자의 수가 1997년 이후 줄어들다가, 2001년 이후 다시 늘어나는 추세인 반면, 볼프스부르크시의 경우 지속적인 하락 추세를 보이고 있다. 지난 1997년 약 9,740명에 이르던 실업자 수가 2002년 기준 약 5,000명으로 줄어들었다. 또한 남동니더작센지역의 경우, 1992년부터 1998년까지 독일 평균취업증가율에도 미치지 못하는 낮은 취업률을 보이고 있었다. 하지만 남동니더작센 지역발전계획이 본격화된 1998년부터 2003년까지 독일 평균취업증가율 0.4%보다 더 높은 0.7%의 증가율을 보이고 있다. 지역산업의 재생전략으로서 남동니더작센 지역발전프로젝트는 볼프스부르크시의 아우토비전 프로젝트와 마찬가지로 지역사회의 경제활력을 되살리는 데 크게 기여하고 있다. 이는 〈표 6-3〉 기간별 취업률 변동추이에서 확인된다.

표 6-3 취업율의 상대적 변동추이(단위: %)

년도	1992~1998	1992~1995	1995~1998	1998~2003
구 서독지역 평균	-1.0	-1.3	-0.7	0.4
니더작센주	-0.7	-0.5	-0.8	0.3
남동니더작센지역	-1.5	-1.9	-1.1	0.7
볼프스부르크시	-2.4	-5.1	0.4	4.1

출처: NIW, 2004 : 45.

　　이상과 같이 노사정의 파트너십이 지역사회에 미친 긍정적인 효과는 실업률의 하락 추세에서도 그대로 확인된다. 지역 노사정 파트너십이 막 시작되던 1997년의 경우 남동니더작센지역의 실업률(15.0%)이 전 독일 평균실업률(12.7%)보다 훨씬 높게 나타나고 있다. 하지만 시간이 지나가면서 이러한 추세는 서서히 역전된다. 2003년의 경우 이 지역의 실업률(11.2%)이 독일 평균(11.6%)보다 더 낮게 나타난다. 이러한 효과는 볼프스부르크시에서 더 확실하게 나타난다. 1997년 17.8%에 이르던 실업률은 아우토비전이 본격적으로 진행되면서 계속 하락하다가 2003년에는 구 서독지역 평균치보다 낮은 8.8%를 기록하고 있다.

　　폭스바겐 본사가 위치하고 있는 볼프스부르크시는 물론, 잘츠기터, 브라운슈바이게 공장이 존재하는 남동니더작센지역은 1990년대 초중반 자동차산업의 구조적 문제로 인해 실업률이 다른 지역에 비해 급등하는 등 상당히 어려운 상황에 봉착했다. 그러나 1990년대 말부터 지역차원의 노사정학이 함께 지역발전계획을 수립하여 지역산업의 재활성화와 양질의 일자리 창출에 성공했다. 이어 2000년대 들어서면서 지역 중핵기업이라고 할 수 있는 폭스바겐은 볼프스부르크시와 함께 아우토비전 프로젝트와 아우토 5000 등 사회적 동반자 관계에 기반한 상생형 지역일자리 모델을 추진하였다. 이러한 지역 노사정의 다층적 파트너십이 노동시장에 미친 긍정적 효과는 상대적으로 낮은 지역실업률과 높은 경제활동참가율에서 확인가능하다.

4. 소결: 노사정의 다층적 파트너십으로 지역산업의 재생과 혁신 모색

독일 중북부지역 노사정의 다층적 파트너십 사례는 고용창출을 중심으로 한 지역경제의 구조고도화와 지역산업의 혁신적 발전을 위해 대기업의 노사, 그리고 지방정부가 어떤 역할을 수행해야 하는가를 잘 보여주고 있다.

1993년 폭스바겐의 노사는 '고용과 산업입지안정을 위한 협약'을 체결한 경험을 바탕으로 지역대기업-기초지자체-광역지자체로 구성되는 다층적 차원에서 지역 노사정의 파트너십을 다양하게 추진했다. 기업의 노사협정, 기초지역의 중심기업과 지방정부의 민관 파트너십, 광역지역의 노사정이 공동으로 만든 지역발전기구에 의한 지역발전계획 등으로 표현되는 구체적 실천은 주목할 만하다. 특히 지역과 업종의 노사정간 사회적 대화가 새롭게 주목받고 있는 현재, 우리에게 독일 중북부 자동차산업 거점지역의 사례는 지역의 고용창출과 산업경쟁력 향상을 위해 노사정이 어떻게 협력할 수 있는

지 중요한 시사점을 던져주고 있다.

첫째, 대기업이 지역사회의 책임감 있는 주체가 되기 위해서는 사용자는 단순히 기업 내부의 윤리경영에만 매달리지 말고, 노동조합 또한 사회연대적 입장에서 적극적인 협력활동을 실천해야 한다. 앞에서 소개한 아우토비전 프로젝트와 남동니더작센 지역발전프로젝트는 대기업의 노사가 공동으로 지역사회에 대한 책임경영을 수행한 대표적인 사례이다. 이 프로젝트는 지역산업과 경제의 중추역할을 수행하고 있는 대기업의 노사가 경기불황과 고실업이라는 악조건하에서도 지역사회의 다른 중소기업, 노동자, 그리고 주민을 위해서 무엇을 할 수 있는지를 잘 보여주고 있다. 폭스바겐은 지역사회를 위해서 사회공헌활동만을 수행한 것이 아니라, 다양한 형태의 프로젝트를 통해 지역 차원에서 기업의 기술이전, 공동연구, 공동직훈 같은 실질적인 산업혁신활동을 주도했다. 바로 이러한 실천활동으로 인해 볼프스부르크시와 남동니더작센지역의 산업입지역량은 강화되었고, 많은 새로운 기업들이 이곳으로 이주했으며, 창업활동 또한 활성화되었다. 이러한 긍정적인 연쇄작용은 실업축소와 고용창출이라는 결과뿐만 아니라, 폭스바겐의 기업경쟁력향상에도 기여했다. 이러한 측면에서 볼 때, 2000년 폭스바겐의 노사가 체결한 '아우토 5000' 모델 또한 지역산업의 혁신적 발전에 모범적인 사례로 평가할 수 있다. 미니밴을 생산하는 공장을 해외에 짓기로 한 당초 계획을 수정하고 국내에 신설공장을 유치하기 위해서 폭스바겐의 노사는 서로의 당초 입장을 조금씩 양보했다. 이러한 대기업 노사의 대타협으로 인해 지역 실업자 5,000명은 새로운 일자리를 얻게 되었고, 이는 다시 지역 내 중심적인 '책임기업'으로서의 폭스바겐의 위상을 높이는 계기로 작용했다.

이러한 사례는 오래전부터 사회적 문제가 되고 있는 지역산업의 공동화와 산업구조조정 문제에 대해 국내 대기업들이 보이고 있는 무책임한 태도와 대조된다. 해외진출 그 자체를 부정할 수는 없다. 하지만 기존 국내 산업입지에 대한 재투자와 구조고도화, 즉 혁신적 산업집적지로의 전환을 통한 산업연관과 분업관계의 발전 같은 대안들을 고민하기보다는 단기적 비용경쟁력에 맞추어진 급속한 해외진출은 저가경쟁의 소용돌이에 말려들 위험성을 내포하고 있다. 생산입지결정에 대한 기업의 고려가 탈지역적이라고 한다면, 결국 이에 대한 문제를 기업에 제기하고, 보다 신중한 검토를 하도록 압박할 수 있는 주체는 지역정부, 시민사회단체와 노동조합이다. 왜냐하면 중심기업의 이전을 통해 발생하는 지역산업의 부실화와 지역경제의 무기력의 최대 피해자는 바로 그 지역 노동자와 주민이기 때문이다.

이러한 측면에서 볼 때, 지역 노동자와 주민을 대표하는 이해당사자로서 노동조합의 태도가 매우 중요하다. 조직노동자의 고용안정과 생활보장 요구만으로는 노동조합의 정당성을 확보할 수 없을 뿐만 아니라, 사회적 고립에 빠질 수 있다. 지역사회의 물적 토대를 구성하는 산업발전능력을 지속적으로 유지할 수 있는 방안을 중심기업의 사회적 책임활동과 결부시켜야 한다. 특히 기업 내 내부노동자의 고용안정과 노동조건개선에 집중되어 있는 대기업 노동조합의 인식지평을 확장시키기 위해서라도 기업의 지역사회에 대한 책임강조는 현재 한국의 노사관계지형에서 상당히 중요하다. 지역사회의 여론으로부터 점점 고립되고 있는 노동운동의 사회적 정당성을 되찾기 위해서라도 대기업의 지역사회에 대한 공헌활동, 즉 사회복지시설의 공동이용, 직업훈련과 교육시설의 공유, 지역노동시장제도의 공동개발은 물론, 하청과 협력업체, 비정규직에 대한 노동조합의 책임감 있는 태도와 구체적 실천이 반드시 필요하다. 이러한 과정을 통해서 대기업 노동조합은 사회적 책임주체로서 자신의 역할을 다시금 회복할 수 있을 것이다.

둘째, 아우토비전 프로젝트와 남동니더작센 지역발전프로젝트는 지역사회의 지속가능한 발전을 위해 대기업과 지역정부가 어떻게 협력할 수 있는지를 보여주는 중요한 사례이다. 즉, 대기업의 사회적 책임활동은 지역사회 발전과 지역주민 삶의 질 향상이라는 지역정부의 목적과 부합한다. 또한 이 사례는 지역정부와의 협력적 관계하에 지역주민의 참여와 지원이 존재할 때 비로소 해당 기업의 질적 경쟁력이 실질적으로 확보될 수 있다는 점을 보여주고 있다. 특히 이러한 프로젝트사업의 입안과 실행과정에서 지역정부는 수동적인 태도를 취하지 않았을 뿐만 아니라, 전시성 행정편의주의에 머무르지도 않았다. 그들은 지역사회의 구성원들과 함께, 지역이 안고 있는 문제점들을 면밀하게 검토하고 지역경제와 산업의 향후 발전 방향을 합의해내는 정치력을 보였다. 즉, 지방정부는 지역중심기업인 폭스바겐의 역할을 긍정적인 방향으로 유도하기 위해 지원을 아끼지 않았다. 또한 지역 내 산업구조의 고도화를 위해서 혁신능력을 지닌 중소기업을 지원했을 뿐만 아니라, 지역주민 삶의 질 개선에 기여할 수 있는 서비스부문을 활성화시켰다.

이와 같이 대기업의 사회적 책임활동과 지역산업의 재활성화에 있어 지역정부의 추진체적 역할이 중요하다는 사실이 우리에게 시사하는 바는 크다. 대기업은 특정 지역에 자신의 생산입지를 결정하게 되면 지역사회의 여론과 압력에 민감하게 반응한다. 바로 이 점을 우리도 활용해야 한다. 지역 내 대기업 노사의 눈치를 보는 지방정부가 아니라, 지역사회와 산업의 발전방향에 대한 여론을 형성, 수렴, 집결해내는 정치력을 갖추어야 한다. 해외공장 건설, 비정규직의 확산, 중소기업의 부실, 제조업 공동화 등과 관련해 지역사회의 행위주체들이 상황변화에 따라 취할 수 있는 기회주의적 요소를 제어하고 사회통합을 위해 필요한 책임감을 고무시키는 지역정부의 적극적 노력이 요구되는 시점이 바로 지금이다.

또한 남동니더작센 지역발전프로젝트 사례는 지역산업의 르네상스를 위한 새로운 거버넌스 논의가 본격화되고 있는 우리에게 중요한 시사점을 던져주고 있다. 현재 지역경제의 전략산업육성과 특성화발전을 위한 논의 속에서 민주적 거버넌스 구축에 대한 진지한 고민이 부재하다. 지금까지 지역산업의 혁신문제는 실제로 지자체와 기존의 지역성장연합, 특히 지역 내 토호나 대기업들의 담합구도에 이끌려온 게 사실이다. 하지만 독일 남동니더작센지역 사례는 지역경제의 이해를 대표하는 노사정이 서로 협력하고 공동출자하여 지역산업의 재활성화와 구조고도화를 달성할 수 있다는 것을 증명하고 있다.

특히 지방정부의 지원이 개별기업에 대한 자금지원에 맞춰진 것이 아니라, 기술개발과 인적 투자를 위한 기업의 협력, 연계, 통합적 혁신활동에 기여하는 산업인프라 구축에 집중되었다는 점은 주목할 만하다. 대기업의 시설과 장비의 공유, 공공직업훈련시스템의 적극적 활용, 노사정학의 공동출자와 공동평가 등은 지역혁신체계나 산업클러스터에 대한 한국에서의 현재 논의구도에서 깊이 고려해보아야 할 내용이다. 무엇보다 남동니더작센지역 내 대기업, 노동조합, 지자체, 대학들이 서로 협력네트워크를 구성하고 광역지역의 경제·산업문제를 해결해나가는 과정은 지역 차원의 사회적 대화가 정체상태에 머물러 있는 우리에게 지역산업의 혁신클러스터를 실질적으로 구축하는 데 있어 지역 노사정이 어떤 역할과 책임을 보여야 하는지를 잘 보여준다.

7장

노사의 전략적 타협으로서의 독일 고용안정협정[31]

1. 어떻게 독일 자동차산업은 강한 노조와 공존할 수 있는가?

2008년 10월 미국 서브프라임 사태로 시작된 세계금융위기는 빠른 속도로 각국 실물경제에 파급력을 발휘했다. 특히 시장수요 변동에 민감하고 할부금융에 크게 의존할 수밖에 없는 자동차산업의 경우, 그 타격은 심각했다. 주력생산차종에 따라 약간의 차이를 보였지만, 세계 각국의 자동차산업은 급격한 수요감소에 따른 생산축소와 조업단축을 할 수밖에 없었다. 이러한 상황에서 과연 자동차산업의 노사는 세계경제위기로 인한 구조조정의 소용돌이를 어떻게 헤쳐 나갈 것인가? 과잉생산능력과 경쟁격화로 인해 본격화되고 있는 자동차산업의 구조재편과정에서 파생될 수밖에 없는 고용위기를 노동조

---

31 이 글은 이상호(2009), "독일 자동차산업 고용안정협정의 전략적 함의", 『산업노동연구』 15(2)를 수정하고 보완한 것이다.

합은 어떻게 극복할 것인가? 이에 대한 명확한 해답을 찾기란 쉽지 않다. 왜냐하면 일반적으로 경제위기는 일국적 차원에서 해결방식을 찾을 수 있는 국지적 요인에서 발생한 것이 아닐 뿐만 아니라, 세계 자동차산업의 경기순환적 요인으로만 설명하기도 힘들기 때문이다.

전후 여러 차례 발생한 경제위기 상황에서 자동차산업의 생존 경쟁과 노동자의 고용안정을 위한 다양한 모색은 끊임없이 계속되어 왔다. 그중에서도 특히 1990년대 중반 이후 유럽 완성차업체들의 노사가 외적 환경변화와 충격으로 인해 발생한 경영위기 상황을 극복하기 위해 서로의 이해갈등을 조정하고 전략적 타협을 추구한 내용을 담은 '고용과 경쟁력을 위한 협약(PEC)'은 현재 자동차산업의 위기를 극복하기 위해 대안을 찾고 있는 우리에게 중요한 시사점을 줄 것이다.

특히 독일의 고용안정협정은 국제경쟁 격화와 고실업으로 대표되는 구조환경적 조건변화에 맞서 사용자는 고용창출과 고용안정을 위해 필요한 실질적 제반조치들을 제공하는 대신, 노동조합은 국내 산업입지의 역량강화에 필요한 기업의 경쟁력강화조치에 동참하는 내용을 포함하고 있다.

한편 고용안정협정의 내용과 효과에 대한 평가는 상당히 이질적으로 나타나고 있다. 이러한 평가는 고용안정협정의 배경, 협상과정과 목표에 대한 해석 차이를 반영하고 있을 뿐만 아니라, 노사의 합의를 과연 이익의 동등한 교환관계로 규정할 수 있는가에 대한 뜨거운 논란을 포함하고 있다.

바로 이러한 문제의식에 따라 이 글은 독일 자동차산업의 고용안정협정의 구체적 내용을 살펴봄으로써, 고용안정협정의 보편적 추세와 차별적 특성을 규정하는 요인들이 무엇이며, 어떤 연관관계를 맺고 있는가를 분석한다. 이를 위해 먼저 고용협약에 대한 이론적 쟁점을 살펴보고 있다. 특히 고용협약의 생성배경과 논리적 구성, 성격규명과 파급효과 등을 중점적으로 다룬다. 그리고 1990년대 이후 독일 자동차산업에서 체결된 고용안정협정의 구체적 내용을 시기별, 의제별로 살펴보면서 각 완성차업체의 특성을 확인한다. 마지막으로 고용안정협정의 노동정책적 의미를 평가하고 한국 자동차산업에 시사하는 바를 추론한다.

2. '고용과 경쟁력을 위한 협약'에 대한 이론적 분석

2.1 고용안정과 경쟁력향상의 전략적 교환

흔히 '고용과 경쟁력을 위한 협약(이하 고용협약)'으로 대표되는 다양한 형태의 고용 관련 협약들은 유럽연합의 고용전략 지침을 반영하고 있다. 유럽연합 차원의 고용전략은 1997년 룩셈부르크회의와 암스테르담선언에서 합의한 고용창출을 위한 '국가실행계획'의 네 가지 원칙(고용가능성, 창업정신, 적응성, 동등한 기회)을 내포하고 있다. 기존의 고용전략과 달리, 고실업상태를 해결하기 위해서 고용안정과 경쟁력 향상을 동시에 달성하기 위한 노사정의 동반자적 관계형성이 중요하다는 기본인식에 기초하고 있다. 이러한 동반자적 관계

를 전제로 하여 고용 관련 협약들이 다양한 차원에서 이루어져야 한다고 주장하고 있다.[32]

일반적으로 고용협약에 대한 이론적 논의는 '사회협약'의 분석틀을 빌려서 이루어지고 있다(Traxler, 1997). 고용협약에 대한 이론적 분석은 크게 배경, 목적, 전제조건 등 세 가지 측면으로 나누어 살펴볼 수 있다.

1) 동반자관계의 반영태인 고용협약

사회협약과 마찬가지로 고용협약에서 확인되는 행위주체의 관계특성은 고용안정과 경쟁력향상을 위한 '협주(concertation)'를 형성하고 있다는 점이다. 여기서 협주는 일반적으로 '협력(cooperation)'과 비슷한 의미로 해석될 수 있지만, 내용상 차이를 주목해야 한다. 협력적 관계는 이해당사자 간 관계의 질적인 내용보다는 교섭형태가 대립적이지 않다는 것에 주목하는 반면, 협주는 독립적인 행위주체들이 공동의 목표를 달성하기 위해 동반자적 관계를 형성하고 있는 것을 의미한다.[33]

한편 트랙슬러(Traxler, 1997)는 협주의 필요성을 보편적 이유와

---

32 실제로 고용 관련 협약들은 '고용협정(employment agreement)', '일자리동맹(alliance for job)', '사회협약(social pact)', '국가협약(national pact)' 등으로 세분화할 수 있지만, 크게 국가 차원의 '사회협약'과 업종과 기업 차원의 '고용안정과 경쟁력향상을 위한 협약(pact for employment and competitiveness: PEC)'으로 나눌 수 있다. 유형별 차별성에도 불구하고 고용 관련 협약들은 기본적으로 고용, 경쟁력, 동반자적 관계라는 세 가지 핵심요인을 포함한다는 점에서 동질성을 가지고 있다(Sisson eds., 1999: 1).

33 이는 하나의 콘서트를 위해 독립적인 각각의 악기들이 자신의 소리를 내는 동시에, 하나의 작품을 성공적으로 공연하기 위해 서로의 화음을 맞추는 것과 같은 논리이다.

특수한 이유로 나누어 설명하고 있다. 그에 따르면, 협주관계가 필요한 보편적 이유는 현대 산업사회의 기능적 분화로 설명할 수 있다. 현대 산업사회는 다양한 문제들이 중층적이고 복합적으로 엮여 있다. 하지만 이러한 문제들을 일거에 해소하기란 불가능하다. 그래서 특정문제의 경우 전체체계 내 특정 하부체계의 과제로 할당된다. 이러한 기능적 분화는 하부체계의 상호의존성을 강화시키고 이는 호혜적 조정의 중요성을 증가하도록 만든다. 즉, 삼자협의주의의 한 형태로서 협주는 이러한 현대 산업사회의 관계성을 보여준다.

또한 그는 1990년대 들어 유럽 노사관계에서 협주관계가 재형성되고 있는 특수한 이유를 무엇보다 생산체계의 재구조화를 동반하는 구조환경적 압력이 강해지고 있는 현실에서 찾고 있다. 성공적인 협주관계는 투자자, 고용주, 노동자에 대한 불확실성을 줄여주고, 합의된 내용에 대한 사회적 수용력을 높이는 효과를 동시에 발휘한다(Sisson eds., 1999: 10)

바로 이러한 측면에서 볼 때, 고용협약은 현대 산업사회의 기능적 분화와 상호조정의 필요성을 반영하고 있을 뿐 아니라, 구조환경적 조건변화에 따른 기업 내 행위주체들의 새로운 협주관계를 표현하고 있다고 볼 수 있다. 생산의 지구화 추세에 따라 산업입지의 경쟁이 격화되고 단체교섭체계의 분권화에 따라 산업 차원의 고용조절기능이 점점 더 약화되고 있다. 바로 이러한 구조환경적 도전을 극복하기 위해서 대기업 노사는 국내 산업입지에 대한 경쟁력을 강화하는 동시에, 고용안정의 지속가능성을 높이는 방안을 공동으로 찾게 된다.

2) 고용협약의 목표인 임금과 고용의 딜레마 해소

고용협약은 노동시장에 존재하는 임금과 고용의 상충관계를 해소하기 위한 기업 내 노사의 전략적 타협으로 해석할 수 있다. 효율적 교섭이론에 따르면, 노사는 임금과 고용에 대해서 동시에 교섭을 하려고 한다. 주류경제학의 경우, 노사가 단지 임금에 대해서 협상하고 고용수준은 임금수준에 따라 사용자가 경영권을 행사하여 일방적으로 결정한다고 보는 반면, 효율적 교섭이론은 노조도 임금은 물론 고용에 대한 관심을 가지고 있으며, 사용자 또한 이윤극대화를 위해 임금과 고용을 동시에 교섭함으로써 후생향상을 추구하고 있다고 본다. 바로 이러한 이유로 기업 내 노사는 교섭과정에서 임금수준과 고용수준이 지니고 있는 상충관계를 최소화하는 방안을 찾으려 한다고 설명한다(Sisson eds., 1999: 11).

한편 내부자-외부자이론에 따르면, 노동시장의 구조는 분단화되거나 이중화되어 있다. 내부노동시장에 존재하는 인력정책의 중요성이 강조되면서 기업전략의 변화가 나타난다. 노동자들의 기업특수적 숙련과 지식이 중요해지면서 인적자원관리에 대한 새로운 경영전략이 나타난다. 기업 내부자들은 임금협상에서 자신의 이익을 관철시킬 권력을 가지게 된다. 이러한 과정을 거쳐 재직노동자들은 실제적인 실업위험 없이 시장임금 이상의 수준으로 임금인상을 계속 추동할 수 있다. 하지만 예상치 못한 외부 수요충격과 비용경쟁력의 압력이 항상 제약조건으로 작용한다. 내부자의 고임금은 노동시장 전체적으로 볼 때, 고용정체를 유발시키고 과도한 임금인상은 고용축소로 이어질 가능성이 커진다(Teague & Grahl, 1992).

바로 이러한 상황에서 고용안정을 보장한 상태로 비용경쟁력 확보 목적으로 체결되는 고용협약은 기업 내 노사 양보를 통해 추가 고용 여력을 확보한다는 의미를 가진다. 이는 초기업적 차원의 실업 문제를 해결하는 중요한 정책수단이기도 하다. 그러나 노동조합의 입장에서 볼 때 이러한 기업 내외적 효과의 차별성은 상당한 부담으로 작용할 수 있다. 고용협약을 '정합게임'으로 규정할 것인지, 아니면 '영합게임'으로 해석할 것인지에 대한 논의에 있어 이 문제가 핵심적 쟁점이다.

이와 같이 고용협약은 구조적 실업이 지속되고 있는 상황에서 임금과 고용이 지닌 상충관계를 완화하고 임금격차 등 노동시장의 구조적 한계를 행위주체의 조정능력을 통해 해소하고자 하는 전략적 타협으로 이해할 수 있다. 하지만 각국마다, 더 나아가 각 산업과 해당기업에 배태되어 있는 노동시장의 특성에 따라 임금과 고용의 상충 정도가 다를 수 있기 때문에 고용협약의 실제적 내용과 효과는 다르게 나타날 수 있다.

3) 고용협약의 전제조건이 되는 패키지협상과 상호인정

사회협약에 대한 트랙슬러(Traxler, 1997)의 분석에 따르면, 고용협약의 전제조건으로 두 가지를 강조할 수 있다. 첫째, 고용협약의 발생가능성은 의제의 범위가 넓을수록, 산별수준 혹은 사회적 수준의 노사교섭과 관련성이 깊을수록 높아진다. 즉, 일반적으로 고용협약은 고용안정뿐만 아니라, 경영전략 같은 의제를 포함하기 때문에 노동자와 노동조합의 경영참여 정도가 높은 곳일수록 고용협약의 체결가능성은 높아진다. 또한 노동조합이 그전에 터부시하던 의제들, 특히 기업경쟁력의 강화를 지원할 수 있는 조치들을 고용협약의 논의 의제에 포함시키게 되면 경영진은 더 적극적인 자세를 보이게 된다.

둘째, 고용협약은 노사의 이해대표성을 반영하는 상호인정이라는 특정한 조건을 필요로 한다. 즉, 상호인정은 노동자로 하여금 고용조정을 동반할 수도 있는 구조조정과정에서 자신의 입장과 요구를 제기할 수 있고, 고용협약의 핵심적인 내용에 자신의 이해를 반영시킬 수 있도록 만든다. 경영자의 입장에서 볼 때, 고용협약은 노동자에게 생산현장의 혁신적인 변화필요성을 인정하도록 만들고 그 실행과정에 동참하도록 만드는 역할을 한다.

물론 기업 내 노사의 노력만으로 특정한 수준에서 고용을 유지할 수 있다고 장담하기 힘들다. 시장수요의 비예측성과 불확실성으로 인해 해고가능성을 배제하기란 어렵다. 고용안정에 대한 노사합의에도 불구하고 고용안정성은 경제상황과 기업여건 같은 여러 가지 변수들에 의해서 영향을 받기 때문이다. 그럼에도 불구하고 노사 모두 고용문제의 심각성을 제대로 예측하고 미래의 불확실성에 대한 준비가 필요하다는 것을 공감한다면, 고용협약은 구조적 제약을 극복하는 행위주체의 전략적 선택이 될 수 있다(Sisson eds. 1999: 12).

2.2 고용협약의 성격규명과 파급효과

원론적으로 보면 단체교섭은 단순한 거래계약을 의미하는 시장관계로 규정할 수 있는 것이 아니라, 고용관계의 실질적인 형성과정을

의미하는 공동조절기제이다. 이러한 측면에서 볼 때, 단체교섭은 노
사의 양보 정도를 표현하는 분배적 성격을 지니는 동시에, 정합게임
에 근거한 통합효과를 반영하는 협력적 성격도 가지고 있다. 즉, 노
사교섭의 한 형태로 분류할 수 있는 고용협약의 출현은 단체교섭의
성격변화에 대한 판단근거가 될 수 있다.

1) 분배적 교섭에서 통합적 교섭으로 전환

1970년대 후반 이후 단체교섭의 내용이 임금 등 분배적 의제에서
경쟁력과 관련된 복합적 의제로 전환되고 있다는 주장이 제기된다
(Windolf, 1989). 그전까지 단체교섭은 고도성장과 완전고용이라는
조건하에서 임금인상과 노동조건의 개선을 달성하는 데 중요한 역
할을 수행했다. 즉, 단체교섭은 본질적으로 생산성향상의 결과물 중
에서 노사가 얼마나 더 많은 것을 가져갈 것인가를 둘러싸고 벌어
지는 분배투쟁에 맞추어져 있었다(Sisson eds., 1999: 14). 하지만 경
제성장이 약화되고 실업이 늘어나면서 단체교섭에서 노동유연성의
강화와 임금비용의 절감이 주요한 의제로 떠오르게 된다. 단체교섭
의 내용과 결과는 경기변동 상황에 더욱 의존하게 되고 노사의 세력
관계는 서서히 역전된다. 결국 노동조합은 사용자의 고용보장에 상
응하는 반대급부를 제공하게 되고, 그 내용은 기존의 성과물을 일부
포기하는 것으로 나타난다.

　　이러한 상황에서 기업의 고용전략은 두 가지 목표를 추구했다.
수익성회복과 가격경쟁력을 확보하기 위해서 노동비용의 절감, 임
금인상의 지체, 노동조건의 유연화 등을 추구하는 동시에, 생산성향

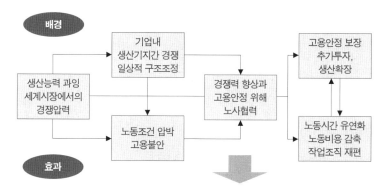

그림 7-1 자동차산업의 고용안정과 경쟁력향상을 위한 협약

상에 필요한 인적자원관리와 신경영전략 등을 모색한다. 경영진은
단기적 고용조정보다 기업성과에 기여할 수 있는 노동자의 헌신과
동원을 이끌어내고자 한다. 왜냐하면 기업의 장기적이고 질적인 경
쟁력향상은 혁신과 적응력을 높이는 인적자원의 양성과 작업조직의
효율성에 의존하고, 노동자의 참여와 동기부여가 기업성과에 결정
적인 요인으로 작용한다는 것을 확인했기 때문이다.

　이러한 조건하에서 노사 모두 현대화된 교섭전략을 공동 추진
하게 된다. 사용자는 무노조전략을 포기하고 노동조합은 투쟁보다
는 참여를 선택한다. 노사는 새로운 교섭의제를 발굴하고 질적으로
다른 단체협약을 체결한다. 이러한 협약은 노동자의 전문적 교육훈
련, 인적자원관리와 연동된 일자리보장, 노동시간의 단축과 유연화,
신규투자와 기업재조직화 등을 포함하는 통합적 교섭의 결과이다
(Sisson eds., 1999: 15). 바로 이러한 특성을 가장 잘 보여주는 것이

1990년대 중반 이후 확산된 독일 자동차산업의 '고용안정과 경쟁력 향상을 위한 협약'이다. 〈그림 7-1〉에서 알 수 있듯이 독일 자동차산업의 노사는 분배적 의제로 취급되었던 노동조건과 임금뿐만 아니라, 경영혁신과 수익성제고와 관련된 의제들을 교섭과정에서 함께 다루게 되면서 고용안정과 경쟁력향상이라는 두 마리 토끼를 잡을 수 있는 전략적 타협을 모색할 수 있었다.

2) 고용협약과 양보교섭의 차별성

고용협약을 둘러싸고 벌어진 논쟁 중에서 가장 주목되는 것은 1990년대 초반 이후 확산된 유럽의 고용협약이 1980년대 초 미국에서 유행한 '양보교섭(concession bargaining)'의 변형이라는 주장이다 (Rosdücher, 1997). 경영상의 어려움을 극복하고 기업경쟁력의 회복을 위해 노동자가 임금과 노동조건에 대한 기존 교섭성과물을 일정 부분 양보하고 고용안정을 추구한다는 측면에서 이러한 주장이 일면 타당하다. 하지만 이러한 현상적인 유사성에도 불구하고 고용협약은 교섭의 과정, 목표와 효과 측면에서 차별적이다.

　유럽의 고용협약과 미국의 양보교섭에서 확인되는 가장 큰 차이점은 노동조합의 기득권 양보에 대해 사용자가 어떤 실질적인 반대급부를 제공하고 있는가에 달려 있다. 미국의 양보교섭의 경우 1980년대 초반 체결된 협약의 약 1/3만이 고용보장을 명문화하고 있는 반면, 유럽의 고용협약의 경우 대부분 이에 대해 명시적으로 언급하고 있다. 대다수의 양보교섭은 노조의 양보에 상응하는 실질적인 조치들을 사용자로부터 받아내지 못했다. 노조의 임금동결에

도 불구하고 대부분의 협약이 일시해고 등을 수용하고 있으며, 고용
보장에 대한 내용은 일부 핵심노동자에 한정되어 있었다. 또한 양보
교섭은 노사의 세력관계를 역전시키기 위한 사용자의 갈등관리전략
으로 활용되었다. 사용자는 양보교섭을 계기로 이후 노조 회피와 무
력화를 추구했다(Sisson eds., 1999: 18).

이와 달리 유럽의 고용협약은 노사의 '호혜적 교환(reciprocal
exchange)'을 전제로 하고 정합게임을 추구하고 있다. 이는 고용협
약의 구체적 내용을 통해 확인가능하다. 고용협약과 양보교섭의 차
별성을 살펴보면 다음 세 가지로 요약할 수 있다. 첫째, 노동자는 물
론, 사용자 또한 고용과 노동조건, 이윤분배, 참여권한 등에 있어 기
득권 포기와 양보를 하고 있다. 둘째, 심각한 경영위기가 발생한 경
우에 한해서 노사합의에 의한 고용협약이 일정기간 동안 한시적으
로 적용된다. 셋째, 경영자가 노동조합을 교섭당사자로 인정하고 고
용협약의 논의과정에서 문제해결을 위한 공동조절이라는 협약원칙
을 파기하지 않았다(Koffhoff, 1998; Müller-Jentsch, 1998).

이러한 측면에서 볼 때, 고용협약은 미국의 양보교섭과는 질적
으로 다르다고 평가할 수 있다. 물론 이러한 규정이 모든 고용협약
에 적용되기는 힘들 것이다. 이에 대한 판단문제는 고용협약의 일부
내용이 양보교섭의 내용과 일치하느냐에 있는 것이 아니라, 노사합
의의 과정과 결과에서 확인되는 호혜성이 어느 정도인가에 따라 평
가할 문제이다.

3) 고용협약의 기업 내외부에 미치는 파급효과

고용협약을 둘러싼 마지막 쟁점은 이 협정이 기업 내외부에 어떤 효과를 발휘하고 있는가와 관련되어 있다. 효과에 대한 평가는 고용협약의 의미와 미래발전 가능성을 전망하는 데 결정적인 역할을 한다. 이는 마틴(Martin, 1997)의 사회협약 비판에서도 지적되었다. 그에 따르면, 실업문제는 공급측면보다는 불충분한 수요문제 때문에 발생한다. 유럽사회의 고실업상태에서 추진되는 정부의 경제정책이 소득분배나 완전고용보다는 가격안정을 위주로 한 통화정책 등 공급정책에 치중되어 있다. 그래서 강제력이 약하고 공급측면의 효율성을 주로 다루는 사회협약을 통해서 일자리의 재분배와 고용창출이 달성될 것이라는 주장은 환상에 불과하다고 본다. 즉, 전반적인 정책기조가 총수요강화 방향으로 재구성되지 않은 상태에서 노사정의 사회협약이든, 노사의 고용협약이든 그 효과를 발휘하는 데에는 한계가 분명하다는 것이다(Sisson eds., 1999: 20).

이러한 관점에서 볼 때, 개별기업의 경쟁력향상을 하나의 목표로 삼고 있는 고용협약도 결국 여타 경쟁업체의 희생하에 경쟁력이 높은 기업의 시장점유율만 높이는 결과를 초래할 수 있다. 즉, 개별기업의 고용은 증가하고 일자리이동은 일어날 수 있으나, 전체 업종과 경제의 고용증가는 나타나지 않을 수 있다. 또한 다른 조건이 불변일 때, 생산성의 증가는 고용에 부정적 영향을 미치기 때문에, 생산설비의 증가와 노동시간의 단축 없이는 실질적인 일자리창출이 발생하기 힘들다. 점점 더 강화되는 경쟁압력하에서 개별기업은 과당경쟁이라는 시장구도에서 벗어날 수 없기 때문에 개별기업의 시장점유율과 고용분포의 비중변동만이 나타날 수 있다.

하지만 이러한 주장은 총고용과 총생산이 변동하지 않는다는 정태적 분석을 가정하고 있다. 개별기업의 경쟁력향상이 질적인 측면에서 파급효과를 발휘하여 연관 산업과 관련 기업으로 확산된다면, 총투자와 총고용이 동시에 늘어날 수 있다. 특히 자동차산업의 경우 완성차업체의 시장지배적 역할과 산업구조의 위상을 고려한다면, 고용안정과 일자리창출, 더 나아가 신규투자를 동반하는 완성차업체의 현대화가 추진된다는 가정하에 산업 전체에 긍정적 파급효과를 발휘할 수 있다.

또한 고용협약이 부정적인 외부효과를 최소화하고 고용안정과 창출에 긍정적 효과를 제대로 발휘하기 위해서는 개별기업을 넘어서서 산업 차원의 조치가 필요하다. 연관 기업이 실질적인 노동비용의 축소, 실노동시간의 단축, 생산설비에 대한 투자확대, 새로운 사업영역 확충 등을 추진할 수 있는 보완적 조치들이 배치되어야 한다(Sisson eds., 1999: 21). 만일 법제도적인 차원에서, 혹은 국가 차원과 산업 차원에서 고용안정과 창출을 추동할 수 있는 조치들이 병행될 수 있다고 한다면, 고용협약의 부정적인 효과를 외부로 전가시키는 경로를 차단할 수 있고, 사회적으로 긍정적인 총고용효과를 발휘할 수 있을 것이다.

3. 독일 자동차산업의 고용안정협정 사례분석

3.1 고용안정협정의 배경과 목적

1990년대 초반 이후 독일 자동차산업, 특히 완성차업체에서 '고용안 정과 산업입지보장을 위한 협정(이하 고용안정협정)'이 널리 확산된 다. 이는 생산기지의 해외이전과 단체교섭의 분권화라는 배경을 가 지고 있다. 먼저 독일 자동차산업은 다른 나라와 마찬가지로 '생산 지구화', '산업입지경쟁', '해외이전' 등으로 상징화되는 새로운 생산 전략을 강하게 추진했다(Becker, 2005: 41; Faust et al., 2004). 이러한 해외생산전략의 목적은 날로 격화되는 국제경쟁으로 인해 발생하는 비용압박을 해소하는 데 있었다. 이러한 압력으로 인해 임금을 비롯 한 노동비용이 상대적으로 저렴한 지역으로 생산기지가 이전되는 결과가 초래되었다.[34] 이로 인해 독일 자동차산업은 전반적인 고용 축소의 압력하에 놓이게 되고 노사교섭의 쟁점으로 고용안정문제가 부각된다.

한편 고용안정협정은 1980년대 말 이후 본격화된 중앙집중적인 산별교섭의 분권화 추세와 깊이 관련되어 있다. 이러한 분권화 추세 로 인해 단체협약에 '개방조항'과 '긴급조항' 등이 포함되거나, 개별 기업 노사의 교섭관할범위가 늘어나는 결과를 초래했다. 즉, 경영위

---

34 독일 자동차공업협회(VDA, 2005: 362)에 의하면, 독일 자동차업체의 피고용인 1인당 연간평균노동비용을 100으로 했을 때, 슬로베니아의 경우 26.6, 헝가리의 경우 23.1, 체 코의 경우 18.5, 폴란드의 경우 16.3, 슬로바키아의 경우 14.0인 것으로 나타나고 있다.

기 같은 상황에서 산별협약의 예외규정을 인정함으로써, 기업의 경쟁력향상과 노동자의 고용안정을 동시에 달성할 수 있는 길을 독일 자동차산업의 노사는 고용안정협정에서 찾은 것이다. 하지만 각 기업에서 체결된 고용안정협정의 목적과 내용에 있어 일정한 차별성이 존재하기 때문에 고용안정협정에 대해 일반적인 평가를 내리기가 쉽지 않다. 다만 정리해고를 비롯한 고용조정을 배제하고 기업경쟁력의 향상조치와 고용안정적인 정책조치를 노사가 호혜적으로 교환하는 정합게임을 기본원칙으로 하고 있다는 사실은 분명하다(Sisson & Artiles, 2000: 6; Seifert, 2002).

물론 이러한 해석과 달리, 고용안정협정은 기업위기상황이라는 조건하에서 경영자로부터 동등한 수준의 반대급부를 보장받지 못하고 노동자들이 기존 성과의 상당부분을 양보한다는 사실을 주목하기도 한다. 고용안정협정의 핵심적 목표는 기업경쟁력의 향상에 맞추어져 있기 때문에, 고용정책적 조치들은 생산합리화전략으로 인해 그 효과가 반감될 수밖에 없다. 바로 이러한 의미에서 고용안정협정은 구조환경적 도전에 대한 기업 노사의 '경쟁력향상을 위한 연합'을 의미하고 비용절감, 유연성, 품질개선 등을 위해 노동자가 기업의 경쟁전략을 전면적으로 수용하는 것을 특징으로 한다(Rehder, 2002: 33; Zagelmeyer, 2001: 167).

이러한 양면적 성격 때문에 고용안정협정을 제대로 평가하기 위해서는 맥락과 내용을 동시에 고려해야 한다. 고용안정협정은 다른 사업장협정들보다 훨씬 더 복합적 상황을 반영하고 있을 뿐만 아니라, 노사 모두의 책임과 의무를 전제로 한다. 또한 기업 수준에서

체결되는 고용안정협정의 비용과 부담이 기업 외부, 즉 연관 기업이
나 사회로 전가되고 있는지를 판단해야 한다. 이와 함께, 고용안정협
정의 실제 내용이 선언적인 수준에서 머무는 것이 아니라, 실제 현
실화되고 있는지를 판단해야 한다. 즉, 고용안정을 위해 기업이 실제
로 고용보장과 신규투자를 하고 있는지, 그리고 경쟁력향상을 위해
노동자가 실질적인 양보조치를 수용하고 있는지를 확인해야 한다
(Seifert, 1999).

3.2 폭스바겐의 '고용과 산업입지안정을 위한 협약'

독일 자동차산업에서 고용안정협정이 확산되는 결정적인 계기는
1993년 폭스바겐의 노사가 '고용과 산업입지안정을 위한 협약'을
합의한 것이다. 이 단체협약은 과감한 노동시간단축을 통한 일자리
나누기로 기업경영의 위기를 극복하고 노동자의 고용안정을 동시에
이룬 성공적인 사례로 널리 알려져 있다. 이러한 폭스바겐의 사례는
경영위기하에서 필요한 비용절감과 효율성 제고를 급격한 인력감축
이 아니라, 노동시간의 단축과 재구성을 통해서 달성가능하다는 것
을 현실적으로 보여준다.

　　당시 세계 4위의 생산량을 자랑하던 폭스바겐은 1990년대 초반
부터 세계 자동차산업의 경기불황과 통일 후유증에 시달렸다. 폭스
바겐은 대대적인 인력감축을 할 수밖에 없는 처지에 몰렸다. 1992년
가을 기준 12만 명에 이르는 폭스바겐 고용인력을 1994년 초반까지
10만 명으로 줄이는 게 기본계획이었다. 더 나아가 경기불황이 계속

된다면 1995년 말까지 약 3만 명의 종업원을 추가적으로 감축하는 것을 계획하고 있었다(Hasse & Kuhn, 1995: 265).

하지만 폭스바겐은 이러한 인력감축계획안을 포기하고, 노동시간의 단축을 통한 고용안정화 모델을 노사가 공동으로 만들게 된다. 즉, 노동자는 노동시간단축 정도에 상응하는 임금손실을 일정한 시기 동안 감내하고, 사용자는 기존 취업자들의 고용보장을 약속하게 된다.

'고용과 산업입지안정을 위한 협약'에 기반한 고용안정화 모델의 구체적 내용은 크게 세 가지 방안으로 구성된다. 먼저 폭스바겐 산하 사업장의 종사자 모두[35]에게 동일하게 적용되는 주4일제 근무이다(Promberger, 1996: 42). 당시 경영자의 입장에서 볼 때, '사회적 계획(Sozialplan)'으로 대변되는 법적 절차에 따른 대량해고가 합리적 선택이었다. 하지만 폭스바겐은 고용에 대한 기업의 사회적 책임을 다하기 위해 정리해고를 시행하지 않는다. 경영상의 사유로 인한 정리해고가 초래하는 사회적 비용을 정부에 부담시키지 않았다. 또한 한시적 단축노동을 통한 생산조정방식은 일시적으로 고용안정을 가져올 수 있지만, 근본적이고 장기적인 고용안정책이 될 수 없다는 사실을 잘 알고 있었다.

결국 유일한 대안으로 협약노동시간의 단축방안을 노사가 논의하게 된다. 일단 실질노동시간의 단축을 통해 총비용을 줄이되, 노동자들의 경제적 충격을 최소화하면서 고용안정을 달성한다는 원칙에 노사가 합의하게 된다. 2주간에 걸친 마라톤협상 끝에 주당협약노동

---

35   일반노동자 외에 사무직 간부, 이사를 포함한 경영진 모두에게 이 규정이 적용되었다.

시간을 36시간에서 28.8시간으로 20% 줄이는 대신, 연간총액임금은 10% 내지 15%를 줄이는 것에 노사가 합의한다. 임금축소가 가장 큰 쟁점이었는데, 노동자 개인의 연간총액임금은 축소되지만, 월급여는 그대로 유지하는 방안이 타협안으로 합의된다. 즉, 휴가비와 연말특별상여금을 월소득으로 재분배하고, 향후 협약임금의 인상분을 소급적용하여 월급여를 현상유지할 수 있었다. 폭스바겐은 20%의 협약노동시간 단축을 통해 연간 16억 마르크의 인건비를 절감하게 되고, 노동자들은 평균적으로 연 12.5% 소득감소를 감내하게 된다. 한편 이러한 일괄적인 주당협약노동시간 단축 외에, 각 공장과 부서의 조건을 고려한 다양한 근무형태가 도입된다. 이때 각 근무형태의 선택기준으로 가동시간, 주문량과 예상판매량 등이 고려된다.

둘째, 위에서 살펴본 협약노동시간 단축 외에, 필요한 경우 소위 '블록시간(Blockzeit)'이라고 불리는 3개월 내지 6개월간 직업재교육 조치가 인건비의 절감과 고용유지를 위해서 실시되었다(Promberger, 1996: 47). 정부의 정책자금 지원하에 이루어진 이 조치는 주로 미혼 청년노동자들을 대상으로 실시되었는데, 이는 부양가족을 지닌 기혼노동자의 경우 훈련기간 중 소득감소나 직무이동 위협을 상대적으로 크게 느끼기 때문이었다. 이러한 직업재교육은 지역고용청의 재정적인 지원하에 폭스바겐 소속 직업훈련회사가 담당했다. 이러한 직업훈련회사는 폭스바겐 소속 노동자의 숙련향상 외에, 그 지역 노동자에 대한 교육훈련기능을 동시에 수행했다.

셋째, 노동자의 고령화를 고려하고 생애주기에 맞는 노동시간을 부여하기 위해 '계단식 시간모델'이라고 불리는 생애노동시간의 새로운 유연화방식이 도입된다(Promberger, 1996: 45). 이 모델은 입사초년생의 노동시간이 초기에는 평균보다 적지만 근속년수가 늘어나면서 증가하게 되고, 장년노동자의 경우 평균노동시간을 유지하다가 고령노동자가 되면 퇴직기간에 맞추어 노동시간을 점차적으로 줄이도록 설계된다.

폭스바겐의 경우 전통적으로 견습생은 3년 반이라는 견습기간이 지나면 주당 36시간 일하는 전일제고용으로 전원채용되는 게 일반적 관례였다. 새로운 계단식 모델에 따르면, 초기 2년 동안 주당 20시간, 그 이후 18개월은 24시간 일을 할 수 있다. 물론 적은 노동시간에 상응하여 임금은 상대적으로 낮아지는 것을 견습생은 감내해야 한다. 이러한 견습기간을 거친 후 비로소 이들은 주당 28.8시간을 적용받게 된다.

이러한 단계적인 노동시간조절방식은 고령노동자들에게도 적용되었다. 56세까지 주당 28.8시간, 59세까지는 주당 24시간, 62세 정년이 될 때까지 20시간 일을 하는 방식이 채택되었다. 이러한 주당노동시간의 축소방식 외에, 고령노동자가 주당근로시간 28.8시간을 유지한 상태에서 56세에서 59세까지 연간 10개월, 60세에서 62세까지 연간 8.3개월만 일하는 방식도 선택할 수 있도록 만들었다. 이러한 계단식 시간모델은 고령노동자의 건강과 노후생활을 보호하는 동시에, 청년노동자가 여유가 생긴 빈 일자리를 이어받을 수 있도록 함으로써, 노동자의 '세대연대'를 실현하는 데 기여한다(Hasse & Kuhn, 1995: 283).

이와 같이 폭스바겐의 노동시간단축을 통한 일자리공유 협약은 고용안정과 경쟁력향상을 동시에 달성하기 위한 단체협약의 선도모델이라고 규정할 수 있다. 경기불황이나 구조적 문제로 인해 발생하는 경영상의 어려움을 대량해고방식이 아니라, 기업과 노동자의 고통분담에 의한 혁신적인 노동시간단축모델로 극복가능하다는 것을 실제로 보여주고 있다. 즉, 폭스바겐의 '주4일제근무 모델'은 기업의 책임주체로서 노사가 위험과 비용을 공동으로 부담함으로써, 경쟁력향상과 고용안정이라는 두 가지 기업목표를 동시에 달성한 성공적인 사례로 평가할 수 있다.

한편 폭스바겐의 일자리공유 협약에 대한 평가는 노사 모두로부터 긍정적이다. 경영진의 입장에서 볼 때, 노동시간단축을 통한 일자리나누기를 통해 기업의 비용과 부담을 최소화하고, 기업의 경쟁력향상과 노동자의 고용안정을 동시에 실현시키는 실질적인 성과를 거두었기 때문이다. 또한 이러한 경험은 폭스바겐이 이후 몇 차례에 걸쳐 겪게 되는 단기적 경기불황에 노사가 공동으로 대처하는 데 중요한 자산으로 작용했다.

이러한 긍정적인 평가에 대해 노동자들도 대체적으로 공감하고 있다. 그들은 1993년 말 체결된 일자리공유 협약을 성공적인 사례로 인정하고 있다. 왜냐하면 노동시간단축으로 인해 발생한 일시적 임금소득의 감소는 빠른 시일 내에 회복되었을 뿐만 아니라, 경영자의 강력한 요구로 인해 도입된 다양한 형태의 노동시간 유연화조치들은 노동자들의 강력한 공동결정권을 통해 노동조건의 악화를 유발시키지는 않았기 때문이다.

한편 일자리공유 협약은 기업 차원의 단기처방으로 머물지 않았다. 자동차업체를 비롯한 금속노조 산하 수많은 사업장이 경영위기에 직면하게 될 때, 기업 내 노사가 고용안정과 생산입지보장을 위한 전략적 타협을 모색하는 데 있어 중요한 시금석으로 작용했다.

하지만 1990년대 중반 이후 확산되기 시작한 고용안정협정은 각 업체별 특성을 반영하고 있을 뿐만 아니라, 독일 자동차산업의 주객관적 요인에 의해 시기별 내용과 수준에 있어 일정한 차이를 보이고 있다.

3.3 고용안정협정의 주요 의제와 시기별 특성

일반적으로 독일 자동차산업의 고용안정협정을 호혜적 교환에 근거를 둔 노사의 전략적 타협으로 규정하지만, 호혜성에 대한 질적 평가는 각 자동차업체의 협정내용을 구체적으로 분석해야만 제대로 파악할 수 있다. 이를 위해서 고용안정협정의 주요 의제인 투자와 고용, 임금과 부가급여, 노동시간, 인력유연화 등을 중심으로 각 자동차업체의 합의 내용과 시기별 특성을 살펴보고자 한다.

1) 투자와 고용

신규투자와 고용보장에 대한 확약은 고용안정협정에서 노조가 사용자에게 요구하는 가장 핵심적인 내용이다. 왜냐하면 노조의 입장에서 볼 때, 고용안정협정이 필요한 이유는 기업의 경영위기로 인해 고용불안이 심각하게 발생하기 때문이다. 이러한 고용불안을 해소하기 위해서 일정기간 동안 기존 취업자의 고용보장을 요구하는 동시에, 견습생의 계속고용과 신규채용에 대한 약속을 받고자 한다. 또한 지속가능한 고용안정을 위해서는 외주화의 축소, 설비와 인적투자가 필수적이라는 사실에 근거하여 2000년 이후 고용안정협정에서 사용자의 투자확약 내용이 늘어나는 추세이다. 그래서 고용과 투자에 대한 확약수준이 높으면 높을수록 고용안정협정의 호혜적 성격이 강하다고 평가하고 있을 뿐만 아니라, 노사의 전략적 타협가능성도 높아진다(Seifert, 1999).

그러나 고용과 투자에 대한 구체적 내용은 각 완성차업체별로 시기에 따라 조금씩 다르다. 먼저 완성차업체의 고용안정협정은 대부분 일정기간 동안 정리해고 포기 등 고용보장 문구를 명문화하고 있을 뿐만 아니라, 2004년 이후 대부분의 완성차업체가 국내공장에 대한 신규투자와 생산입지유지를 협약으로 약속하고 있다. 여기서 우리가 주목할 점은 고용보장기간이 늘어나고 있으며, 국내공장에 대한 신규투자가 확산되고 있다는 사실이다. 1990년대의 경우 2년 정도에 불과하던 고용보장기간이 2000년대에 들어서면서 5년 내지 7년까지 계속 늘어나고, 몇몇 업체에 불과하던 국내공장의 유지와 신규투자의 확약조항이 2004년 이후 대부분의 완성차업체 고용안정협정에서 명문화된다. 즉, 고용보장과 국내투자에 대한 노사합의가 잘 준수되면 노사의 신뢰가 더욱 강화되고 이를 근거로 하여 고용안정협정의 유효기간이 늘어나고 합의내용도 더 늘어났다.

한편 일정기간 동안 고용보장 약속에도 불구하고 실질적인 고용축소가 일어난 경우도 물론 존재했다. 이러한 고용축소는 특히 오펠과 포드 같은 자동차업체에서 주로 발생했는데, 이는 정년퇴직, 조기퇴직과 희망퇴직 등으로 발생한 고용축소를 신규채용으로 보완하지 않았기 때문이다. 그럼에도 불구하고 인위적인 고용조정의 위험성이 발생할 수 있기 때문에 노조는 고용안정협정에서 고용보장에 대한 명문화된 조항 외에, 유사시에 발생할 수 있는 해고위험에 대비할 수 있는 추가조항을 요구하게 된다. 이는 법적으로 보장된 이해균형과 사회적 계획에 대한 상세한 합의를 협정에서 확정하지 못하면, 기업기본법에서 보장하고 있는 일정한 해고통보기간 이외에, 고용축소를 막을 수 있는 실제적인 규제력을 확보하기 어렵기 때문이다.

그래서 폭스바겐의 경우, 1993년과 2001년 고용안정협정에서는 해고 그 자체를 배제하는 데 노사가 합의하지만, 2004년 고용안정협정에서는 노사가 일정한 조정·합의절차를 거친 경우에만 해고조치를 실행할 수 있도록 합의한다. 즉, 해고를 피할 수 없을 때 일차적으로 노사의 공동평가회의를 거치도록 규정하고 있다. 이러한 과정을 거치고 난 후에도 노사 양측 중 일방이 이의를 제기하면 조정위원회를 소집하도록 규정하고 있다. 즉, 조정이 실패하는 경우 법적 해고절차에 따라 3개월의 해고통보기간을 거치고 난 후에야 비로소 해고가 가능하도록 만들었다.

2) 임금과 부가급여

한편 고용안정협정의 해석에 있어 임금감소의 정도와 범위가 중요한 의미를 지닌다. 임금감소의 수준이 높을수록 양보교섭의 성격을 많이 지닌 것으로 평가되기도 하고, 고용협정에 대한 조합원들의 수용도가 떨어진다. 그래서 임금감소의 내용을 일반화하기보다는 형태별로 나누어 살펴볼 필요가 있다. 첫째, 노동자의 양보 정도가 가장 큰 경우는 임금보전이 전혀 없는 상황에서 노동시간의 연장을 수용한 사례이다. 2006년 폭스바겐은 임금보전 없이 협약노동시간을 기존의 주당 28.8시간에서 33시간으로 늘렸다. 이는 실제로 시급을 약 15% 줄인 결과와 동일한 효과를 발휘한다. 둘째, 대부분의 완성차업체의 경우, 고용안정협정에서 임금감소의 수준을 지역 차원에 적용되는 협약임금수준에 맞추고 있다. 이 경우 지역 차원의 협약임금수준보다 높은 부가급여 등을 포기한다고 해석할 수 있다. 셋째, 임금감소를 신입사원의 경우에만 적용한 사례이다. 폭스바겐, 포드, 다임러의 경우 2004년과 2006년 고용안정협정에서 직업훈련생으로 대표되는 신입사원의 계속고용과 신규채용을 보장하는 대신, 이들에게 적용되는 임금수준을 해당 사업장이 아닌, 해당 지역의 협약임금에 맞추었다. 마지막으로 1993년 폭스바겐의 고용안정협정과 같이 부분적인 임금보전을 전제로 대폭적인 노동시간단축을 추진한 경우이다. 하지만 이러한 사례는 1990년대 중반 이후 발견하기 힘들다(Jürgens & Krzywdzinski, 2006: 38).

　　임금감소와 관련하여 주목되는 지점은 임금감소의 내용이 1990년대 초반까지만 하더라도 오펠과 다임러의 고용안정협정에서만 나타났지만, 2004년과 2006년에 포르쉐를 제외한 모든 완성차업체의 고용안정협정에 포함되고 있다는 사실이다. 이는 부가급여를 중심으로 한 임금의 부분적 축소를 고용보장의 기간연장과 교환하고 있다는 것을 의미한다.

또한 독일 완성차업체의 고용안정협정에 있어 임금감소의 또
다른 특성은 대부분의 경우 단위시간당 임금감소와 직접적인 소득
축소를 피하고 있다는 점이다. 이는 일반적으로 완성차업체의 실질
임금이 지역협약임금보다 높은 수준이고 실질적인 노동시간단축이
동시에 이루어지기 때문에 시간당 임금감소는 최소화할 수 있기 때
문에 가능했다.

또한 임금체계의 개선, 2년간 임금수준 동결, 성과급과 특별급
의 소급적용 등과 같이 수령임금 수준을 일정하게 유지시키는 다른
보완조치가 병행되면서 기존 월급수준을 최대한 유지할 수 있었다.
이는 2004년 다임러와 아우디의 경우, 2.79%의 협약임금 축소를 수
용하는 대신에 사무직과 생산직의 임금체계통일안(ERA)에 따라 사
용자가 추가적으로 부담하는 특별수당(협약임금의 2.79%)을 통해
서 기존 임금수준을 유지할 수 있었다. 또한 다임러와 아우디의 경
우, 2006년 노사협상에서 노조가 지역협약임금의 초과분을 줄이는
데 동의해주는 대신, 사용자들은 이에 상응하는 일시금을 지불했다
(Jürgens & Krzywdzinski, 2006: 39).

3) 노동시간

독일 자동차산업의 고용안정협정에 있는 노동시간에 대한 내용은
노사교섭에서 가장 많이 논의되는 의제이다. 고용안정협정에 있어
노동시간의 단축이 핵심적인 화두로 떠오르게 된 계기는 1993년 폭
스바겐에서 체결된 주4일제와 주당 28.8시간을 합의한 '일자리공유'
협약이다. 하지만 이러한 노동시간단축의 사례가 예외적인 것은 아

니다. 다임러와 아우디도 각각 1993년 경기침체를 벗어나기 위한 자구책으로 주당 35협약노동시간을 2년 앞당겨 실시하거나, 주당 32.4 협약노동시간을 도입한다. 하지만 2000년대에 들어서면서 노동시간의 단축보다는 오히려 노동시간의 연장이 고용안정협정의 주요한 내용이 되고 있다. 2004년 오펠의 '미래협약'에서 알 수 있듯이, 사업장평의회는 더 이상 노동시간단축을 통한 고용안정을 주장하지 않으며, 오히려 사측은 임금보전 없는 주당 40시간으로 노동시간의 연장을 요구했다. 폭스바겐도 2005년 신규사원의 경우, 주당 28.8 협약노동시간의 적용을 유예하고 주당 35시간까지 일할 수 있도록 허용한다. 더 나아가 2006년 폭스바겐은 산하 사업장의 모든 생산직에 적용되는 협약노동시간을 주당 33시간으로 연장하는 동시에, 사무직의 경우 주당 34.5시간을 허용한다. 다임러와 아우디의 경우, 보충협약을 통해 서비스부문과 연구개발에 종사하는 인력의 경우 주당 최대 40시간까지 일할 수 있도록 합의한다.

한편 〈표 7-1〉에 알 수 있듯이 고용안정협정의 노동시간에 대한 규정 중 주목할 만한 것이 바로 노동시간의 유연화조항이다. 노동시간의 유연화조항은 거의 모든 고용안정협정에서 발견되는데, 가장 흔하게 볼 수 있는 유연화 내용은 노동시간계좌제도의 확대, 토요일 오전근무의 인정, 생애할당노동시간제도의 활성화, 협약노동시간의 예외규정 인정, 일정량 이상 초과노동의 경우 금전보상 대신에 휴가대체 등이다. 특히 노동시간계좌제도를 이용한 노동시간의 유연화 조치는 기업으로 하여금 노동비용의 절대량을 줄여주는 동시에, 생산체계의 유연성을 높이는 중요한 수단으로 활용되고 있다. 또한 노

표 7-1 고용안정협정의 노동시간 단축과 유연화 규정

	1993년~1996년	1997년~2001년	2004년~2006년
다임러	• 주당 35노동시간 조기실시	• 노동시간계좌제도의 도입	• 연구개발, 정보통신분야 노동시간 연장
아우디	• 주당 32.4노동시간 조기 실시 • 노동시간계좌 도입	• 토요일 근무 재도입	• 서비스분야 노동시간 연장 • 노동시간계좌의 다양화
폭스바겐	• 주4일제, 28.8노동시간 전면 적용 • 노동시간계좌제도의 도입 • 할증수당 없는 주당 노동시간을 38.8시간까지 확대	• 노동시간계좌에 적립된 시간을 고용수표와 시간채권으로 사용	• 주 32노동시간의 협약화 • 노동시간계좌의 상한선 확대 • 신규사원 주당 35시간 유연근무
오펠	• 사업장단위 근무시간모델 도입 • 노동시간계좌 도입		• 주당 실질노동시간 연장 및 유연근무 • 토요일 근무 재도입
포르쉐	• 노동시간계좌 도입	• 노동시간계좌의 상하선 확대	• 노동시간계좌의 다양화

출처: Jürgens & Krzywdzinski, 2006: 41.

동자의 입장에서 볼 때, 시간계좌제도는 물량변동에 의존할 수밖에 없는 연장근로를 노동자 스스로가 제어할 수 있도록 만들고, 노동시간에 대한 자신의 결정권을 강화하는 기제로 활용된다. 바로 이러한 장점 때문에 독일 금속노조 또한 고용유연화조치에 대해서는 분명한 반대입장을 표명하고 있지만, 사용자가 제안하는 노동시간의 유연화방안에 대해서는 노동의 관점에서 적극적으로 검토하는 게 일반적이다. 특히 비용중립적 효과를 발휘하는 노동시간계좌제도를 만들기 위해 노동조합 스스로 기업기본법에서 보장하고 있는 사업장평의회의 공동결정권을 이용하여 초과노동으로 적립된 노동시간을 유급으로 보상받지 못하고 휴가로 사용하도록 사업장협정을 체

결하는 경우도 많다. 이는 노동자로 하여금 초과노동의 금전보상에 대한 유혹을 줄이게 만드는 동시에, 사용자로 하여금 연장근로의 한계를 명확히 인식하도록 만들어서 필요인력의 추가고용을 촉진시키는 효과를 발휘한다.

4) 인력유연화

2004년부터 2006년까지 구간을 설정할 수 있는 3단계 고용안정협정에서 나타난 중요한 특징은 그 전에는 없었던 '파견노동(Leiharbeit)' 투입과 공장간 인력전환배치 내용이 언급되고 있다는 점이다. 물론 이 두 가지 의제에 대한 규정이 기존에 전혀 없었던 것은 아니다. 하지만 고용안정협정에서 이 문제를 다루게 되었다는 것은 파견노동과 인력재배치라는 유연화 기제가 기업노사관계의 본격적인 의제가 되었다는 것을 의미한다. 하지만 인력재배치의 경우 고용안정과 기능적 유연성이라는 큰 틀에서 도입된 반면, 파견노동의 경우는 정규직의 고용완충장치로서 기능을 수행했다. 실제로 파견노동의 투입문제는 이미 1990년대 중반 이후 자동차산업의 새로운 화두가 되고 있었다. 폭스바겐은 '숨쉬는 기업'(Hartz, 1996)이라는 모토하에 독자적인 인력파견회사를 운영했다. 이러한 구상은 1997년 볼프스부르크 주식회사를 만들면서 구체화되었고 2001년 추진된 '아우토비전' 사업이 추진되면서 본격화된다. 2006년 현재 볼프스부르크 주식회사는 산하에 인력파견회사를 두고 매년 약 3,500명의 파견노동자를 폭스바겐그룹의 요청에 따라 공급하고 있다. 이들은 기존에 폭스바겐의 정규직이 수행하던 사업의 외주화과정을 거쳐 만들어진

서비스업체와 정보통신업체에 주로 투입되고 있다. 여기에 소속된 인력은 폭스바겐의 단체협약에 적용을 받는 것이 아니라, 해당지역의 단체협약을 적용받기 때문에 경영진에게 상당한 비용절감효과를 발휘한다. 물론 이들 업체에 근무하는 노동자들의 경우, 폭스바겐 노동자보다 고용안정성이 떨어지고 상대적으로 낮은 임금을 받고 있다. 하지만 폭스바겐 자회사에 해당하는 인력파견회사는 전직훈련, 구직활동, 직업소개 등과 같은 업무를 동시에 수행함으로써, 해고위협에 빠진 노동자에게 새로운 일자리를 제공하는 긍정적인 역할도 수행했다(Jürgens & Krzywdzinski, 2006: 43).

2000년대 중후반 오펠 러셀하임 공장을 제외한 대부분의 자동차업체들은 파견노동자의 투입을 허용하고 있지만, 고용안정협정을 통해 그 비율을 엄격히 제한하고 있다. 아우디의 경우 각 공장별로 정규직 전체규모의 5%, 벤츠의 경우 각 공장별로 4%, 그룹총원의 1.5%, 포드의 경우 생산직 노동자의 3%에 해당하는 규모로 파견노동을 허용하고 있다. 독일 자동차산업의 파견노동자 비중에 대한 한 조사(Dudenhöffer & Büttner, 2006)에 따르면, 보조인력의 약 17%, 전문인력의 약 7%가 파견노동자이다.

한편 폭스바겐, 다임러, 아우디 등은 2004/5년 고용안정협정에서 자회사 형태로 소위 '인력공급회사'의 설립을 합의한다. 각 업체는 신규인력, 직업훈련생, 계약직 등으로 입사한 이들을 이 회사에 소속시키고 일정기간 동안 그룹 내 각 공장이나 회사의 필요에 따라 전환배치할 수 있도록 했다. 다임러의 경우 새로 채용된 인력은 최대 36개월 동안 본사에 소속을 두고 각 공장이나 사업장의 필요에 따라 투입되도록 했다. 아우디도 24개월 동안 위와 동일한 파견노동이 가능하도록 협정을 체결했다(Jürgens & Krzywdzinski, 2006: 44).

3.4 고용안정협정을 둘러싼 쟁점과 평가

고용안정협정에 대한 노사의 찬반논란은 물론, 성격과 효과에 대한 입장 차이를 두고 논쟁이 벌어지기도 했다(Seifert, 2002; Zagelmeyer, 2001). 먼저 고용안정에 대한 긍정적 효과를 주목하는 입장에서 볼 때, 고용안정협정은 교섭의제의 통합적 성격을 높이고 노사의 동반자관계에 근거한 공동조절방식으로 평가한다. 이와 달리 고용안정협정이 기업경쟁력의 강화논리에 종속될 수밖에 없다고 주장하는 이들은 이 협정이 노동자들을 산업입지경쟁으로 내몰고 결국에는 양보교섭을 수용할 수밖에 없도록 만든다고 비판한다. 이러한 차별적 평가에도 불구하고 독일 자동차산업의 고용안정협정이 노동자의 고용안정과 산업입지의 역량강화를 동시에 추구하는 전략적 타협의 결과라는 사실에 대한 이견은 별로 존재하지 않는다.

한편 이러한 고용안정협정의 내용은 동일한 산업 내에서도 각 업체별 특성에 따라 다르게 나타나고 있을 뿐만 아니라, 시기별 차별성을 보여주고 있다(Jürgens & Krzywdzinski, 2006). 첫째, 오펠과 포드 같은 중소형차 양산업체는 수차례 고용안정협정의 체결에도 불구하고 과잉생산능력과 비용절감압력으로 인해 어쩔 수 없이 실질적인 고용축소가 일어났다. 폭스바겐의 경우 그 정도는 미약하지만, 이러한 압력에서 자유롭지 못한 상태이다. 하지만 '참여형 노사

관계'를 대표하는 공동결정제도의 장점을 충분히 활용하여 주객관
적인 요인변화에 능동적으로 대처하고 있는 것으로 보인다. 둘째, 다
임러, 아우디, BMW, 포르쉐 같은 고급차업체는 폭스바겐, 오펠과 달
리, 시장경쟁의 압력에도 불구하고 1990년대 중반 이후 지속적인 성
장세를 유지하였다. 물론 2000년에 들어서 그 성장속도가 주춤하였
지만 고용조정의 상황에 봉착하지는 않았다. 하지만 이들 고급차업
체 또한 기업경영 위기상황에서 고용유지와 신규투자를 전제로 한
노동시간과 인력배치의 유연화를 노사가 합의할 수밖에 없었다.

이와 같이 처해 있는 조건과 기업역량의 차이에도 불구하고 대
부분의 독일 완성차업체에서 고용안정협정의 체결은 일반화되고 있
다. 중소형차 양산업체의 경우, 비용압박과 과잉생산 등을 고용안정
협정에서 나타나고 있는 노동조합의 양보를 설명할 수 있는 주요변
수라고 볼 수 있지만, 고급차업체의 경우는 설명력이 떨어진다고 평
가할 수 있다. 오히려 경쟁격화의 현실을 이용하고 기업경영위기를
빌미로 하여 사용자가 노동자의 양보를 얻어내기 위해서 타 경쟁업
체의 고용안정협정을 활용하고 있다고 설명하는 것이 더 설득력 있
을 것이다. 특히 2000년 이후 본격화되고 있는 해외이전을 비롯한
구조조정의 위협이 고용안정협정을 추동하는 가장 강력한 압력수단
으로 떠오르고 있는 것이 사실이기 때문이다.

과연 그렇다면 독일 자동차산업의 고용안정협정을 어떻게 평가
할 것인가? 고용안정협정을 노사의 호혜적 교환, 혹은 정합게임으
로 평가하고 있는 것이 일반적이다. 이러한 긍정적 평가는 기업경영
악화로 인한 고용위기 상황에서 노사의 타협을 강조하고 협력적 문

제해결의 수단으로서 고용안정협정의 역할을 적극적으로 바라보고 있기 때문이다. 즉, 고용안정협정을 통해 노사는 각각 생산성향상과 고용안정이라는 자신의 핵심적인 목표를 달성하고 있을 뿐만 아니라, 기업의 지속가능한 발전이라는 공동목표를 향해 나아가고 있다(Zagelmeyer, 2000: 19).

한편 고용안정협정은 기존에 정부와 산업 차원의 노사단체가 부담하고 있는 고용책임을 대기업 노사가 일정 부분 분담함으로써, 고용안정과 고용창출에 긍정적인 영향을 미치고 있다. 이는 정리해고의 배제, 신규투자와 산업입지강화에 대한 사용자의 약속에서 확인된다. 또한 고용안정협정의 긍정적 효과를 통해 노조와 사업장평의회는 기업경영의 중요의사결정과정에서 자신의 위상과 역할을 더욱 강화시킬 수 있었다(Seifert, 2002: 6).

이러한 긍정적 평가와 달리, 부정적 평가도 존재한다. 이에 대한 근거는 다양하게 제시되고 있다. 첫째, 기업위기가 심화될 때 노사의 타협지점이 깨질 가능성이 높다. 노조와 사업장평의회는 임금과 노동조건을 양보함으로써, 조합원들의 반발을 불러올 가능성이 매우 높다. 한편 사용자의 경우 판매시장의 상황에 의존할 수밖에 없는 상태에서 고용보장을 약속하게 되면 기업경영에 있어 선택의 폭을 스스로 좁히는 결과를 초래한다. 즉, 기업경영위기가 노사타협의 가능성을 좁히게 되면 다른 대안을 찾기가 사실상 힘들어진다. 더욱이 구조환경적 조건의 악화로 인해 노동자 양보의 폭과 범위가 넓어질 가능성도 농후해진다(Seifert, 2002: 82).

둘째, 고용안정협정은 임금과 노동시간 등 노동조건의 하향화 경쟁을 촉발시킬 수 있다. 흔히 '체제경쟁'이라고 불리는 초국적기업의 산업입지 간 경쟁으로 인해 자동차산업의 전반적인 임금과 노동조건의 수준이 낮아질 가능성이 높아지고 있다(Zagelmeyer, 2001: 5). 이러한 문제 때문에 금속노조는 금속사용자연합과의 '포르츠하임 합의'를 통해 단체협약의 예외조항 확산을 일정하게 제어하고자 노력했다. 즉, 개방조항과 긴급조항의 허용여부를 산별노조의 결정사항에 포함시킴으로써, 개별기업 노사의 임의적 담합을 방지하고자 노력했다. 하지만 이러한 노력에도 불구하고 독일 자동차산업의 고용안정협정이 앞으로 산업입지 경쟁을 실질적으로 제어할 수 있을지는 아직까지 미지수이다.

4. 소결: 독일 자동차산업 노사의 '전략적 타협모델'이 주는 교훈

지금까지 살펴본 바와 같이 독일 자동차산업은 1990년대 이후 세계시장의 경쟁격화와 기업경영위기로 인해 임금, 노동조건과 고용영역에서 새로운 도전에 봉착했다. 지금까지 우리가 살펴본 독일 완성차업체의 고용안정협정은 이러한 도전에 대한 노사의 전략적 타협이라고 평가할 수 있다.

과연 그렇다면 독일의 고용안정협정은 우리에게 어떤 시사점을 던져주고 있는가? 먼저 고용안정협정은 기업위기에 대한 노사의 공동인식에 기반하고 노동자의 연대적 실천을 통해 현실화될 수 있다는 사실이 중요하다. 우리가 살펴본 바와 같이 독일 자동차산업 완성차업체 노사는 기업의 심각한 경영위기 상황에 대한 인식을 공유하고 있었다. 또한 이러한 위기를 극복하는 방식으로 단순히 인력감축과 비용절감을 위주로 하는 구조조정을 추진하는 것이 최선의 해결책이 될 수 없다는 점을 노동조합은 물론, 사용자 또한 정확히 인지하고 있었다. 바로 이러한 인식공유에 근거해 노사는 고용안정과 기업경쟁력향상에 기여할 수 있는 다양한 의제들을 종합적으로 교섭하고 이해를 조정할 수 있었다.

이와 달리 우리의 경우, 기업경영위기라는 객관적 현실에도 불구하고 노사 모두 위기에 대한 책임공방에 시간을 소모하고 있는 것이 현실이다. 이는 기존의 대립적 노사관계로 인한 노사의 불신과 갈등에 근본적인 원인이 있을 것이다. 하지만 이러한 관행은 위기상황에 대한 인식공유와 문제해결을 위한 공동노력이라는 실천적 경험을 통해 극복될 수밖에 없는 것이다. 바로 이러한 점에서 볼 때 최근 들어 글로벌 경쟁에서 고전하고 친환경차 개발에서 뒤처지고 있는 한국 자동차산업이 봉착하고 있는 위기 상황은 이러한 노사관행을 극복할 수 있는 기회가 될 수도 있다. 2018년 현대차그룹의 영업이익률이 1~2%대에 불과하고 중국 현지공장의 가동률이 50% 이하로 떨어지고 있는 상황에서 재벌대기업 노사가 서로 임금인상과 고용조정을 가지고 집안싸움할 여유가 없다. 노동조합은 질적 경쟁력을 높이고자 하는 경영진의 노력에 동참하고, 사용자는 지속가능한 고용역량을 확충하기 위한 생산적 국내투자에 나서야 한다. 한국 자동차산업의 노사가 공멸의 길을 자초하지 않으려면 단기적 이해관계를 넘어서 중장기 미래목표를 공유하는 전략적 타협방안을 찾아야 한다.

한편 임금인상 자제, 노동조건 하락 등에 대한 조직노동자의 이견과 반발에도 불구하고, 노동조합이 전체 노동자, 더 나아가 견습생을 비롯한 비정규직의 고용안정을 위해 보여준 노동자 연대의식이 독일 완성차업체 고용안정협정의 든든한 기반이 되었다. 이는 기업위기 상황에서 단기적인 경제적 이익의 추구가 결국 자신의 고용불안을 초래하는 부메랑으로 돌아온다는 사실을 노동자들 스스로가 잘 인식하고 있었다는 것을 보여준다.

한편 우리의 경우, 위기상황에도 불구하고 이러한 연대의식은 현실화되지 못하고 있다. 경제위기에 의해 조장되는 구조조정에 노동조합은 비정규직을 포함한 전체 노동자의 고용안정을 핵심목표로 설정하고 전략적으로 대응하기보다는 정규직 조합원의 이해를 중심으로 개별사업장의 요구를 조정하는 데 재정적, 인적 역량을 집중하고 있다. 심지어 정규직의 임금유지와 고용안정을 위해 비정규직이 안전판으로 악용되는 실정이다. 바로 이러한 측면에서 볼 때, 경제위기국면에서 노동시간단축을 통해 일자리를 공유하면서 비정규직과 '일자리연대'를 형성하는 노력은 더 이상 미룰 수 없는 정규직 노동조합의 과제라고 할 수 있다.

독일의 고용안정협정이 우리에게 던져주는 가장 중요한 시사점은 고용안정과 기업경쟁력 향상이라는 두 마리 토끼를 잡기 위해서는 노사의 전략적 타협이 필수적으로 요구된다는 사실이다. 독일 완성차업체는 노사 모두 기업위기 상황에서 단기적 이해를 넘어서 지속가능한 발전에 필요한 전략적 의제를 논의하고 이에 대한 합의점을 찾았다. 이는 일자리안정과 질적인 경쟁력향상이라는 전략적 목표를 달성하기 위해서 노사 모두 자신의 단기적 이익을 양보했다는 것을 의미한다.

노동조합의 입장에서 볼 때, 노동자의 기본적 관심사인 임금수준 하락과 노동조건 후퇴를 고용안정협정에서 수용하는 것은 쉽지 않은 결정이었다. 한편 사용자 입장에서 볼 때, 기업위기 상황에서 인력감축 위주의 구조조정이 더 용이할 뿐만 아니라, 더 큰 효과를 발휘하는 것은 명확했다. 하지만 독일 완성차업체 노사는 어려운 길을 선택한 것이다. 사용자는 정리해고를 동반하는 구조조정방식이 결국 신뢰에 근거한 참여형 노사관계를 무너뜨리고 고품질-고부가가치-고생산성을 목표로 하는 고진로전략에 심각한 악영향을 미친다고 판단했다. 노조 또한 기업위기라는 냉혹한 현실 앞에서 기존의 임금과 노동조건을 고수하거나, 자신의 기득권유지를 위해서 비정규직의 정리해고를 용인할 수는 없었다. 임금과 노동조건의 양보를 수용하는 대신 총고용 보장과 지속가능한 고용을 뒷받침하는 신규투자의 보장이라는 전략적 선택을 하게 된 것이다. 또한 이러한 전략적 타협의 경험은 일시적으로 고용을 유지하고 비용경쟁력을 높이는 효과에 머무는 것이 아니었다. 이는 지속적으로 전개되는 자동차산업의 주객관적 조건변화로 인해 발생하는 다양한 문제들을 해결하기 위해 필요한 노사의 합리적 협상과 공동모색에 시금석으로 작용했다.

이와 달리 우리는 노동조합의 경우, 고용안정을 전제로 한 임금과 노동조건의 조정을 전략적 타협으로 인식하지 못하고 양보교섭으로 규정하는 경향이 강하다. 더 나아가 조직노동자의 다수 이해를 빌미로 하여 미조직노동자의 희생을 요구하거나, 비정규직에게 구조조정의 위험과 비용을 전가하는 행위가 증가하고 있다. 이러한 기회주의적 태도는 사용자에게도 그대로 나타나고 있다. 기업위기를 극복하기 위한 방안을 찾기 위해 노동자들을 설득하거나 노동조합을 대화의 파트너로 인식하지 않으면서 오히려 경영위기 상황을 악용하여 노동자를 압박하고 노동조합을 무력화시키는 데 급급하고 있다. 아니면 내부노동자의 반발과 저항을 줄이기 위해 협력업체와 하청기업에게 구조조정의 비용과 위험을 전가시키기도 한다. 물론 이러한 기득권 논리와 관행이 노사관계의 발전과정 속에서 배태된 것이기 때문에 쉽게 극복되기는 힘들 것이다. 하지만 노사가 경제위기와 구조조정이라는 외적 도전을 함께 해결해야 할 공동의 문제로 인식하고 이를 극복하기 위한 전략적 타협안으로 지속가능한 고용안정과 질적인 경쟁력강화 방안을 합의할 수 있다면, 그 가능성은 열릴 수 있다.

마지막으로 고용안정협정의 효과는 산별교섭체계와 법제도적 보완조치가 병행되어야 극대화될 수 있다는 사실이 중요하다. 우리는 독일사례의 연구를 통해서 기업 차원의 고용안정협정이 실질적인 고용효과를 발휘하고 질적인 경쟁력향상에 기여하기 위해서는 초기업적 차원의 법제도적 보완장치가 필요하다는 것을 확인할 수 있었다. 개별 완성차업체의 고용안정협정이 시장경쟁에 의해 다른 완성차업체의 고용불안을 유발시키지 않기 위해서는 임금과 노동조건의 추락을 막을 수 있는 장치가 필요하다. 이러한 역할을 하는 것이 산별교섭체계이다. 독일의 고용안정협정에서 임금과 노동조건의 조정이 주로 산별협약수준을 준수하는 범위 내에서 이루어지고, 산별협약을 일종의 '가이드라인'으로 삼고 있다는 사실이 중요하다. 고용안정협정의 내용과 범위에 대한 최종적 승인권한을 산별노조가 가지고 있는 것이다. 아무리 고용안정이 중요하다고 하더라도 개별기업 노사의 임의적인 합의가 임금과 노동조건의 무차별적인 하향평준화로 귀결되어서는 안 된다.

또한 기업위기 상황에도 불구하고 독일 완성차업체의 노사가 고용안정협정을 통해 인력조정을 최소화할 수 있었던 것은 다양한 형태의 고용안정망이 존재했기 때문에 가능했다. 실노동시간의 단축에 따른 임금손실분을 해당 노동자에게 직접적으로 지급해주는 '단축노동지원금', 사용자의 해고회피노력을 극대화시키기 위한 '이해균형과 사회적 계획', 노동시간의 조절과 유연화를 지원하기 위한 '노동시간계좌' 등 다양한 제도들이 기업 내부 유연성과 고용안정을 지원하고 있다.

이러한 측면에서 볼 때, 우리는 개별기업 노사가 합의하는 고용안정협정을 받쳐주는 산별교섭체계가 마련되어 있지 않을 뿐만 아니라, 이를 지원할 수 있는 법제도적 기반이 너무나 취약하다. 유일한 법제도적 장치인 '고용유지지원금제도'도 정리해고를 위한 합법적 절차로 악용되는 경우가 많다. 또한 고용안정협정의 핵심적 의제인 노동시간단축은 우리의 현실에서 직접적인 임금손실로 바로 영향을 미치기 때문에 사회적 차원의 가처분소득 확대방안이 마련되지 않으면, 고용안정정책으로 효과를 내기가 사실상 힘들다. 바로 이러한 이유로 개별기업의 고용안정협약이 실질적인 효과를 발휘하기 위해서는 고용문제에 대한 다층적이고 중층적 교섭구조가 마련되어야 할 뿐만 아니라, 노조가 참가하는 고용안정기금과 보충적 고용보험 같은 법제도적 보완장치가 종합적으로 재설계되어야 한다.

III

21세기 새로운 도전과
일자리혁명을 위한 혁신

8장

고용기적의 추진력, 하르츠개혁의 빛과 그림자[36]

1. 고실업에 고통받던 독일은 어떻게 고용기적을 이뤘나?

2014년 당시 박근혜정부가 경제사회발전노사정위원회에서 '쉬운 해고', '임금피크제', '성과연봉제' 같은 노동시장 구조개선조치를 밀어붙이면서 소위 '노동개혁'의 모범 사례로 언급한 것이 바로 독일의 '하르츠개혁'이다.

슈뢰더 총리를 중심으로 한 적록연정이 2000년대 초반 추진한 '하르츠개혁'은 '아겐다 2010'과 함께 가장 대표적인 노동시장 법제도의 탈규제화조치이다. 고용체계의 전환 논란까지 초래할 정도로 '하르츠개혁'을 둘러싼 논란은 아주 뜨거웠다. 긍정적으로 평가하는 입장은 '하르츠개혁'으로 대표되는 슈뢰더정부의 '적극화 노동시장

36   이 글은 이상호(2014), "독일 고용체계의 변화가 노동시장에 미친 효과", 『경상논총』 32(4), 한독경상학회에서 상당부분을 수정하고 보완한 것이다.

정책'이 고질적인 실업문제를 해결하고 최근 독일의 고용기적을 만들어내는 추동력이 되었다고 평가한다. 이와 달리 노동시장제도의 탈규제화로 인해 정형적 고용관계의 안정성이 심각하게 약화되고 노동시장의 분단화와 이중화가 초래되었다는 강력한 비판이 존재한다.

이런 가운데 흥미로운 사실은 지난 십수 년간 '유럽의 병자' 취급을 받던 독일이 한국사회에서도 새롭게 주목받게 되었다는 점이다. 얼마 전까지만 해도 미국식 신자유주의적 사고에 푹 빠져 있는 한국의 주류 경제학자와 관료들에게 독일경제는 '고비용-저효율체제'의 대명사였고, 독일의 노동시장은 항상 '규제덩어리'로 취급당했다.

격세지감이라고 할까? 독일경제와 노동시장에 무슨 변화가 있었기에 영미식 시장만능주의를 신봉하는 이들이 그전까지 '준(quasi)'사회주의국가로 취급하던 독일에 주목하게 된 걸까? 그 이유는 간단하다. 지난 2000년대 중반 이후 독일경제가 고실업-저성장-저고용 악순환의 고리를 벗어나 새롭게 도약하고 있을 뿐만 아니라, 이러한 재도약의 시점이 그들이 보기에 노동시장의 전형적인 '노동시장의 탈규제화'조치인 '하르츠개혁'이 본격적으로 추진된 시기와 맞물려 있기 때문이다. 이러한 연유 때문인지 당시 전경련과 경총은 물론, 박근혜정부와 관변학계까지 나서서 독일과 같이 '고용률 70%'를 달성하기 위해서 '하르츠개혁'을 배우자고 주창했다.

과연 그렇다면 독일경제의 재도약과 고용기적을 추동한 결정적 요인이 '하르츠개혁'이라고 단언할 수 있는가? 이러한 의문을 풀기 위해 다음 내용을 살펴보자.

먼저 '실업함정'에서 벗어나 '고용기적'으로 전환되는 독일 고용

체계의 변화과정에 대한 논란을 간략히 살펴본다. 이어서 '하르츠개
혁'으로 대표되는 법제도의 탈규제화조치와 이에 대한 독일노조의
대응정책을 소개한다. 더 나아가 '적극화 노동시장정책'으로 인해
나타난 고용관계와 노동시장의 변화 추세를 시기별로 나누어서 자
세하게 분석한다. 마지막으로 이러한 독일사례를 통해 우리가 얻을
수 있는 시사점을 노동의 관점에서 찾을 것이다.

2. 독일 노동시장과 고용체계의 전환

독일의 통일과 유럽통합의 강화로 인한 사회경제적 압력이 강해지
고, 신자유주의적 구조조정이 진전되면서 1990년대 이후 독일모델
은 새로운 국면을 맞이한다(Streeck & Kitschelt, 2004). 고질적인 실
업률 증가와 날로 확대되는 재정적자로 인해서 기존의 고생산성-고
부가가치-고임금-관대한 사회보장으로 이어지는 선순환구조가 깨
지고 독일의 생산체제가 국제경쟁력을 잃어가면서 독일모델에 대한
근본적인 문제제기가 증가한다(Sinn, 2003). 이러한 가운데 독일모델
의 위기 원인으로 경제의 지구화와 금융화, 흡수통일과 유럽통합으
로 인한 재정부담, 혁신동력의 상실, 고비용-저효율체제 등이 지적
되면서, 1998년 말 집권한 적록연정은 이러한 문제를 해결하기 위한
처방전으로 '신중도(Neue Mitte)'의 길을 수용하고 구조개혁을 적극
적으로 추진하게 된다.
　　하지만 이러한 위기극복책은 전후 독일모델의 반영태인 고용체

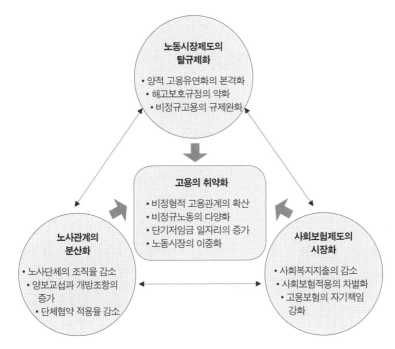

그림 8-1 독일 고용체계 변화 요인과 영향
출처: 이상호, 2014a: 73

계의 근간을 흔들어 놓았다(Lehndorff et al., 2009). 1980년대까지 독
일의 고용체계는 정형적 고용관계를 안정적으로 재생산하고 있었
다. 무기계약방식의 전일제 근무자로 대표되는 정규직 노동자는 정
형적 고용관계를 통해 가족생계를 보장하는 임금수준, 강력한 고용
보호조치, 산별협약과 사회보험의 포괄적 적용 등을 확보할 수 있었
다. 하지만 위의 〈그림 8-1〉에서 확인할 수 있듯이 적극화 노동시장
정책과 비정형적 고용 관련 법제도의 탈규제화, 노사관계의 탈집중
화에 의한 단체교섭의 분권화, 사회보험제도의 시장화로 인한 복지
국가의 후퇴 등이 전면화되면서 고용체계의 변화가 가속화되고 고

용관계의 취약화가 심화된다(Bosch et al., 2007).

　일반적으로 독일고용체계에 영향을 미치는 구조환경적 요인, 제도적 조건과 행위주체적 요인의 변화로 인해 기존 정형적 고용관계의 보편성과 안정성이 상당히 훼손되었다는 점에서는 이론의 여지가 없다. 하지만 이러한 고용관계의 변화가 기존 고용체계를 붕괴시키고 새로운 고용체계로 전환되고 있는지에 대한 논란은 지금도 계속되고 있다.

　한편 2000년대 중반 이후 나타나고 있는 독일 노동시장의 변화에 대한 해석은 상당히 이질적으로 나타나고 있다. 먼저 실업률의 지속적 하락, 고용율의 증가, 경제성장과 연계성 강화 등 고용성과를 주목하는 입장은 최근의 노동시장 상황을 '고용기적'이라고 평가한다(Dustmann et al., 2013; Reisenbichler & Morgan, 2012). 하지만 이러한 긍정적 평가와는 전혀 다른 시각도 존재한다. 이들은 화려한 성과지표의 이면에 숨겨져 있는 고용관계의 비정형화와 노동시장의 이중화 추세를 주목한다. 최근 독일의 고용구조는 정형적 노동자의 비중은 점차 줄어드는 반면, 다양한 형태의 비정형적 고용관계를 맺는 노동자의 비중이 꾸준히 늘어나는 추세를 보이고 있다. 또한 저임금과 고용불안정, 단체협약과 사회보험의 미적용 등으로 대표되는 고용의 취약화는 더욱 심화되고 있다(Keller & Seifert, 2011).

　이러한 상반된 해석은 2000년대 초반 일자리동맹이 파국을 맞이한 후 슈뢰더 총리 주도로 추진된 하르츠개혁에 대한 입장차이에 기인한다. 노동시장의 개혁이라고 긍정적으로 평가하는 이들과 함께, 노동시장의 탈규제화를 초래한 개악조치라고 부정적으로 평가하는 이들도 존재한다. 이렇게 전혀 다른 평가를 받고 있는 하르츠개혁에 대해 좀 더 살펴보도록 하자.

3. 하르츠개혁의 핵심 내용과 주요 쟁점

3.1 적극화 노동시장정책과 하르츠개혁

1998년 가을 연방의회선거에서 사민당과 녹색당이 승리하면서 적록연정이 탄생한다. 슈뢰더정부는 초기에 노동시장 제도개혁안을 노사정 대표가 참가하는 사회적 협의기구를 통해서 만들고 여기에서 사회적 합의방식으로 논의하고자 했다. 하지만 노사가 '일자리동맹'에 대한 자신의 입장만을 고집함으로써 중요한 합의점을 찾지 못하게 된다. 결국 사회적 협의기구는 좌초하고 2000년대에 들어서면서 악화된 노동시장의 상황은 슈뢰더정부로 하여금 노동시장의 탈규제화조치를 전면적으로 추진하도록 만들었다(Eichhorst et al., 2010; 이승협, 2008).

　슈뢰더정부는 먼저 헬무트 콜정부 당시에 입법화된 '고용촉진법'을 '사회법전 III'[37]으로 대체하면서 이에 대한 추가적인 보완조치를 '일자리-활성화법'[38]으로 입법화한다. 적록연정 1기 노동시장정책

37　총 12권으로 구성된 독일의 사회법전 중에서 III권은 주로 고용촉진과 실업급여제도에 대한 법규를 다루고 있다.

38　이 법의 명칭은 '일자리의 적극화(Aktivieren), 숙련화(Qualifizieren), 훈련(Training), 투자(Investieren), 직업소개(Vermitteln)와 관련된 법'이라는 뜻이다.

의 핵심적 내용을 담고 있는 이 법은 명칭에서 알 수 있듯이 개인의 고용능력을 높이기 위해 구직활동을 적극화하고, 숙련교육·직업훈련과 인적 투자를 강화하고, 직업소개제도를 개혁하는 것을 목표로 했다(정원호, 2004: 255). 이 법의 도입은 적극화 노동시장정책으로 상징화되는 독일 노동시장정책의 전환을 명확하게 보여주는 것이다.

노동시장의 균형과 안정을 목표로 하는 '사회법전 III'의 입법화는 정부의 고용촉진조치에 있어 커다란 변화를 불러 일으켰다. 이 법은 고용촉진조치에 대한 사용자와 노동자의 특별한 책임과 의무를 강조하고 있는데, 특히 노동자로 하여금 '적정한' 일자리를 수용할 수밖에 없도록 강제하는 규정이 포함되어 있다. 실업자는 실업수당과 실업부조에 대한 수급권을 가지기 위해서는 고용청이 소개하는 일자리나 직업훈련 기회를 수용해야 하며, 이를 거부하는 경우 실업급여 지급중단과 수급권이 거부당하는 불이익을 감수하도록 만들었다. 즉, 이러한 적정성 규정은 노동자에게 구직활동의 의무를 부여한다는 점에서 독일 노동시장정책의 방향 전환을 의미한다(정원호, 2004: 258).

한편 고용촉진을 위한 구직의무의 강제화로 특징지을 수 있는 '적극화 노동시장정책'의 도입으로 인해 노동자는 가능한 한 빨리 아무 일자리나 구할 수밖에 없는 처지에 내몰리게 된다. '지원과 의무'라는 명제로 요약할 수 있는 '적극화 노동시장정책'은 기존 적극적 노동시장정책의 예방적 성격을 벗어나 고용에 대한 자기책임을 강화하는 결과로 나타났다.

이러한 고용정책의 변화는 2기 적록연정이 들어서면서 독일 노동시장제도의 전면적인 개편을 제안한 '하르츠개혁'으로 현실화되었다(Hartz Kommmission, 2002). 슈뢰더정부는 2002년 2월 폭스바겐 전 노무총괄이사인 하르츠를 위원장으로 하는 노동시장의 현대적 서비스 위원회를 구성하고 노동시장정책의 효율화, 구직자의 책임강화를 통한 취업활동 촉진, 노동시장의 유연성과 경쟁력 제고를 통한 고용창출 등을 목표로 하는 노동시장의 탈규제화조치를 적극적으로 추진한다. 시차를 두고 단계별로 진행된 하르츠위원회의 개혁조치는 실업보험제도, 직업중개제도, 취약노동자와 창업지원제도, 경미고용창출, 고령자의 취업지원, 중소기업의 채용지원 등 다양한 영역에서 법제도적 변화를 초래했다.

　이러한 하르츠개혁의 법제화를 통해 독일의 고용정책은 기존의 실업자 보호와 공공주도의 일자리 제공을 중심에 둔 정책에서 실업문제에 대한 개인의 책임을 강화하는 방향으로 변화했다. '적극화 노동시장정책'의 법제도적 규범이라고 할 수 있는 '하르츠법'[39]은 노동자로 하여금 정부의 실업대책에 대한 적극적 참여를 강제하는 한편, 이러한 조치에 책임감 있게 참여하지 않는 경우 벌칙조치를 통해 실업자를 실질적으로 압박했다. 이를 통해 실업자의 취업가능성을 높이고 노동시장의 기능과 효율성을 개선하고자 했다. 특히 구직활동을 적극화하고 취업중개기능을 강화함으로써, 실업자의 도덕적 해이를 차단하거나 취업활동을 저해하는 지원제도의 문제점을 해결하고자 했다(황기돈, 2014).

　그러나 이러한 개혁조치의 고용효과는 양면적인 모습을 보였다.

39　이 법은 2003년부터 3단계에 걸쳐서 2005년까지 입법화된 4개의 법을 말한다. 이 법들은 크게 노동시장의 정책수단, 연방고용청의 개편, 실업보험제도의 개선과 관련되어 있다.

직업훈련, 임금보조금과 창업지원 등의 조치들은 양적으로 일자리를 늘리는 효과를 발휘했지만, 고용증가의 상당부분이 임시직과 단기저임금 일자리로 채워졌고, 정규직의 고용증대효과는 제대로 나타나지 않았다(이상호, 2014a). 오히려 2000년대 들어서면서 노동시장의 새로운 문제로 부각된 고용의 질을 더욱 악화시키고 있다. 취약계층인 실업자와 장기실업자를 노동시장으로 진입시키기 위해 도입된 기간제노동, 파견노동, 경미고용 등 비정형적 고용관계에 대한 법제도의 탈규제화조치는 실업자의 수를 줄이는 효과를 발휘했지만, 정형적 고용관계를 대체하는 역효과 또한 유발시키고 있다(이상호, 2014b; 이상호, 2014c).

이와 같이 2000년대 들어 본격화된 노동시장정책의 탈규제화는 지난 수십 년 간 유지되어 왔던 독일의 노동시장제도를 전면적으로 재편하는 '노동시장정책의 패러다임 전환'이라고 할 수 있다. 하르츠법과 연이어 추진된 '아젠다 2010'[40]은 그동안 독일의 노동시장정책에서 터부시되던 비정형적 고용관계와 단기저임금 일자리를 사회적으로 공식화하고 이중노동시장을 정당화하는 제도적 기반을 제공했다.

---

40   2003년 3월 적록연정 2기가 발표한 '아젠다 2010'은 노동시장정책의 추가적 개혁프로그램의 성격을 지닌다. 경제적 동학의 강화, 일자리 창출, 임금부대비용의 절감과 지속가능한 복지체계 등을 목표로 하는 개혁안은 노동시장의 유연화를 촉진시키기 위해 해고방지법의 개혁, 실업수당의 합리적 관리, 실업보험과 사회부조의 통합운영, 연방고용청의 운영조직 개편, 동독지역의 고용창출을 위한 공적 지원제도의 적극화 등을 제시하고 있다(이승현, 2013a 참고).

3.2 하르츠개혁에 대한 노동조합의 비판

이러한 적록연정 슈뢰더정부의 노동시장정책은 초기부터 당내 좌파의 비판은 물론, 노동조합을 비롯한 사회단체들의 거센 반발에 부딪힌다. 먼저 노조의 입장에서 볼 때, '노동시장의 현대적 서비스'라는 타이틀을 지닌 하르츠개혁안의 내용은 2002년 선거 당시 노동조합에게 약속했던 사민당의 공약과 상치되는 것이다. 집권당의 약속불이행은 노조지지자들의 이탈을 촉발시킬 뿐만 아니라, 사민당 자체에 대한 정체성 혼란을 초래했다.

한편 노동조합은 선거공약의 이행여부와 함께, 내용적인 측면에서 슈뢰더정부의 개혁안을 비판했다. 기본적으로 노동조합은 사민당의 개혁안이 독일 사회경제문제에 대한 잘못된 분석에서 출발하고 있기 때문에, 개혁안의 목표인 성장과 고용의 지속가능성, 그리고 사회보장체계의 안정성 확보는 어렵다고 판단했다. 슈뢰더정부는 독일의 성장약화, 실업증가의 원인을 높은 임금(간접)비용, 높은 조세와 보험부담률, 노동시장의 경직성에서 찾고 있다. 하지만 실제로 지난 15년 동안 기업의 노동비용부담과 조세부담은 계속적으로 줄어들었고, 임금소득자, 즉 노동자의 부담 몫은 늘어난 것이 진실이다. 그리고 해고보호법 완화, 단기고용법의 촉진, 실업급여의 축소 같은 노동시장의 탈규제화조치는 지속적으로 전개되었다. 그럼에도 불구하고 실업률은 여전히 높고, 성장은 둔화되었다. 노동조합의 입장에서 볼 때 그 이유는 오히려 사민당이 지난 1998년 집권 이후 추진해온 정책 내용이 사민주의적 전통에 서 있기보다는 보수정당과 신자유주의자들의 요구를 그대로 수용하고 있기 때문이다.

이러한 의미에서 노동조합은 슈뢰더정부가 노동조합에게 요구하는 단기저임금 일자리의 양성화, 실업부조의 수준을 사회부조의 수준으로 낮추는 것, 보험비용과 위험부담을 개인에게 돌리는 것, 교섭자율주의와 노동우선혜택원칙의 제한 등과 같은 내용을 받아들일 수 없었다. 이들이 보기에 1998년 집권 이후 적록연정은 신자유주의에 대응하는 사회민주주의적 대안에 대한 논의를 소홀히 했다. 노동조합은 하르츠개혁과 '아겐다 2010'에 대한 대안으로 사민주의적 개혁방안을 제안한다. 이에 따르면 사회적 영역, 공공부문과 생태적 섹터에 대한 실질적인 투자확대, 시민보험의 도입과 사회보험체계 통합, 임금소득자의 조세부담 완화, 사회정책과 노동정책을 통합시킨 유연안전성(flexicurity) 전략의 추진을 주장했다. 노동조합은 사민당이 '민주적 사회주의'라는 자신의 이념적 정체성에도 불구하고, 개혁 프로그램을 21세기의 연대와 정의, 고용과 사회복지에 대한 업그레이드로 구체화되지 못하고, '달콤한' 신자유주의의 유혹에 빠져 단기적 고용성과에 의존하는 정책적 결정을 하게 되었다고 비판했다.

3.3 비정규노동 관련 법제도의 규제완화

1) 노동자파견법의 탈규제화와 간접고용의 제도화

이와 같이 2000년대 초반 이후 본격화된 '적극화 노동시장정책', 즉 하르츠개혁으로 인해 독일의 노동시장과 고용관계는 큰 변화를 겪게 된다. 특히 단기저임금 일자리로 대표되는 비정규직노동의 확산은 가장 뚜렷한 변화였다. '일자리-활성화법'과 '하르츠법'의 도입에 따라 추진된 노동시장제도의 개혁조치 중 비정규노동에 직접적인 영향을 미친 내용은 파견노동의 탈규제화, 경미고용의 양성화, 그리고 임시기간제의 규제완화이다. 비정규직 관련 법제도의 개정을 통해 영리 목적에 의한 파견노동이 급속히 확산되고, 소위 '미니잡'으로 일컬어지는 경미고용이 공식화된 것은 물론, 시간제 일자리가 보다 쉽게 도입될 수 있었다. 먼저 파견노동의 탈규제화효과를 살펴보고자 한다.

2004년 노동자파견법의 전면개정을 통한 파견노동의 탈규제화는 직접고용을 고용관계의 기본원칙으로 삼고 있던 독일고용관계의 기반을 흔드는 파격적인 조치였다. 파견노동의 기간과 사용사유에 대한 제한을 없애는 탈규제화조치는 당시에 정형적 고용관계의 기본질서를 훼손시키고 간접고용의 확산을 초래할 것이라는 비판을 받았다. 또한 유럽연합의 지침에 따라 '동일노동-동일임금원칙'을 엄격하게 준수할 수 있는 보완장치와 전제조건을 마련하지 않으면, 결국 고용불안과 저임금에 시달리는 나쁜 일자리만을 양산하는 결과를 초래할 것이라고 경고하는 이들도 있었다. 그리고 파견법의 전면적인 규제완화조치로 인해 생길 수 있는 일자리가 과연 지속가능한 고용에 부합하는가에 대한 의문도 제기되었다(Vitols, 2008).

이러한 논란에도 불구하고 2004년 1월 효력이 발생한 '노동자 파견 개정법'은 파견근로의 기간제한 금지, 3개월 이내의 재고용 금지, 파견기간과 고용계약기간의 동시화 금지, 파견기간의 상한기간 등을 폐지하는 내용을 담고 있다. 물론 파견노동자의 임금과 노동조건의 차별금지를 명시한 동등대우원칙이 법안에 포함되었지만, 법적 예외조항과 기업 내부노동시장의 차별 메커니즘으로 인해 동일업무를 수행하는 정규직과 파견노동자의 동등대우를 실현하기란 쉽지 않았다.

이러한 결과로 노동자파견법의 개정 이후 파견노동자의 수는 2배 이상 증가하고, 1990년대까지 일부 업종에 한정되어 있던 노동자파견이 다양한 업종으로 확산되었다. 이러한 파견노동의 증가 추세는 중소기업보다는 대기업에서, 그리고 서비스부문보다는 제조업을 중심으로 나타났다. 한편 파견노동에 대한 임금차별로 인해 동일직무를 수행하는 정규직 노동자에 비해 파견노동자는 상당히 낮은 임금을 받고 있을 뿐만 아니라, 중위소득의 2/3에도 미치지 못하는 저임금 노동의 비중도 계속 늘어나고 있다(Deutscher Bundestag, 2013: 16).

파견노동의 활용실태에 대한 조사는 저숙련부문과 조립부문에서 파견노동이 상대적으로 더 빠르게 증가하고 있다는 것을 보여준다. 기업들은 경영합리화, 외주화와 구조조정을 통해 필요노동력을 줄이고, 간접업무와 비핵심분야의 노동력을 파견업체로부터 공급받고 있다. 외부노동력으로서 파견노동은 정규직 고용은 물론, 다른 비정형적 고용형태보다 훨씬 더 높은 유연성을 가지고 있다. 고용계약과 파견계약이 분리되어 체결되기 때문에, 파견기간을 상대적으로 짧게 설정할 수 있을 뿐만 아니라, 사업상의 조건변화를 이유로 계약해지 또한 상대적으로 쉽게 할 수 있다. 그래서 파견노동자는 사용사업체에게 핵심노동력의 질적, 기능적 유연화를 통해 완전하게 보완되지 않는 노동력의 양적 조정을 가능하게 만들고 정형적 고용관계의 경직성을 완충할 수 있는 핵심적인 고용유연화 수단으로 기능한다고 평가할 수 있다(Deutscher Bundestag, 2013: 33).

　　이러한 가운데 파견노동의 전면적인 탈규제화조치는 파견노동자의 고용조건을 더욱 악화시키는 결과를 초래했다. 기간제한과 동시화금지 규정이 사라지면서 파견계약의 기간은 더욱 짧아지고, 파견업체와의 유기계약이 늘어나면서 고용안정성은 약화되고 있다. 노동자파견 개정법은 실업자와 취업예정자가 파견노동 일자리를 통해 직업경험을 쌓고 정규직 일자리를 얻을 수 있는 '가교효과'와 '접착효과'를 중요한 목표로 설정하고 있었다. 하지만 이러한 기대와 달리 새로운 노동자파견법은 파견계약을 더 쉽게 해지할 수 있도록 만드는 동시에, 사용자의 단기적 필요에 따라 임시적으로 파견노동을 활용하는 부정적 효과를 발휘했다. 오히려 동일직무에서 일하면서 노동과정이 통합되는 파견노동자가 확산되면서 직간접적으로 정규직 노동자의 고용안정성을 위협하는 '대체효과'가 발생하고 있다(Eichhorst & Max, 2010: 80).

2) 경미고용의 양성화와 단기저임금 일자리의 확산

한편 슈뢰더정부는 기존의 단기저임금 일자리를 양성화하기 위해서 사회보험료 지원과 조세감면조치를 취하는 법개정을 추진했다. 2003년 1월 발효된 '하르츠법 II'에 따르면, 소위 '미니잡'으로 불리던 주15시간 미만 월소득 325유로 이하 경미고용 일자리에 대한 주당 노동시간의 제한을 없애고, 경미고용의 포괄범주를 월 400유로 일자리로 확대했다. 정부는 이러한 단기저임금 일자리를 늘리기 위해 사회보험료 지원과 근로소득세의 감면조치를 취했다. 경미고용

노동자는 사회보험료가 면제되었으며, 해당 사용자는 경미고용 노동자에게 지급하는 급여액의 23%(제조생산부문), 혹은 10%(민간가계부문)에 해당하는 사회보험료(의료 및 연금보험), 산재보험 1.6%와 2% 근로소득세를 일괄납부하도록 만들었다(이규용, 2011).

하지만 사회보험지원의 재정적 부담이 늘어나면서 경미고용에 대한 사회보험납부율은 2006년 7월 법개정을 통해 연금보험률은 15%, 의료보험률은 13%로 인상되었다. 이와 함께 미니잡에서 정규직 일자리로 이동하는 데 도움을 주기 위해서 월 400유로 이상 800유로 이하의 임금을 받는 '미디잡(Midi-Job)'을 제도화한다.[41] 이러한 미디잡은 사용자에게 의료보험과 연금보험 외에 실업보험의 가입의무를 부여하는 동시에, 해당 노동자에 대한 사회보험료 지원액이 임금수준에 따라 차등화되는 계단식 보험료지원방식을 의미한다. 하지만 경미고용의 양성화정책은 2000년대 중반 이후 독일노동시장에서 단기저임금 일자리를 급증시키는 부작용을 낳았다.

이러한 경미고용은 1990년대 말까지 고실업문제로 골치를 앓고 있던 독일정부가 고용의 질보다는 양에 집중하면서 추진한 대표적인 고용창출정책이다. 사회보험료와 조세감면을 동반하는 단기저임금 일자리가 사용자로 하여금 비용절감을 가능하게 하고 실업자에게 새로운 일자리를 제공한다는 점에서 노사 모두에게 이익을 준

---

41 한편 2013년 1월 미니잡의 적용범위를 더 확대시키는 법개정이 이루어졌다. 기존에 월 400유로로 제한되었던 미니잡의 적용범위가 월 450유로로 확대되고 연금보험의 적용이 의무화된다. 그리고 미디잡의 적용상한소득이 월 800유로에서 850유로로 확대된다. 그러나 2013년 12월까지 월 400유로 미만 미니잡을 가진 노동자의 경우, 연금보험의 가입의무가 면제될 수 있도록 만들었다. 그리고 월 400유로로 제한되었던 의료보험의 가족혜택 기준소득을 월 450유로로 인상했다.

다는 평가가 존재한다. 하지만 단기저임금 일자리의 확산은 생활보장수준의 임금지급, 그리고 주업으로서 일자리라는 기존 고용관계의 틀을 훼손하고 사회보험료와 조세감면에 따른 재정기반을 잠식할 수 있다는 비판 또한 거세게 일어났다(Bäcker & Neuffer, 2012: 20).

특히 저임금을 특징으로 하는 미니잡 일자리가 고용취약계층에게 집중되고 더 나은 일자리로 이동시키는 '가교역할'을 제대로 수행하지 못하면서 근로빈곤층의 일자리로 전락하고 있다. 또한 미니잡의 반복적 장기근무는 노후보장의 기반이 되는 연금혜택을 줄이는 효과를 발휘하기 때문에, 단기저임금 노동자를 사회보장제도에 통합시키고 정규직 일자리로 이동할 수 있는 방안을 모색해야 한다는 주장이 계속 제기되었다(이승현, 2013b: 54).

이와 같이 2000년대에 들어서면서 적록연정은 '일자리-활성화법', 4개의 '하르츠법', 그리고 '아겐다 2010' 등의 조치를 통해 노동시장제도를 개혁하고자 했다. 이러한 정부정책의 기조변화는 기존 노동시장정책의 효과에 대한 근본적 의문에서 시작되었고 노동시장의 구조개혁에 대한 신자유주의적 처방을 흡수한 결과이다. 이들은 정부 재정부담이 큰 적극적 노동시장정책으로 사회경제적 환경변화에 제대로 대응할 수 없으며, 국가의 적극적 개입이 오히려 고용정책의 고비용을 초래하고 노동시장의 역동성을 저해하는 요인으로 작용한다는 노동시장의 탈규제화론을 수용했다.

이러한 정부의 적극화 노동시장정책은 초기에 저임금노동을 확산시키고 고용불안정을 높이는 효과를 발휘했다. 그러나 이러한 고용관계의 취약화와 노동시장의 이중화 현상은 2008년 금융위기를 거치고 난 후 견고한 경기회복과 구조고도화를 겪으면서 다른 모습을 보이고 있다. 이를 보다 자세히 살펴보도록 한다.

4. 하르츠개혁의 노동시장효과

4.1 노동시장효과에 대한 논란

2000년대 초반 적록연정의 하르츠개혁이 추진되고 난 후 독일 노동시장에서 나타나고 있는 변화에 대한 해석은 상당히 이질적이다. 먼저 실업률의 지속적 하락, 고용률 증가, 경제성장과의 연계성 강화 등 고용성과를 주목하는 입장은 최근의 노동시장 상황을 '고용기적'이라고 평가한다(Dustmann et al., 2013; Rinne & Zimmermann, 2013). 이들에 따르면, 적록연정의 노동시장제도 개혁조치가 효과를 발휘하면서 실업률을 7%대로 떨어뜨리고 고용률을 70%로 끌어올리는 계기로 작용했다. 실제로 1990년대 재통일 이후 경제성장과 고용성과 양 측면에서 저조한 실적을 보이던 독일이 2000년대 중반 이후 전혀 다른 모습을 보이기 시작했다는 것은 사실이다. 이들은 이러한 변화를 하르츠개혁으로 통칭되는 노동시장의 전면적인 개혁조치가 실업자의 적극적인 구직활동을 추동하고 고실업의 제도적 장애물을 제거하면서 나타난 결과로 해석한다.

이와 다른 평가도 제기되고 있다. 이들은 하르츠개혁이 실업률 하락 같은 긍정적 효과만 있는 것이 아니라, 비정형적 고용형태를

증가시키고 노동시장 격차를 확대시키는 부정적 효과를 낳았다고
주장한다.

　이러한 상반된 평가는 적록연정 2기라고 할 수 있는 2002년부
터 슈뢰더 총리가 추진한 적극화 노동시장정책과 관련 법제도의 규
제완화조치에 대한 입장과 이해관계가 전혀 다르기 때문에 벌어지
는 일이다(Eichhorst & Max, 2010).

　이와 같이 적록연정의 적극화 노동시장정책의 내용과 효과에
대한 평가가 상당히 이질적임에도 불구하고 고용의 질적 측면에서
2000년대 중반 이후 독일 고용관계의 '취약화'와 노동시장 '이중화'
는 부정할 수 없는 현실이다.

4.2 고용관계의 취약화와 노동시장의 이중화

위에서 살펴본 바와 같이 하르츠개혁이후 독일의 노동시장에서 정
형적 고용관계가 약화되고 비정규노동이 확산되면서 단기저임금 일
자리가 늘어나고 고용형태별 임금격차가 확대되고 있다(Keller &
Seifert, 2011).

　먼저 비정형적 고용형태는 평균적으로 정형적 고용관계에 비해
시간당 중위임금이 2010년 현재 약 60.6% 수준에 머물러 있다. 비
정형적 고용형태 중에서 시간제고용과 기간제고용의 경우 다른 비
정형적 고용형태보다 양호한 임금수준을 보이고 있지만, 이러한 고
용형태의 임금수준조차 정형적 고용형태와 비교하면 각각 약 84.6%
와 70.6% 수준에 불과하다. 한편 경미고용과 파견노동의 경우, 정형

적 고용관계를 맺고 있는 노동자의 절반 수준 임금을 받고 있다.

특히 경미고용의 임금수준은 다른 고용형태와 비교하여 상당히 낮다. 아이히홀스트 등(Eichhorst et al., 2012)에 따르면, 경미고용 노동자의 월평균 소득은 서독지역의 경우 약 260유로로, 동독지역의 경우 약 200유로 수준을 유지하고 있다. 경미고용의 제한선인 월임금 400유로와 350유로 이상 400유로 미만 노동자 비중이 주업의 경우 약 50%에 육박하는 반면, 부업의 경우 그 비중이 약 40%이고, 월임금 200유로 이하 경미고용 노동자의 비중이 약 40%를 차지하고 있다.

이와 같이 경미고용은 단기저임금 일자리의 특성상 여전히 보완적 수입원이거나, 부업소득의 성격이 강하다. 주업으로 경미고용 일자리를 가지고 있는 노동자 또한 자유의사에 따라 그 일자리를 선택한 것이더라도 엄격히 말해 정상적 일자리라고 말하기는 힘들다고 볼 수 있다.

한편 파견노동자의 임금은 동일직무, 혹은 유사업무를 수행하는 정규직 노동자과 비교하여 상당히 낮은 것으로 나타나고 있다. 독일노총(DGB, 2009: 4)에 따르면, 1980년 파견노동자의 평균임금은 전체 노동자 평균임금의 77.4%에 이르렀지만, 1995년 그 비율이 63.4%로 줄어들고 2001년에는 58.5%에 그치고 있다. 또한 파견노동자와 사용사업체의 정규직간 임금격차는 2007년 기준 모든 업종에 걸쳐 평균적으로 29%에 이르며, 제조업의 미숙련 남성노동자의 경우 2배 이상 차이가 나는 경우도 있다.

물론 파견노동자의 숙련수준, 직업경험과 생산성이 낮기 때문에 이러한 임금격차가 나타날 수 있지만, 동일업무를 수행하는 파견노동자와 비교 가능한 정규직 노동자 간 임금격차 또한 크게 나타나고 있다. 2010년 말 기준 구 동독지역의 경우 파견노동자와 정규직 노동자 간 임금격차는 남성은 38.7%, 여성은 43.0% 이상 차이가 난다. 또한 구 서독지역의 경우 남성의 임금격차는 50.9%에 이르며, 여성은 42.8%의 임금격차를 보이고 있다. 한편 2003년과 2010년을 비교한 수치를 보면, 파견노동자와 정규직 노동자 간 임금격차의 개선이 확인되지 않는다. 구 서독지역 남성노동자의 임금격차가 2003년 51.1%에서 2010년 50.9%로 조금 줄어들었고, 구 동독지역의 경우도 마찬가지이다.

　다른 한편 저임금노동자로 분류할 수 있는 노동자의 비중도 고용형태에 따라 큰 차이를 보이고 있다. 독일의 전체 노동자 중 저임금노동자[42] 비중은 20.6%인데, 정형적 고용관계를 맺고 있는 정규직 노동자의 경우 그 비중이 10.8%에 불과하다. 이와 달리 비정형적 노동자의 비중은 무려 49.8%에 이른다. 비정형적 고용형태 중에서 저임금노동의 비중이 가장 높은 고용형태는 경미고용으로 그 수치가 84.3%에 이르고, 파견노동의 비중은 67.7%, 기간제고용은 33.5%, 시간제고용은 30.9%이다.

　그래서 비정형적 고용형태를 가진 노동자의 경우, 낮은 임금소득으로 인해 근로빈곤의 위험이 심각한 것으로 나타났다. 한편 고용형태별 빈곤율의 변동추이를 살펴보면, 1990년대 말 이후 독일은 전반적으로 노동자의 빈곤율이 증가하고 있으며, 이러한 증가 추세

42　독일은 저임금노동(Niedriglohnarbeit)을 중위임금(Medienlohn)의 2/3 수준 이하로 규정하고 있다.

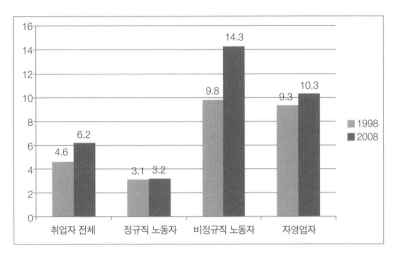

그림 8-2 고용형태별 근로빈곤층의 비중 변동추이(단위: %)
출처: Wagner, 2010: 96.

는 비정형적 고용관계를 맺고 있는 비정규노동자 빈곤율의 급격한 상승에서 기인한다는 것을 알 수 있다. 〈그림 8-2〉와 같이 전체 취업자의 빈곤율은 1998년 4.6%에서 2008년 6.2%로 증가하고 있다. 이 중에서 정규직 노동자의 빈곤율은 동일기간 그 비율이 3.1%에서 3.2%로 거의 변동이 없는 반면, 비정규직 노동자의 경우 그 비율이 9.8%에서 14.3%로 급격히 증가했다.

좀 더 자세히 살펴보면 2008년의 경우 정규직 노동자 중에서 근로빈곤층의 비중이 3.2%에 불과한 반면, 비정규직 노동자의 경우 그 비중이 약 4배 이상 높은 14.3%를 차지하고 있다. 이러한 근로빈곤층의 비중은 단기저임금 일자리를 대표하는 경미고용 노동자집단 (23.2%)에서 가장 높으며, 기간제(16.5%), 시간제(15.3%), 파견노동 (8.5%)의 순으로 비중이 높았다.

한편 국가석학위원회(Sachverständigenrat, 2013)가 발표한 자료에 따르면, 중위임금을 기준으로 하위 20% 임금을 받는 노동자집단과 중위임금 노동자집단의 임금격차가 구 서독지역은 2000년 31.83%, 2005년 35.76%, 2010년 40.52%로 지속적으로 증가하고 있다. 한편 상위 20% 임금을 받는 노동자집단과 중위임금 노동자집단의 임금격차도 2000년 33.41%, 2005년 36.92%, 2010년 39.88%로 증가하고 있다. 이러한 임금격차의 증가 추세는 구 동독지역에서도 동일하게 나타나고 있다.

이와 같이 독일은 2000년대에 들어서면서 본격화된 정부의 적극화 노동시장정책과 비정규고용 관련 법제도의 탈규제화로 인해 정형적 고용관계가 줄어들고 비정규노동이 확산되면서 단기저임금 일자리가 늘어나고 고용형태별 소득격차가 확대되고 있다. 이러한 비정형적 고용형태의 저임금화와 고용형태별 임금격차가 노동시장의 이중화를 추동하고 있다고 평가할 수 있다.

4.3 노동시장의 점진적 정상화[43]

2000년대 중반을 거치면서 회복세를 보이던 독일경제는 2008년 글로벌 금융위기와 2010년 남유럽 재정위기를 겪으면서 재도약의 결정적 계기를 마련한다. 독일 노동개혁의 후방효과가 유럽연합의 경제위기상황에서 빛을 발하면서 성장엔진의 진면목을 보여주었다.

---

43 이 부분은 국가석학위원회가 발간한 2017/2018 연례보고서(Jahresgutachten 2017/2018)의 8장 "노동시장" 부분을 주로 참고했다.

이러한 결과로 2018년 말 현재 독일의 노동시장은 모든 지표에서 최상의 모습을 보이고 있다. 하르츠개혁이 막 시작되던 2005년 11% 이상이던 실업률은 2008년 6.9%, 2013년 4.9%로 줄어들었고 2018년 말 현재 3.2%를 기록하고 있다. 실업자의 수는 2005년 약 500만 명으로 최고치를 찍고 지속적으로 감소하고 있는 추세이다. 2018년 실업자 수는 1990년 통독 이후 가장 낮은 수치인 260만 명에 그치고 취업자의 숫자는 4,620만 명으로 최고치를 갱신했다. 더 놀라운 사실은 이러한 고용기적이 단순히 저임금, 단기고용으로 대표되는 비정규노동의 확산에 따른 결과가 아니라는 사실이다.

〈그림 8-3〉에서 알 수 있듯이 2010년을 기점으로 전체 고용증가량 중에서 정규직노동의 비중이 비정규직의 비중을 앞서기 시작했다. 1991년부터 2006년 사이 비정규직노동이 지속적으로 늘어난 반면, 정규직노동은 약 500만 명이 줄어들었다. 사실상 새로 만들어진 상당량의 일자리가 기간제, 단시간, 경미고용으로 채워진 것이다.

그러나 2006년부터 2011년 사이 독일 노동시장은 다른 모습을 보이기 시작한다. 노동시장이 전반적으로 호조를 보이면서 비정규직노동과 정규직노동이 동시에 증가하는 양상을 보인다. 이러한 고용증가의 특징은 2011년에 들어서면서 비정규직의 비중이 조금씩 줄어들고 정규직의 비중은 뚜렷하게 증가하는 모습으로 나타난다. 주20시간 이상 시간제 노동자의 수는 여전히 증가하는 추세이지만, 단시간노동, 기간제, 경미고용, 파견노동 등은 줄어들고 있다. 이와 달리 2011년 이후 정규직의 비중은 매년 0.8%씩 증가하면서 독일 노동시장에서 고용의 양은 물론, 질적 수준 또한 상당히 개선되

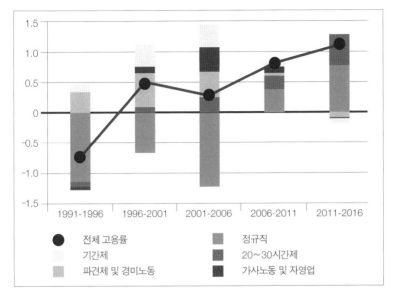

그림 8-3 고용형태별 비중 변동추이(단위: %, 년)
출처: Sachverständigenrat, 2017/2018: 364.

고 있다고 평가할 수 있다.

　한편 최근 들어 독일의 노동시장은 가속화된 기술진보와 국제분업의 구조조정을 통해 새로운 도전에 직면하고 있다. 직업세계와 고용구조의 변화로 인해 노동시장의 인력수급 상황은 그리 좋지 않다. 다행히 2017년 기준 견습생일자리가 2000년에 비해 약 22% 증가했지만, 전후 베이비부머세대들이 떠나고 있는 일자리를 채울 수 있는 전문숙련인력의 부족현상은 심화되고 있다. 기업들은 2017년 약 77만 명을 구직자로 등록했는데, 이 수치는 전년 대비 12%가 증가한 수치이다. 빈 일자리에 적합한 노동자를 찾는 데 소요되는 시간이 2010년 11일에서 2016년 59일이 걸린다. 더욱이 산업부문, 지역별로 특정 인력집단에 대한 부족현상이 발생하기도 한다.

또한 독일의 노동시장은 장기실업자가 줄어들고 이주노동자를 사회적으로 통합하는 데 큰 어려움을 겪고 있다. 실업률은 2005년을 정점으로 계속 줄어들고 있지만, 실업기간이 12개월 이상인 장기실업자의 비중은 2011년 이후 다시 증가하고 있다. 또한 최근 들어 난민신청자의 증가세가 둔화되면서 그 규모가 매달 2만 명 이하로 줄어들긴 했지만, 2015년 이후 급증한 난민들의 사회적 통합은 독일 노동시장정책의 가장 심각한 문제로 부상하고 있다.

5. 소결: 노동시장의 이중구조문제 해결은 한국형 노동개혁으로

독일의 하르츠개혁 사례는 2000년대 들어서면서 본격화된 적극화 노동시장정책과 비정규노동 관련 법제도의 탈규제화조치로 대표되는 고용정책의 탈규제화조치가 고용관계와 노동시장에 어떤 영향을 미쳤는가를 구체적으로 보여준다. '하르츠개혁'과 '아겐다 2010' 등이 추진되면서 정형적 고용관계의 비중이 급격히 줄어들고 비정형적 고용은 빠른 속도로 늘어났다. 노동시장제도의 탈규제화조치로 인해 단체협약, 해고보호와 사회보험 같은 제도적 보장기제가 약화되면서 노동시장의 불안정성은 강화되었다. 단체교섭구조가 분산되고 협약의 포괄범위가 감소하면서 저임금부문을 확산시키고 임금격차를 높이는 결과를 초래했다. 해고보호규정 등 법제도의 탈규제화로 인해 비정규직의 고용안정성은 심각한 위협을 받고, 사회보험적용의무를 지닌 일자리의 비중 또한 현저하게 줄어들었다.

즉, 적록연정에 의해서 추진된 노동시장제도의 탈규제화조치는 정형적 고용관계를 약화시키고 비정규노동을 확산시키는 효과를 발휘했다. 결국 당시에 실업축소와 고용창출을 위해서 노동시장의 유연화를 강화시킬 수밖에 없는 상황을 충분히 고려한다고 하더라도 이제 독일은 고용관계의 '취약화'와 노동시장의 '이중화'를 극복할 수 있는 새로운 고용정책을 모색해야 할 시점에 서 있다.

과연 그렇다면 이러한 독일사례가 노동시장의 유연화와 양극화에 시달리고 있는 우리에게 어떤 시사점을 던져주고 있는가?

첫째, 노동시장의 문제해결을 위해서는 핵심문제에 대한 정확한 진단과 처방이 먼저 이루어져야 한다. 모든 국가가 노동시장문제를 다 가지고 있지만, 핵심문제는 각국마다 다르다. 앞에서 살펴본 바와 같이 2000년대 초반 독일은 고실업과 장기실업이 핵심문제였지만, 2020년을 바라보고 있는 한국의 경우, 비정규노동과 청년실업이 가장 시급히 해결해야 할 고용정책적 과제이다. 그래서 독일은 하르츠개혁의 주요 정책수단으로 단기고용의 활성화와 실업보험혜택의 축소를 추진했다. 정규직 고용관계가 일반적이고 동일노동-동일임금원칙이 준수되고 있는 독일에서 추진된 노동시장 규제완화조치의 부정적 효과는 상당히 제한적일 수밖에 없었다. 하지만 한국의 사정은 전혀 다르다. 비정규직의 비율이 절반에 이르고 정규직과 비정규직의 임금격차가 날로 심각해지고 있는 현실을 고려할 때, 지금 한국의 노동시장이 요구하는 고용정책은 비정규직의 축소와 차별해소에 맞추어져야 한다. 이러한 측면에서 볼 때 현 시기 한국노동시장의 구조개혁은 저임금, 불안정고용을 양산하는 유연화와 탈규제화가 아니라, 고용의 질 향상과 좋은 일자리 창출에 기여하는 안정화와 공정화를 주요 과제로 설정해야 한다.

둘째, 노동시장문제의 해결을 위해서는 종합적인 정책대응이 필요하다. 저임금노동과 불안정고용의 증가현상은 전 세계적으로 나타나는 노동시장의 공통된 문제이기 때문에 이에 대한 정책적 대응은 대부분의 국가가 다 수행하고 있다. 하지만 그 효과는 각국마다 차이가 난다. 독일 또한 하르츠개혁 등 적극화 노동시장정책을 추진하면서 고용관계의 취약화와 노동시장의 이중화가 본격화되었다. 독일정부는 초기에 이러한 문제들이 실업축소와 고용증가에 따른 파생효과에 불과하다고 보았다.

하지만 이후 비정규직의 정규직 전환이 원활하게 이루어지지 않고 정규직과 비정규직의 임금격차가 계속 증가하자 독일정부의 정책기조도 바뀌게 된다. 단기고용과 파견노동에 대한 법제도적 재규제가 이루어지고 차별금지와 동등대우원칙을 확장하는 동시에, 법정최저임금을 도입하기에 이른다. 이뿐만이 아니다. 적극적 노동시장정책을 확대하는 동시에, 노사관계의 조절능력과 사회보험제도의 탈상품화를 강화하는 조치들을 실행한다.

독일의 사례에서 확인할 수 있는 바와 같이 한국의 고용문제, 특히 비정규직문제의 해결을 위해서는 노동시장은 물론, 노사관계와 사회정책 분야에서 종합적인 정책대응이 요구된다. 세계 최고의 유연성을 자랑하는 한국의 노동시장에서 저임금, 불안정고용의 확산을 제어하기 위해서는 단순히 고용안정성의 강화조치만으로는 문제를 해결할 수 없다. 단체교섭의 집중화와 포괄범위를 확장할 수 있는 노사관계체계의 구축, 그리고 사회보험제도의 확충과 고용능력의 향상을 위한 중장기적인 고용복지체계의 재편 등이 사회적으로 공론화되어야 한다.

마지막으로 독일사례로부터 우리가 얻어야 하는 또 하나의 교훈은 노동시장의 주요 이해관계자로서 노사정이 자신의 입장만을 고집하지 말고 소외계층의 이해와 요구를 위해 책임감 있는 태도를 보여야 한다는 사실이다. 청년취업예정자라고 볼 수 있는 견습생에게 취업기회를 더 많이 제공하기 위해서 독일의 재계와 기업은 내부의 반발에도 불구하고 '국가협약(national pact)'을 통해 매년 견습생일자리를 수십만 개씩 늘렸다. 이러한 견습생일자리로 인해 발생할 수밖에 없는 추가적 비용을 서로 분담하기 위해서 독일 기업들은 재정지원에 의존하지 않고 자체기금을 조성했다.

한편 노동조합은 기업의 청년일자리 창출을 촉진시키고 고용여력을 높이기 위해서 실질노동시간의 과감한 단축과 과도한 임금인상 요구를 자제했다. 정부 또한 노사의 이러한 노력에 힘을 주기 위해서 중소기업과 노동시장 취약계층의 채용에 대한 보조금과 세제혜택 등을 적극적으로 추진했다.

이러한 사례는 노동시장의 구조적 문제를 해결하기 위한 사회적 협의와 제도개혁의 추진과정에서 주요 행위주체들의 전략적 판단과 선택이 얼마나 중요한 것인가를 우리에게 확인시켜준다.

9장

적응과 혁신의 기로에 선 독일 노동조합운동

1. 독일 노동조합운동은 왜 위기상황에 봉착했는가?

19세기 중반 독일에서 산업사회의 발전과 함께 출현한 노동조합은 민주주의와 사회개혁의 성공적인 정착에 중심적인 역할을 수행했다고 역사적인 평가를 받고 있다. 전근대적 후기봉건사회, 그리고 권위주의적 절대왕정하에서 노동조합은 노동자의 기본권과 사회적 분배몫을 쟁취하는 데 최선두에 서왔으며, 공화국의 형성시기부터 근대적 시민사회에 이르는 동안 민주사회의 핵심구성원으로서 그 역할과 책임을 다해왔다. 이러한 성공적인 독일 노동조합의 역사는 사회법치국가의 기본적 틀을 구성하는 법제도적 규범과 노동계급의 시민권적 요구를 노동조합이 주도했다는 점에서도 확인된다.

특히 2차대전 이후 노동조합은 독일사회가 민주적 사회복지국가로 발전하는 데 결정적인 기여를 한 것으로 평가된다. 다시 말해서 노동조합은 기업과 산업의 질적 경쟁력, 사회연대적 공정분배와 노동참여적 산업관계로 대표되는 '라인형' 자본주의의 중심적인 행위주체였다. 한편 노동조합은 독일의 발전모델이 외적 환경변화로 인해 어려움에 봉착할 때에도, 이러한 위기를 극복하는 과정에서 사회적 책임을 충실히 수행했다.

하지만 독일 노동조합의 역사를 비판적으로 해석하는 이들도 존재한다. 사회경제적 발전과정 속에서 독일 노동조합은 자본주의 체제의 변혁세력으로서의 역할을 방기하고 노동자의 이익집단으로 전락했다고 비판받는다. 특히 시대상황의 변화에 따라 사회변혁적 노동운동이 가지고 있었던 체제이행에 대한 전망을 잃어버리고, 개혁적 노동조합주의에 경도되어버렸다는 평가는 곰곰이 되새겨볼 필요가 있다. 더 나아가 노동조합이 사안에 따라 이익집단 속성을 그대로 드러내고 사회개혁을 방해하는 걸림돌로 낙인찍히는 경우도 발생하고 있다. 내부자 실리를 중심에 둔 노동조합의 경제적 조합주의는 노동자를 자본주의적 질서에 더욱 익숙하게 만들 뿐만 아니라, 연대와 사회정의에 대한 노동자의 의식을 탈각시켰다. 특히 노동시장의 기득권층으로서 보인 이기적 태도로 인해 실업자를 비롯한 노동자 소수계층에게 고통을 전가시키고 있다는 지적은 독일 노동조합운동의 약점을 찌르는 뼈아픈 지적이다.

과연 그렇다면 독일 노동조합은 1990년대에 들어서면서 노동자의 해방운동이라는 초심을 잃고 중심노동자의 보호세력으로 변화하고 있는가? 아니면 새로운 구조환경적 변화 속에서 독일 노동조합은 사회개혁의 추진과 형성세력으로서 미래에도 그 역할을 계속 수행할 수 있는가?

독일 노동조합은 역사적 발전과정 속에서 각인된 자신의 존재 가치, 즉 자기정체성을 이념, 조직과 실천의 영역에서 구체적으로 실현하고자 했다. 하지만 이러한 자기정체성에 대한 모색과정은 정치와 사회경제적 환경변화로 인해 큰 어려움에 부딪히기도 했고, 내부 의사소통의 한계와 조직발전의 관성으로 인해 심각한 딜레마에 봉착하기도 했다.

독일 노동조합은 자신의 정체성을 모색하는 과정에서 어떤 문제에 부딪히게 되었고, 이념, 조직과 실천의 정합성을 혼란스럽게 한 원인은 무엇인가? 과연 독일 노동조합은 이러한 현실적 딜레마를 극복하고 미래지향적인 혁신적 전망을 제시할 수 있는가? "미래에 대한 전망은 과거와 현재에 대한 비판적 평가로부터 출발한다"는 말이 있다. 이에 대한 해답을 찾기 위해 이 글은 1990년대 이후 독일 노동조합의 발전과정 속에서 부딪힌 도전을 먼저 살펴보고 이러한 문제점을 해결하기 위해 노동운동이 추진했던 몇 가지 조직혁신의 내용을 좀 더 자세히 살펴보고자 한다. 마지막으로 이러한 평가에 기초하여 향후 독일 노동운동의 미래를 전망해보고 이를 통해 우리가 얻을 수 있는 시사점을 도출할 것이다.

2. 구조환경적 변화에 따른 노동조합의 새로운 도전[44]

2.1 독일 재통일과 정치사회적 변화

베를린장벽이 무너지면서 급속하게 진행된 독일의 재통일과정은 모든 것을 전환시키는 역사적 사건이었다. 다른 사회적 행위주체와 마찬가지로 노동조합 또한 이러한 전환을 준비하기는커녕, 그 변화에 수동적으로 대응하는 데에 급급할 수밖에 없었다.

특히 동독노총은 진정한 의미에서 노동조합이기보다는 동독공산당의 하부조직이었고, 국가로부터 임무를 위임받은 지배체제의 한 기구였다. 즉, 동독의 노동조합은 독립적 이해관계자가 아니라, 공산당의 지시를 대중적인 방식으로 관철시키기 위한 하나의 '전달벨트'에 불과했다. 이는 동서독 노총의 상호교류에서 그대로 나타난다. 당시에 동독노총은 서독노총과 접촉하면서 모든 공조사업을 동독공산당의 이익에 복무하는 데 몰두했다. 반면 서독노총은 초기에 정치지형의 불안정과 동서독 간 격차를 해소하기 위한 마중물로서 독립적이고 자율적인 조직으로 동독노총을 재편하고자 했다.

하지만 재통일과정이 빠른 속도로 진행되면서 양국 노총의 협력관계는 서독노동조합에 의한 동독노동조합의 통합이라는 방향으로 굴절되었다. 결국 1990년 4월 동독노총은 자진해산 후 동독노동

---

44 이 부분은 이상호(2005), 『독일 노동운동의 자기정체성 모색과 현실적 딜레마』(한국노동연구원)의 3장 4절 "적응과 혁신의 기로에 서 있는 독일의 노동조합: 1990년대 이후" 부분을 대폭 수정하고 보완한 것이다.

자가 개별적으로 서독노총 산하 산별노조로 가입하는 방침을 정하게 된다(Schneider, 2000: 411).

한편 서독노동조합은 초반부터 동독사회에 민주주의와 사회적 정의가 실현될 수 있는 방향으로 통일과정이 전개되어야 한다는 입장을 견지하고 있었다. 이러한 이유로 보수자유 연립정부와 노조의 갈등은 통화개혁문제에서부터 이미 나타나기 시작했다. 정부의 단일통화 방안은 서독노동자의 임금을 압박하고 통일비용에 대한 부담으로 인해 사회복지의 축소를 강제할 것이라는 우려가 높아지게 된다. 이러한 상황 속에서 노조는 동서독노조의 통합을 서두르는 동시에, 동서독의 사회복지와 경제적 차별을 줄이고 동독지역의 산업구조조정을 실현할 수 있는 사회간접자본의 확충 같은 문제에 대한 입장표명과 제안을 여러 차례에 걸쳐 정치권에 전달한다.

하지만 동서독의 통일과정에서 노조 참여가능성은 제한된 범위에서만 이루어졌다. 실제로 경제·사회정책의 결정과정에 노조는 전혀 참가할 수 없었다. 그럼에도 불구하고 독일노총은 '사회보장의 통일'이라는 기본적인 원칙을 고수하고, 동서독 경제·사회부문의 균형을 요구했다(Schneider, 2000: 421).

예상했던 바대로 독일재통일에 대한 노동자 대중의 기대는 얼마 지나지 않아 실망으로 변하게 된다. 동독지역에서의 생산량은 급속히 줄어들고 실업자는 빠르게 증가한다. 임금차별을 비롯한 소득격차는 조금씩 줄어들었지만, 생활조건의 불평등에 대한 구 동독지역 주민의 불만은 증폭되었다. 역으로 동독지역의 임금인상은 해당 지역경제에 상당한 부담으로 작용했고, 이는 다시 공장휴업과 실업률의 증가로 표출되었다. 동서독의 재통합을 위한 통일비용은 조세 제도의 개편 없이 기존의 예산구조하에서 조달되었기 때문에, 국가 재정의 채무증가가 불가피했다. 더욱이 유럽연합의 단일통화, 경제 통합이 진전되면서 나타난 긴축재정으로 인한 문제점이 더욱 심각 하게 발생한다.

한편 동유럽의 개방과 지구화 경향은 노조에게 또 하나의 중요 한 도전으로 받아들여졌다. 국가의 경계가 허물어지면서 노동력의 유입이 급증했고, 독일기업들이 저임금국가로 산업기지를 이전하는 것이 본격화된다. 일국적 차원의 국가조절능력이 상실되는 것과 마 찬가지로, 노동조합의 영향력도 그만큼 약화되었다. 이러한 상황에 서 독일의 산업입지 경쟁력에 대한 사회적 논쟁이 벌어진다. 투자지 역으로서 독일의 강점을 살리는 것을 목적으로 하는 이러한 논의는 "글로벌 경쟁하에서 어떻게 독일의 시장경제를 활성화하고 자본소 유자와 투자자들에게 매력적인 산업입지로 만들 수 있는가"로 굴절 되고 있었다. 사회정책과 노동권을 지키려는 사민당과 노조의 노력 은 시장경제에 더 많은 부담과 비용을 발생시키고, 이는 다시 투자 의욕의 저하, 실업증가로 이어질 수 있다는 역공세에 부딪히게 된다. 이러한 상황에서 신보수주의적 세력은 노동비용과 사회보장 기본선 을 낮추기 위한 노동시장의 유연화와 법제도의 탈규제화를 적극적 으로 추진하고 있었다(Schneider, 2000: 426).

이와 같이 콜정부의 후반기에 해당하는 1990년대에 노동조합 은 적극적 고용정책을 지지한 반면, 사회보장의 축소는 반대하고 있 었다. 노조의 입장에서 볼 때, 1990년대 콜정부의 정책은 불공정할 뿐만 아니라, 통일 후유증을 치료하는 데 적절한 해결책으로 보이지 않았다. 하지만 정부의 사회통합정책에 대한 노조의 비판으로 인해 노조는 통일의 방해세력으로 여론에 인식되었고, 이는 다시 보수자유 연립정부의 입지를 오히려 강화시켰다. 결국 통일비용은 독일사회에 불공정하게 부담되었다. 노동자의 사회보장부담 비중은 늘어난 반면, 기업가와 자본투자자의 비용부담에 대한 세제혜택은 늘어나고 있었다(Keller, 1996; Schneider, 2000: 430).

1990년대 중반 이후 노조는 보다 적극적으로 실업문제에 대처하고자 했다.[45] 독일노총의 제안으로 구성된 '고용동맹(Bündnis für Arbeit)'은 중앙집중적인 노사정협의체를 통해서 노동시장문제를 거국적으로 해결하는 데 그 목적이 있었다. 1995년 10월 소집된 첫 회의에서 노조는 임금인상률을 물가인상 수준으로 동결하는 대신, 정부와 사용자에게 향후 3년 내에 10만 개 일자리와 1만 개의 견습생 일자리를 추가적으로 제공하고 경영상의 이유로 정리해고를 하지 않겠다는 약속을 요구한다. 이에 대해 정부는 실업극복과 국가경쟁력 향상을 위한 좋은 기회로 파악하고 사용자연합의 공조를 촉구한다.

이러한 과정을 거쳐 1996년 1월 23일 '고용안정 및 산업입지경쟁력을 위한 동맹'이라는 노사정 합의문이 만들어진다. 이 합의문에 따르면, 2000년까지 실업자를 반으로 줄이고, 독일경제의 국제경쟁력을 향상시키기 위해서 공동으로 노력한다고 되어 있다. 그러나 사

---

45 노조는 1994년 이미 고용확대를 위한 5가지 방안으로 공적 및 사적 투자확대, 신상품과 기술에 대한 투자, 숙련향상 및 직업훈련강화, 적극적 노동시장정책, 노동시간단축과 시간주권강화 등을 제시한다.

용자연합이 국제경쟁력의 향상을 위해 정부가 보다 구체적인 조치들을 실행해야 한다는 추가요구를 하면서 그동안 숨겨졌던 갈등이 불거진다. 정부는 법인세와 영업세를 비롯한 조세인하조치를 발표하지만, 사용자연합은 추가적으로 사회복지 혜택의 대폭 축소를 요구하고 있었다. 이에 따라 보수자유 연립정부가 사회정책의 '후퇴전략'을 본격적으로 추진하면서 노정 간 갈등은 첨예화된다. 특히 상병수당을 줄이고, 해고보호조항을 약화시키는 법안을 정부가 발표하자, 노조는 그해 4월 노사정협의체를 결국 탈퇴하게 된다. 이어 독일노총은 6월 본에서 약 30만 명이 참가한 항의집회를 조직하고 정부의 법안통과를 저지시킨다. 다른 사회단체들과의 연대활동이 돋보인 이러한 저항은 사회적 정의와 연대가 노조정책의 핵심에 아직 살아 있음을 확인하는 계기가 되었다(Schneider, 2000: 436).

한편 1998년 9월 연방의회선거에서 사민당과 녹색당이 승리하면서 사회적 정의와 생태적 재구성을 목표로 하는 적록연정이 들어선다. 슈뢰더총리를 중심으로 한 적록연정에 대해 노동조합은 콜정부와는 다른 정치가 추진될 것이라는 큰 기대를 하게 된다. 적록연정은 초기에 보수자유 연립정부 16년간 후퇴했던 노동권과 사회권의 회복을 위한 법안개정을 추진한다. 이와 함께 '일자리동맹'이라는 노사정협의체가 새롭게 구성된다. 1998년 12월 첫 만남에서 협의체의 조직구조와 운영원칙, 협의주제 등이 논의되고, 각 주제영역에 대한 노사정 전문가들의 접촉이 시작되었다. 하지만 사용자의 임금가이드라인 요구로 인해 노사의 대립이 초반부터 노출된다. 한편 이번에도 노정간 갈등은 적록연정이 추진한 예산균형을 위한 긴축

정책과 복지제도의 효율성 제고방안 때문에 발생한다. 특히 60세 연금축소 방안을 둘러싸고 벌어진 노정 간 의견대립은 상호갈등을 심화시키고 노조의 공격적인 임금인상 요구로 인해 노정관계는 더욱 악화된다(Schneider, 2000: 444).

예상대로 노동조합과 사민당의 협력관계는 그렇게 순탄하지 못했다. 적록연정의 성립 이후 노조와 사민당은 사회적 정의와 고용창출이라는 당면목표와 가치지향에 있어서 서로 간의 공감대가 형성되어 있었지만, 이를 실현하기 위한 방법과 세부내용에 있어서는 상당한 이견을 보이고 있었다. 사민당의 지도부는 이미 '연대와 평등'이라는 전통적 가치보다는 '혁신과 현대화'라는 주장을 더 자주 사용하고 있었다. 특히 영국의 토니 블레어 총리의 '제3의 길'에 버금가는 슈뢰더 총리의 '신중도'노선이 공식화되면서 이를 두고 '사회국가의 포기'라고 규정하는 세력들이 노조 내부에 급속하게 확산된다(Schneider, 2000: 447).

이러한 가운데 2002년 연방의회선거에서 사민당이 다시 승리하지만, 제2기 적록연정이 출범하고 이들에 의해 추진된 개혁정책으로 인해 노동조합과 사민당의 긴장관계는 더욱 증폭된다. 사민당은 경제정책에서 탈규제, 긴축재정과 조세인하를 통해 국가경쟁력을 향상시키는 데 더욱 집중한다. 또한 재정적자와 실업축소를 명분으로 하여 기존의 사회복지제도를 효율성이라는 잣대로 재편하고자 하는 의지를 분명히 했다.

2.2 아젠다 2010을 둘러싼 노사정의 갈등과 조정

2002년 재집권에 성공한 적록연정은 제2기 연립정부의 목표를 '개혁, 지속가능한 발전, 사회적 통합'으로 잡았다. 사회개혁과 경제회생을 정부정책에 중심을 두겠다는 적록연정의 의지는 '아젠다 2010'을 둘러싸고 노동조합과 심각한 갈등을 유발하게 된다. 이러한 사회개혁안을 제기한 사민당 지도부는 다음과 같은 사회경제적 문제인식에서 출발하고 있다(SPD, 2003: 2). 먼저 고실업과 재정적자, 경기침체와 고령화, 국제경쟁력 하락이라는 조건하에서 현재의 사회보장체계는 더 이상 유지하기 힘들다. 비용요인을 줄이고 수익구조를 개선하기 위해서는 보편적 혜택범위를 줄이고 개인의 부담과 책임을 강화해야 한다. 사회복지국가의 미래를 재구성하기 위해서 사민당은 고용창출과 성장지속이라는 목표를 일차적으로 설정해야 한다. 지속적인 성장과 재정구조의 개선이 실업극복의 전제조건이기 때문이다. 실업을 줄이고 성장동력을 되찾기 위해서는 조세부담을 줄이고 공공투자를 활성화하고 중소기업의 일자리를 지원해야 한다.

둘째, 교육제도와 직업훈련제도를 개선하여 국가혁신체계를 제고시키고자 한다. 독일경제의 국제경쟁력을 향상시키고 고용창출의 기회를 늘리기 위해서 연구와 교육에 대한 투자를 높이고, 25세 이하 청년들에게 가능한 한 많은 견습생일자리를 제공해야 한다. 또한 가정과 일에 대한 여성의 이중적 부담을 완화하기 위해서 보육제도를 개선해야 한다.

셋째, 고실업과 노동문제의 해결을 위해 노동시장과 관련된 법제도를 현대화해야 한다. 이를 위해 조기퇴직으로 인한 개인소득 감소, 정부의 비용부담증가를 해소하기 위해서 고령노동자들의 고용기회를 확대해야 한다. 장기실업자의 취업노력을 불러일으키고 실업보조에 의한 국가부담을 줄이기 위한 조치를 추진해야 한다. 즉, 실업부조와 사회부조체계에 효율성과 개인책임이라는 요소를 더 강화해야 한다.

넷째, 미래지향적이고 지속가능한 사회복지를 위해서 기존의 사회보장체계를 개혁해야 한다. 콜정부 16년간 개인의 사회보장비부담은 34%에서 42%로 늘어났기 때문에, 사회보장체계의 개선을 통해 개인의 비용과 부담을 줄이는 동시에 보다 효율적인 수익구조를 만들어야 한다. 의료혜택이 소득차이에 따라 변동되는 것은 막아야 하지만, 의료서비스의 질적인 향상과 경제적 운영을 위해 경쟁요인들을 도입해야 한다. 그리고 현재의 인구변동 추세를 감안할 때, 국가연금제도는 재정적인 측면에서 그 지속성을 보장할 수 있는 방향으로 개선되어야 한다.

이러한 사민당의 사회정책 개편안은 당내 좌파의 비판은 물론, 노동조합의 거센 반발을 불러일으켰다. 먼저 노조의 입장에서 볼 때, 아겐다 2010의 내용은 2002년 선거 당시 노동조합에 약속했던 사민당의 공약과 상반되는 것이다. 즉, 약속 불이행은 사민당에 대한 지지자들의 신뢰를 약화시킬 뿐만 아니라, 의회민주주의 그 자체에 대한 불신으로 발전할 수 있다고 보았다. 만약 사민당이 단기적인 이해에 매몰되어 이러한 개악을 추진하는 경우 열성당원들의 지지도가 추락할 것이고, 사민당 자체에 대한 정체성 혼란을 초래할 것이라고 경고했다.

한편 노동조합은 선거공약의 이행여부와 무관하게, 내용적인 면에서도 아겐다 2010을 신랄하게 비판했다. 먼저 노동조합은 사민당의 아겐다 2010을 비롯한 사회개혁안이 방향을 잘못 잡고 그 내용 또한 신자유주의정책을 가다듬은 것이라고 비판했다. 또한 1998년 적록연정이 집권한 이후 계속 지지율이 추락한 이유를 사민주의적 개혁노선을 제대로 추진하지 않았기 때문이라고 평가했다. 집권 이후 적록연정은 신자유주의에 대응하는 새로운 사회복지국가모델에 대한 논의를 소홀히 했다. 아겐다 2010의 내용은 21세기 연대와 정의, 고용과 사회복지에 대한 새로운 논의의 결과라기보다 "사민당이라는 새 부대에 담은 낡은 콜정부의 술에 불과하다"는 것이 노조의 기본적인 입장이었다(Lang, 2003).

아겐다 2010에 대한 이러한 비판에 근거하여 노동조합은 사민주의적 사회개혁방안을 제안한다. 먼저 공공지출과 투자조치의 확대를 통해 경기하강을 역전시키는 적극적인 경기활성화정책을 추진해야 한다. 총수요 측면의 부양, 즉 국내투자와 가계소비의 증가는 현 시기 경기침체에 대응할 수 있는 핵심적인 처방 중의 하나로 평가한다. 그리고 사회보장체계를 유지하기 위해서는 비용부담을 가계의 특성(임금수준, 재산가치, 가족 수 등)과 기업의 성격(규모, 사회성, 노동집약도 등)에 따라 차별화하고 그 부족분은 조세수입으로 보조받아야 한다고 주장한다. 사회보장체계의 재원문제는 실업률 증가에 따른 세수부족, 구조적 비효율성에 근거한 제도적 문제, 경기변동에 따른 재원확보의 불안정성 등에 기인하고 있다. 그렇기 때문에 성장과 고용에 긍정적인 영향을 미치고, 사회보장체계의 안정적 재정을 가능하게 만드는 보편적 연대보험체계로 전환되어야 한다고 주장한다.

또한 사민당의 주장과 달리, 노동조합은 노동시장의 경직성에 대한 책임이 자신에게 있는 것이 아니고, 유연화에 대한 논의도 탈규제화로 직결되어서는 안 된다고 주장한다. 오히려 기능적 유연화 방식을 통해 일자리창출에 기여하고 개인의 자율과 선택가능성을 열어주는 노동시간의 유연화방안을 적극 모색할 필요가 있다고 주장한다(Sommer, 2003).

이와 같이 노동조합은 1990년대 중반 이후 사민당의 개혁프로그램을 막는 걸림돌이 아니라, 의사결정과정에 참가하고 대안을 제시하고 실행에 책임을 지는 능동적 주체로 거듭나야 할 필요성이 제기되고 있다. 즉, 독일사회의 개혁에 대한 주체적인 참여와 책임을 다하기 위한 노동조합의 모색은 자신의 혁신과 미래에 대한 고민과 제안들, 예를 들어 1996년 독일노총의 신강령, 2001년 금속노조의 미래선언, 노동조합의 재활성화 논쟁, 2018년 독일노총의 '사회국가 4.0' 등에서 확인할 수 있다.

3. 독일 노동조합의 혁신과 미래를 위한 모색

3.1 독일노총의 1996년 드레스덴 '신강령'

1990년대에 들어서면서 독일노총은 시대변화에 조응하는 새로운 강령과 프로그램을 만들기 위한 다양한 준비작업을 전개했다. 약 5년간 내부논의와 공개토론을 거치면서 확정된 새로운 기본강령은 독일노총의 개혁을 추동하고 있는 객관적 조건변화를 동구사회주의의 몰락과 독일재통일, 세계화와 유럽통합의 가속화, 노동과정의 변화와 이에 따른 노동자의식과 생활방식의 변화로 요약하고 있다. 1996년 드레스덴 기본강령은 '우리의 미래—협력에 대한 호소' 전문과 '노동의 미래', '경제의 형성', '사회복지국가의 개혁', '민주적 사회에 대한 요구', '노동조합의 미래'라는 5개의 본문으로 구성되어 있다.

새로운 기본강령에 따르면, 먼저 노동조합은 '노동자와 직업훈련생, 연금생활자 그리고 일자리를 구하는 실업자들의 이해를 대변하는 조직'이라고 규정하고 있다. 그리고 사용자와 자본권력에 대한 대항세력으로서 노조는 착취와 탄압을 극복하기 위해서 단결해야 하고 파업을 비롯한 노동쟁의 수단을 통해 투쟁해야 한다고 주장하고 있다. 한편 노조는 다른 사회운동, 정치세력과 공동으로 사회형성의 과제를 수행해야 한다.

둘째, 노동조합의 시대적 과제를 자유, 사회적 정의, 사회복지와 생태주의적 책임감이라고 규정하고 소득, 재산, 삶의 기회가 공정하게 배분되는 연대의 사회를 대안사회로 제시하고 있다. 특히 성적 차별, 동서독 간 차별을 극복하기 위해서 노동조합이 노력해야 한다고 주장한다. 그리고 의회민주주의의 발전은 독일사회의 중요한 업적이라고 평가한다. 민주주의만이 사회개혁의 길을 열어주기 때문에, 이에 대한 공격과 위협에 대해서는 노조가 헌법상의 저항권을 가지고 투쟁해야 한다고 바라본다.

셋째, 독일 노동조합운동의 역사는 노동조합이 임금노동자의 이해대변을 위한 투쟁조직이자 동시에 사회적 개혁운동세력이라는 것을 보여주고 있다고 평가한다. 나치와 동독의 경험은 노동조합이 정당정치로부터 독립적인 동시에, 다원주의적 세계관을 수용하는 통합노조가 되어야 하고, 국가권력의 전달벨트로서 도구화되어서는 안 된다는 것을 보여준다. 공동의 이해, 그리고 상호간 인내를 기초로 한 통합노조는 독일 노동조합의 정책추진력과 사회적 형성능력에 기본전제가 된다.

넷째, 여전히 자본주의적 사회경제발전이 자본과 노동의 대립이라는 특징을 띠고 있지만, 노사의 이해대립으로 환원될 수 없는 젠더 갈등, 경제발전과 생태적 혁신의 갈등, 인종과 민족의 갈등 또한 종속과 착취를 강화시키는 원인으로 작용하고 있다고 본다. 이러한 상황에서 특히 사회적 결속력과 응집력을 와해시키는 불공정과 불균등이 확산되고 있다고 평가한다. 무제한적 시장자본주의는 생태적 혁신을 동반하는 사회적 정의를 실현시킬 수 없다. 사회적 조절을 통해서, 그리고 사회 각 영역에서 노동조합의 이해대변을 통해서만 사회보장체제와 민주주의의 사회적 토대가 유지가능하다고 본다. 이러한 의미에서 '사회적' 시장경제를 전면적으로 수용하기보다 미래지향적 경제질서의 대안을 '사회적으로 조절되는' 시장경제로 파악하고 있다(Schneider, 2000: 479). 하지만 이러한 독일노총의 관점은 시장경제를 기본적으로 인정한 상태에서 자신의 교섭과 사회정책의 개입가능성을 정당화시키는 절충안에 불과하다는 비판을 감내하도록 만들었다.

다섯째, 단체교섭정책과 공동결정제도에 대한 부분에서 다시 한 번 노동자의 권리를 강조하고 있다. 기본적으로 노동에 대한 권리를 인간기본권의 핵심으로 바라본다. 모든 사람들에게 인간적 삶을 위해 노동을 할 수 있는 기회가 주어져야 한다. 그래서 노동은 단순히 생존권보장이라는 의미만 있는 것이 아니라, 인간의 자아실현, 사회생활의 실제적인 참여를 위한 전제조건이다. 노동은 사회적 복지와 삶의 질을 향상시키는 목적을 지니고 있다. 한편 교섭자율주의는 노조의 기본원칙이며, 노사의 갈등조정을 위한 효율적인 수단으로 기능해왔기 때문에, 개별기업이 단체협약으로부터 이탈하는 것을 불법적 행위로 인식하고 있다. 노동쟁의의 권리로서 파업권은 노조에게 보장되어야 하고, 이는 노동자의 보호와 사회적 형성을 위해서 포기할 수 없는 권리이다. 또한 사용자의 공격적 직장폐쇄는 금지되어야 하고, 이를 위해 관련 법개정이 필요하다. 일괄적용 성격의 산별협약은 그 보호기능을 통해 노동자의 노동조건과 소득에 최소기준을 제시하는 한편, 자본 간 경쟁조건을 평준화하여 기업경영의 예측가능성을 높여주었다. 그럼에도 불구하고 광면협약체계는 노동자 필요의 다양성과 각 사업장의 서로 다른 경영조건을 고려해야 하고, 이러한 다양성을 반영하는 개별노동조직의 선택가능성을 열어주어야 한다. 공동결정제도와 관련하여 유럽연합은 노동자 이해대변구조의 유럽화를 필요로 하고 있으며, 이는 유럽사업장평의회로 구체화되고 있다. 현재 노동자의 정보권과 청문권을 보장하고 있지만, 가까운 시일 내에 유럽사업장평의회의 협의권, 공동결정권을 확보해야 한다. 이러한 과정이 바로 '사회유럽'을 가능케 하는 준비단계가 된다. 노동세계와 경제영역에서 공동결정과 경제민주주의의 경험은 노동자로 하여금 새로운 사회의 단초를 제공하게 한다. 실제로 정치적 민주화는 노동세계의 사회경제적 민주주의를 통해 보완되고 완성되어야 한다(Niedenhoff, 1997: 103).

여섯째, 사회보장이라는 개념보다 국가의 적극적인 역할을 더 강조하는 '사회국가' 테제를 제시하고 있다. 그래서 사회국가의 기본원칙에 서 있지 않은 시장경제질서는 받아들일 수 없다고 본다. 사회국가는 노동에 대한 권리를 실현시키고, 노동자의 동등한 생활조건과 자기발전가능성을 열어줄 의무가 있다. 또한 기회균등, 사회적 정의를 구현하고 사회보장체계를 유지해야 하고, 높은 수준의 사회적 간접자본, 질 좋은 공공서비스, 그리고 삶의 질을 보장하는 환경을 조성할 임무가 국가에 있다고 주장한다. 즉, 사회국가는 정의로운 사회질서의 핵심적인 기초임을 강조한다. 실제로 민주적 사회국가는 지난 수십 년간 진행된 정치사회적 발전의 결과물이다. 물론 이러한 사회국가는 정태적인 개념이 아니기 때문에, 영구불변일 수 없다. 하지만 자본의 대변인들과 신자유주의적 정치를 통해서 사회정책의 유산이 훼손되고 있는 것이 엄연한 현실이다. 이러한 사회정책이 개혁될지, 아니면 급격하게 변하고 있는 신경제질서에 의해서 사회정책의 규준들이 허물어질지는 이해집단의 세력관계에 따라 결정될 것이다. 즉, 사회국가의 유지여부는 대항력을 창조하는 노동자의 능력, 노조의 조직력과 관철력, 그리고 사회운동, 정치조직과의 연대활동에 의존할 것이라고 진단한다(Niedenhoff, 1997: 110).

한편 1996년 기본강령은 기존에 독일노총이 기본원칙으로 삼고 있던 몇 가지 중요한 내용을 수정함으로써 노조내부의 상당한 논란을 일으켰다. 사회적 모순의 근본원인을 자본주의적 경제체제, 즉 생산수단의 소유방식, 그리고 자본과 노동의 갈등과 대립에 두기보다 시장경제의 운영문제로 협소화시킨다는 비판이 제기되었다. 생산수단의 공동소유와 민주적 계획경제라는 전통적인 경제원칙은 사라지고 계급투쟁 대신에 민주주의하에서 대화와 타협을 노동조합의 행동규범으로 격상시키고 있다는 문제제기도 존재한다. 새로운 기본강령은 노동조합의 정체성을 사회적 억압의 원인을 제거하는 투쟁조직으로만 규정하고 있지 않다. 그래서 새로운 사회에 대한 전망보다 현존하는 사회복지체계의 개선과 강화에 집중하고 있다. 이러한 입장은 노동조합이 독일사회를 보다 근본적인 의미에서 전환시키기보다는 개혁적으로 만들겠다는 것을 의미한다. 결론적으로 1990년대 동유럽 현실사회주의의 몰락, 신보수주의와 신자유주의의 활개 속에서 독일 노동조합은 민주적 사회주의에 대한 혁신적 전망 그 자체를 유보하고 있는 것으로 보인다(박장현, 1996: 194).

3.2 독일 금속노조의 '미래선언'

1996년 기본강령의 현실적 실험은 1998년 적록연정의 성립을 통해 유리한 지형을 확보한다. 하지만 이미 살펴본 바와 같이 사민당과 노동조합의 공조관계는 그리 쉽지 않았다. 이러한 상황에서 독일 금속노조는 2001년부터 새로운 '미래논쟁(Zukunftsdebatte)' 프로젝트[46]

46　독일 금속노조는 자신이 부딪히고 있는 문제들과 이를 극복하기 위한 해결책을 찾기 위

를 추진한다. 미래논쟁의 필요성은 기존의 내부문제뿐만 아니라, 새
로운 문제영역이 시대적 도전으로 다가오고 있다는 현실인식으로부
터 생겨났다(IG Metall, 2001).

일반적으로 1980년대 독일의 노동조합은 다음과 같은 문제에
봉착하고 있다고 볼 수 있다(Lang & Legrand, 2001: 74). 첫째, 노동
사회의 격변에 발맞추어 자신의 조직을 새롭게 재편해야 할 상황에
서 있다. 구산업이 사양화되고, 신산업에 속하는 노동자계층이 늘어
나고 있을 뿐만 아니라, 노동관계의 새로운 형태가 증가함에 따라
전통적인 고용구조와 이를 반영하는 노동조합의 조합원구성도 변하
고 있다. 그래서 구산업 노동자의 이해를 반영하는 동시에, 신산업
노동자를 견인할 수 있는 새로운 조직정책이 요구되고 있다.

둘째, 노동조합이 단체교섭과 기업정책에 있어 새로운 도전에
부딪히고 있다. 단체교섭을 통해 실현되는 노동자의 직접적인 이해,
즉 노동조건 개선과 생활보장을 위한 임금정책을 발전시켜야 하고
개선점을 보완해야 한다. 협약적용이 차별화되고 교섭구조가 분권
화되고 있는 상황을 제어해야 하며, 교섭과 투쟁을 병행할 수 있는

해서 이미 여러 차례에 걸쳐 '미래논쟁'을 수행해왔다. 1960년대에는 과학기술의 발전
에 따른 대량생산의 사회적 문제를 논의의 중심에 두었고, 1970년대는 양적 성장의 한
계와 이에 따라 새롭게 제기되었던 '노동과 삶의 질'문제가 중심테마였다. 당시에 강력한
파업투쟁으로 여가시간을 확보한 것은 물론, '노동의 인간화제도'가 각 사업장에 확산되
는 계기가 되었다. 1980년대는 일자리를 늘리고 인간적인 노동조건의 확보와 노동사회
를 노동자가 직접 형성할 수 있는 기회를 얻기 위해서 '노동시간의 단축'을 최우선과제로
삼았다. 또한 당시에 노동영역이 아닌 다른 생활세계(환경과 사회 등)에서의 개혁을 위
한 논의가 동시에 이루어졌다. 1990년대에는 실업극복과 고용창출을 위한 사회적 합의
를 모색하기 위해 '고용동맹'이라는 사회적 대화기구가 추진되었다. 이는 당시에 보수당
정권하에서 노동조합의 정치적 능력을 제고하고 이를 실천하기 위한 노력의 일환이었다
(Lang & Legrand, 2001: 75).

길을 모색해야 한다. 또한 기업정책측면에서 볼 때 구조조정시대에 그 중요성이 더욱 더 부각되고 있는 공동결정제도를 내용적으로 한 차원 더 발전시켜야 한다. 경제민주화의 도구로서 공동결정제도는 노조에게 경영에 대한 대항기제로 그 역할을 부여하고 있을 뿐만 아니라, 기업 내외적 조건변화에 적극적이고 민첩하게 대응할 수 있는 공동경영기구로 그 의미가 새롭게 부각되고 있다.

셋째, 독일의 노동조합은 정치적 개입능력을 신장시키고, 새로운 구조환경적 조건에 전략적으로 대응해야 할 사회운동적 과제를 지니고 있다. 이를 위해서 금속노조는 기존에 가지고 있던 자신의 정치적 관철력을 향상시켜야 할 뿐만 아니라, 필요하다면 새로운 정치체제의 상을 모색하고 이를 위한 사회적 논의를 이끌어 나가야 한다.

이러한 상황에서 금속노조는 사회정책적 이해대변자로서, 그리고 정치적 주체로서 자신을 새롭게 규정해야 하는 동시에, 조합원들의 이해와 요구에 새로운 전망을 제시할 수 있어야 한다. 즉, 21세기의 새로운 미래논쟁은 강령상의 혁신, 정책개혁, 그리고 조합원의 친화력 강화를 그 목표로 삼고 있다. 이를 통해 청년노동자를 비롯한 새로운 노동자계층이 금속노조와 일체감을 느낄 수 있을 뿐만 아니라, 금속노조 또한 미래지향적이고 생동감 있는 조직으로 되살아날 것으로 기대된다. 또한 미래논쟁은 조합원들의 역동적 이해와 요구를 확인하는 동시에, 비조합원들에게 금속노조의 지향과 목표를 각인시키는 과정이 될 것이다. 이러한 과정은 최종적으로 금속노조에게 생존능력과 현대화된 조직을 보장하고, 가까운 미래에 강령상의 요구와 전망을 실현시키는 길을 열어줄 것이다. 또한 미래논쟁은 기존의 산업입지 논쟁이 가지고 있는 일국적인 협소함을 넘어 유럽적 시각과 전 지구적 조정의 가능성을 내용적으로 포함하고자 했다. 즉, 산업입지 논쟁이 기반으로 하고 있는 기업경영적 관점, 그리고 사회적 책임에 대한 몰지각을 극복함으로써, 만연하고 있는 경쟁력 이데올로기와 주주자본주의의 허구성을 폭로하고자 했다.

이러한 상황인식에 기초하여 미래논쟁은 노동조합이 부딪히고 있는 여러 문제점들을 해결하면서 다음 목표를 설정하고 있다(Lang & Legrand, 2001: 76).

먼저 조합원의 친화력 강화와 이해대변의 확장을 통해 강령상의 혁신과 조직정책적인 안정성을 확보한다. 둘째, 경제체계의 혁신과 사회적 정의의 강화를 통해 노동사회를 미래지향적으로 변화시킨다. 셋째, 시민사회의 활성화와 사회운동의 활동공간을 확장시킴으로써, 민주주의의 강화를 실현한다. 넷째, 지구화와 유럽화의 한계를 극복하고 이를 사회적으로 조정하고 정책적으로 형성할 수 있는 가능성을 연다. 다섯째, 개인주의화되고 있는 사회 속에서 집단적 가치와 사회적 지향을 새롭게 구성한다. 이러한 목적하에 추진된 미래논쟁은 독일사회를 변화시키고 정치구조의 중대한 변화를 추구한다. 이를 위해서 구체적인 현실분석에 근거한 문제제기가 필요하고, 이러한 문제를 해결하기 위한 노동조합의 전략과 조합원들의 노력이 요구된다. 이러한 의미에서 미래논쟁은 상층으로부터 주어지고 닫혀 있는 결론이 아니라, 현장으로부터 채워져야 할 열려 있는 기획이고 기회이다. 이러한 개방성은 조직 내부구성원의 참가와 공조, 민주주의와 투명성을 전제하고 있을 뿐만 아니라, 비조합원들과의 의사소통과 상호작용을 중요한 과제로 설정하고 있다는 점에서 확인된다.

한편 2001년 10월 조합원에 대한 설문조사와 전문가집단의 연구보고서가 발표되었다. 그리고 미래논쟁의 각 주제별 쟁점에 대한 발표와 토론회가 전국적으로 조직되었다. 이러한 과정을 거쳐 '미래선언' 초안이 마련되고, 2002년 6월 라이프치히에서 열린 '미래총회'에서 수정되고 보완됐다. 2002년 11월 확정된 미래선언은 '공세 2010—보다 나은 미래를 위해서'라는 모토에서 알 수 있듯이, 1990년대의 수세적 방어로부터 전략적 공세로 나아가겠다는 금속노조의 의지가 담겨 있다. 즉, 금속노조는 미래선언을 통해 시대적 변화라는 도전에 대한 새로운 해답을 찾을 수 있다고 공언하고 있다. 시장권력의 횡포에 맞서 '민주적 조절'과 '사회적 모델'을 재구성할 것을 호소하는 미래선언은 일자리 보장과 고용의 질적 확대, 직장과 가정의 긍정적인 공존, 세계화라는 경제현실에 대한 통제, 사회국가의 유지와 쇄신 그리고 금속노조의 내부혁신이라는 다섯 가지 핵심내용으로 구성되었다(김연흥, 2003). 이와 같이 금속노조의 미래논쟁은 현재 독일 노동조합이 처한 상황을 정확히 인식하고 문제해결을 위한 대안모색과정이었다고 평가할 수 있다.

3.3 노동조합의 재활성화를 위한 조직혁신의 과제

독일 금속노조의 '미래논쟁'은 자신이 처한 상황을 직시하고 이를 극복하기 위한 전망을 모색하고 이를 노동조합활동으로 실천하기 위한 다양한 전략적 선택들을 고려해보는 데 그 의의가 있었다. 이러한 입장은 기본적으로 노동조합을 둘러싸고 있는 내외적 조건과 구조적 제약에도 불구하고 사회적 행위주체로서 노조가 자신의 전략과 정책을 실천할 수 있을 뿐만 아니라, 그 자신의 미래 또한 일정한 수준에서 스스로 결정할 수 있다는 가정에 기초하고 있다.

그렇다면 이러한 긍정적이고 능동적인 전망을 실제화하고 재활성화하기 위해서 노동조합에게 필요한 조직혁신의 내용은 무엇인가? '집단적 행위주체'로서 독일의 노동조합은 가히 19세기의 산업혁명과 맞먹는 엄청난 사회변동의 격랑 속에 서 있다. 노동조합이 초기산업혁명에 대한 노동자들의 답변이었다면, 소위 지구화된 자본주의하에서 노조의 위상은 현재 사회지형 속에서 주변화되고, 더 나아가 그 존재의미가 왜소화되고 있다. 자신에게 주어진 기득권과 존재 기반에 대한 이해대변조직으로서 그 역할을 수행하고 있을 뿐, 노조는 구조환경적 조건변화와 내적 응집력의 붕괴라는 상황에 대해 혁신적 관점에서 대응하고 있지는 못하다. 반면 노동시장에서 노사의 세력불균형이 더욱 심화될수록 기업에 대한 노동자의 의존도가 더욱 강화되고 있다. 이런 경우 노조는 노사관계의 '질서안정화요인'으로 전락하거나, 아니면 '갈등요소관리'를 위한 하나의 하위 파트너로 활용될 가능성이 크다. 구조적인 측면에서 볼 때도 노조가 지금과 같이 어려운 상황에 처한 적이 없었다. 그렇다고 이러한 상황에서 노조가 무방비상태로 있을 수도, 혹은 단순히 기존의 임무와 과제를 유지하는 것만으로 만족할 수 없다. 왜냐하면 이러한 변화와 도전에 대해 수동적 방어만으로 제대로 대응할 수는 없기 때문이다. 자신의 존재근거, 사회적 정당성, 그리고 자기정체성에 대한 보다 근본적인 문제제기와 자기혁신이 요구되고 있다.

이러한 상황에서 독일의 노동조합은 자신이 부딪히고 있는 문제점을 해결하기 위해 다음과 같은 혁신방안을 제시하고 있다 (Fichter et al., 2001; Kurz-Scherf & Zeuner, 2001).

먼저, 독일의 노동조합은 '포용적 연대'를 추구해야 한다. 이는 독일사회의 통합과 정의를 위해서 노조의 자기이해가 보다 보편적 이고 포괄적인 방향으로 나아가야 한다는 것을 의미한다.

노조의 연대성이 노동력의 공급자로서 노동자의 경쟁을 최소화 시키기 위한 집단적인 합의라고 이해한다면, 그 연대의 두 가지 형 태가 상정가능하다. 하나는 노동시장의 조정자로서 기업가와 함께 시장수급관계를 조율하는 배타적 연대성이다. 이렇게 되면 노조의 외부에 존재하는 미조직노동자들은 자신의 이해와 요구를 실현시키 는 것이 더욱 더 어려워진다. 다른 하나는 노동기준과 사회규범의 기 본선을 관철하고 확대시키기 위해서 관계를 맺고 있는 다른 행위주 체들과 이해관계를 공유하는 포용적 연대성이 존재한다. 독일 노동조 합은 지금까지 조합원 내부의 연대적 결속력을 다지는 데 일정하게 성공했지만, 노동자계급의 내적 차이를 넘어서는 포괄적 연대성을 완 전하게 만들어내지는 못했다. 그래서 현재 독일의 노동조합이 추구해 야 할 목표는 배타적 연대에 근거를 둔 내부결속력의 강화가 아니라, 다양성 속에서 통합을 구현할 수 있는 포용적 연대방안이다.

둘째, 독일의 노동조합은 기존의 법제도적 틀에 머무는 방어적 조합주의에서 벗어나, 여타 사회운동세력과 함께 개혁의 주체로서 설 수 있는 '사회운동조직'으로 거듭나야 한다. 독일의 노동조합은 영미의 노동조합보다 훨씬 유리한 제도적 조건과 공적 기구들의 도움하에서 발전해왔다. 분명히 노동조합을 받쳐주던 독일 노사관계의 제도적 장치들이 그 나름대로의 큰 장점을 지니고 있지만, 이것이 새로운 도전 앞에 선 독일노조의 안전판은 결코 아니다. 이러한 의미에서 영국과 미국에서 보수당집권 시기 노동조합운동이 시도했던 여타 사회운동과의 연대와 공동투쟁은 중요한 시사점을 준다. 조건과 구조가 노동조합에게 불리할 때에 중요한 동력은 노동자와 노동조합의 주체적 노력 속에서 생성될 수밖에 없다. 바로 이러한 능동적이고 적극적인 조직내부의 혁신과정이 바로 사회운동조직으로서 노동조합이 다시 활성화되는 기반이 될 수 있을 것이다. 물론 노동조합의 활동력에 노사관계의 제도적 장치나 공적인 기능이 미치는 영향을 과소평가할 수는 없지만, 이러한 기제들이 노조의 운동력과 활성화를 보장해주지는 않는다.

셋째, 독일의 노동조합은 일국적 차원을 넘어서, 국제적인 지향을 가져야 한다. 이는 노조의 내외적인 도전과 문제들이 이미 초국적 차원에서 계속 제기되기 때문이다. 특히 '일자리동맹'과 같은 경쟁적 코포라티즘이 유행처럼 번지고 있는 상황에서 노조의 국제주의적 지향은 포용적 연대성을 실현하는 새로운 장이기도 하다. 그렇다고 노조가 국내에 존재하는 자신의 활동기반을 포기할 수는 없다. 오히려 국제적인 연대를 통해 이를 강화시켜야 한다. 예를 들어 '임금인하경쟁'은 국제적인 노동규범의 개선을 통해 제어되어야 한다. 타국으로의 공장이전에 대한 노조의 일방적인 거부는 장기적인 전략이라기보다는 방어적인 고육지책에 불과하다. 차라리 양국 간에 존재하는 임금과 노동조건의 격차를 최소화시키는 국제적 연대활동을 통해 기업가들이 노동비용이 낮은 다른 국가로 자신의 투자처를 이전시키는 것을 막는 것이 더 의미가 있다. 즉, 이러한 노동자 간 국제연대의 경험은 비용축소를 위한 생산기지의 경쟁을 조장하는 기업전략을 저지하는 데 결정적으로 중요하다.

넷째, 독일의 노동조합은 고객을 위한 서비스업자나 보험회사로서 기능하는 것이 아니라, 노동시장과 정치사회 속에서 일하는 자들의 연대를 조직하는 행위주체가 되어야 한다. 노동조합의 기본적인 구성원은 개별조합원이다. 그래서 개별노동자들이 기업가와의 고용계약상에 있어 보다 유리한 조건을 만들고 필요한 정보를 제공해주는 조합원 서비스의 중요성이 노조활동 속에서 더욱 부각되고 있다. 하지만 이러한 기능은 노조의 기본적 임무에 부차적인 것이다. 노조는 노동력을 팔 수밖에 없는 모든 이들에게 적용될 수 있는 노동규범의 최소치를 단체협약을 통해 설정해줌으로써 노동자들의 경쟁을 제어하는 동시에, 개별적 노동계약으로는 달성할 수 없는 보호장치들을 사회적 차원에서 제공한다. 이러한 의미에서 노동조합은 자신의 고객들에게 정보와 조언을 제공하고 그 대가를 수령하는 서비스기관이 아니라, 정치사회적인 측면에서 전체 노동자들의 이해대변을 수행해야 하는 대중조직이 되어야 한다.

다섯째, 독일의 노동조합은 그들이 추구하는 인간형과 사회상을 보다 적극적으로 대변해야 하고, 사회적 정의와 연대라는 이상을 실현하기 위한 투쟁에 더욱 더 매진해야 한다. 노조의 전략적 행위는 실제로 노동자의 이해대변세력으로서 자기정체성, 그리고 조합원조직으로서 그들의 동원능력에 의존한다. 그러나 많은 경우 독일의 노동조합은 일상활동은 물론, 더 나아가 장기적인 관점에서 문제를 극복하기 위한 전략적 선택상황에서도 성과지향적인 실용주의에 매몰되곤 한다. 즉, 실용주의는 현재 독일노조에게 최고의 판단기준인 동시에, 노조정책의 유의미성을 결정하는 유일한 잣대가 되고 있다.

하지만 이러한 실용주의만으로 노조정책은 제대로 된 힘도, 방향도 잡을 수가 없다. 노동조합은 자신의 정체성을 끊임없이 발전시켜야 한다. 노동자가 자신의 문제를 스스로 해결하기 위한 의지와 전망을 가질 때만 비로소 노동조합의 발전을 기대할 수 있다. 노조는 노동자의 일상적인 요구와 새로운 사회에 대한 비전을 어떻게 동시에 실현할 수 있는지를 항상 고민해야 한다. 이러한 의미에서 볼 때 현재 독일의 노동조합은 연대와 사회정의라는 자신의 이상을 향한 투쟁을 다시 수행해야 할 시점에 서 있다고 볼 수 있다(Hyman, 2001: 173).

3.4 독일노총의 '사회국가 4.0'

2018년 5월 13일 베를린에서 독일노총의 21번째 연방총회가 열렸다. 4년마다 열리는 연방총회는 산하 8개 산업노조와 지역과 계층을 대표하는 약 400명의 대의원으로 구성되는, 독일노총의 최고의사결정기구이다.

'노동의회(Parlament der Arbeit)'라고 불리는 이번 연방총회에서 "노동의 미래와 사회보장체계의 현대화를 위해서 '사회국가 4.0'을

*독일노총 연방총회. 독일노총 최고의사결정기구로 4년마다 개최되고 있다. © DGB

적극적으로 추진한다"는 핵심내용을 포함한 제안서를 채택했다.[47]

　이에 따르면, 노동조합은 모든 이들이 좋은 일자리를 구할 수 있는 기회를 부여하고 자아발전을 종합적으로 지원할 수 있는 새로운 '현실화의 정치'로서 '사회국가 4.0'을 핵심목표로 설정한다. 직업훈련과 숙련교육의 업데이트, 노동시간의 주권 강화는 현 시대가 요구하는 사회보장체계의 현대화에 중요한 의미를 지닌다. 디지털화로 대표되는 예측하기 힘든 도전과 어려움이 밀려오는 현실에서 삶의 위험으로부터 인간을 보호하기 위해서는 사회국가의 혁신이 필수적으로 요구된다. 바로 이런 이유 때문에 독일노총은 숙련교육의 질을 높이고 직업능력을 향상시키면서 미래지향적인 사회보장체계를 구현할 수 있는 방안을 적극적으로 모색해야 한다. 단지 이에 대한 문제점과 위험성만을 제기하는 것이 아니라, 노동조합은 디지털화가 좋은 일자리 창출에 기여할 수 있는 실천방안을 스스로 제시할 수 있어야 한다.

47　http://bundeskongress.dgb.de/

먼저 미래지향적인 노동세계를 만들기 위해서 고용안정성을 높여야 한다. 이를 위해 파견노동, 경미고용, 도급계약 등 불안정고용에 대한 개혁조치는 가능한 빨리 이루어져야 한다. 노동시간에 대한 주체적인 계획과 실행을 위해서 호출형 노동은 폐지되어야 한다. 이뿐만이 아니다. 경제의 디지털화로 인해 임금으로 보상받지 못하는 초과근로와 유연근무가 날로 증가하고 있다. 지난 10년 동안 노동시간에 대한 탈규제화가 심화되었기 때문에, 이제 법정휴식시간을 보장하고 일일 최대노동시간을 확정하는 노동시간의 재규제화가 필요하다.

또한 지속가능한 사회보장체계를 만들기 위한 로드맵을 재구성해야 한다. 법적으로 사회보장이 되지 않는 취업자들을 위해 연금, 의료, 요양, 산재보험에 대한 전면적인 개혁이 필요하다. 미래지향적인 사회국가를 만들기 위해 조세와 기여금에 대한 공정하고 투명한 재정조달이 이루어져야 한다. 국가의 책임이 강화되는 동시에, 납세자와 보험기여자의 부담과 위험도 공평하게 분담되어야 할 것이다.

이러한 기조제안서의 채택에 이어 독일노총은 연방총회의 마지막 날 다음과 같은 정부요구안도 결의했다.[48] 이 요구안에 따르면, 현재 독일은 극우정치세력이 연방의회에 진출할 만큼 민주주의가 훼손되고 있을 뿐만 아니라, 이러한 분열과 갈등으로 인해 사회적 응집력이 심각하게 위협받고 있다. 이러한 상황에서 사회적 통합은 정당은 물론, 노동조합에게도 가장 중요한 과제로 떠오르고 있다.

이를 위해 노동조합은 사회주택, 고용창출, 교통 및 인프라, 기

---

48   http://www.dgb.de/einblick/++co++b007db6c-6335-11e8-afd5-52540088cada

후변화와 교육에 대한 공적 투자의 확대와 예산안 반영을 요구하고
있다. 교육분야에 대한 10억 유로 투자, 8,000개 일자리에 대한 협약
임금 보조, 법정의료보험의 동등부담원칙, 법정연금급여수준의 50%
환원, 장기실직자 축소와 사회적 노동 지원, 견습생 최저임금 보장과
이주노동자의 통합프로그램 강화 등을 긴급하게 필요한 조치로 내
세우고 있다.

　　다른 한편 독일노총은 좋은 일자리와 사회적 통합에 필요한 단
체협약적용과 공동결정권의 강화, 시간주권 보장, 일과 여가의 균형
등에 대한 정부의 실효성 있는 법제도 개혁방안을 강력하게 요구하
고 있다.

4. 소결: 독일의 역사적 경험을 본받아 혁신적 노동운동의 길로

지금까지 1990년대 이후 독일 노동운동이 봉착한 시대적 도전과 이
에 대한 노동조합의 대응전략을 시기에 따라 살펴보았다. 특히 1998
년 사민당과 녹색당의 연방의회선거 승리 이후 전개된 적록연정과
노동운동의 노정관계는 우리에게 시사하는 바가 크다.

　　토니 블레어의 '제3의 길'과 맥락을 같이하는 '신중도'노선의 슈
뢰더정부는 경제상황이 악화되면서 자신의 지지기반인 노동자, 서
민의 이해와 충돌할 수밖에 없는 사회복지와 노동시장개혁을 시도
했다. 경기불황과 고실업의 지속은 적록연정으로 하여금 노동조합
의 인내를 요구하도록 만들었던 반면, 사민당의 집권은 노동조합으

로 하여금 친노동 정부정책을 기대하도록 만들었다. 그러나 '일자리
동맹'의 실패, 이어서 노조를 배제한 채 이루어진 '하르츠개혁', '아겐
다 2010'을 둘러싼 노동조합과 정부의 심각한 갈등과 대립은 쌍방
의 기대를 동시에 채우기가 얼마나 어려운 것인가를 증명하고 있다.

이미 우리가 살펴본 바와 같이 현재 독일 노동조합은 적응과 혁
신의 기로에 서 있다. 기존의 성과를 나름대로 잘 방어하고 있지만,
이 상태에서 발전적 모색과 혁신적 전망을 기대하는 것은 현실적으
로 어려워 보인다. 이것이 바로 독일 노동운동의 미래가 낙관적이지
않은 이유이기도 하다.

1990년대의 시대적 상황을 반영하는 재통일의 후유증과 신자
유주의적 세계화의 물결은 노동조합과 사민당의 동반자적 협력관계
를 더욱 어렵게 만들었다. 계급문제와 교차하는 새로운 사회운동의
과제들이 갈등영역에 부각되고, 정치적 이해대립의 중심과제로 떠
오르고 있다. 경제구조의 서비스화와 디지털화는 노동조합의 핵심
정책에 대한 성찰, 더 나아가 4차 산업혁명시대 노동운동의 발전전
망에 대한 새로운 모색을 요구하고 있다. 한편 생활양식의 다원화와
개인주의화는 자본과 노동의 이해대립이라는 고전적 패러다임을 잠
식하고 있다. 이러한 상황에서 사민당은 자신의 전통적 조직원을 만
족시키면서 새로운 지지자들을 모아야 하는 이중적 부담을 안고 있
다. 독일의 유명한 사회학자 다렌도르프가 이야기하고 있듯이, '사민
주의시대의 종말'은 사민당이 집권가능성을 상실하고 역사의 무대
에서 사라진다는 의미가 아니라, 기존 핵심지지층의 축소와 맞물리
면서 정책과 프로그램을 새롭게 구성해야 할 상황에 처해 있다는 것

을 말하고 있다. 이러한 위기상황은 노동조합에게도 예외는 아니다. 노동조합이 시장과 자본의 압력을 이겨내고 사회개혁적 조합주의를 제대로 수행하기 위해서는 노동보호와 사회형성이라는 이해대변조직의 기능이 더욱 강화되어야 한다. 이뿐만이 아니다. 노동조합이 정당의존적인 전달벨트로 전락하지 않고 자신의 전략적 목표를 관철시킬 수 있는 정치력이 필요하다.

이러한 의미에서 볼 때 2004년 4월 한국정치사에 '진보정당의 국회진출'이라는 큰 획을 그었지만, 정파갈등과 패권주의로 인해 2008년 2월 분당 사태를 맞으며 좌초한 민주노동당의 경험은 참으로 안타까운 경험이다. 1987년 노동자대투쟁을 계기로 비약적으로 발전한 민주노조운동은 새로운 도약을 위한 발판으로 민주노동당이라는 진보정당을 건설하고, 17대 총선에서 10명에 이르는 국회의원을 배출하는 데 성공했다. 민주노동당은 '일하는 사람의 정당'이라는 이름에 걸맞게 노동중심의 정강정책을 강력하게 추진했지만, 민주노총의 배타적 지지로 대표되는 진보정당의 노동운동에 대한 강한 종속성은 민주노동당이 대중적 진보정당으로 거듭나는 데 오히려 걸림돌로 작용했다. 결국 민주노동당은 창당한 지 10년이 채 되지도 않아 노동운동의 과잉정치화와 패권주의적 종북세력에 의해서 역사의 뒤안길로 사라지게 된다.

이와 같이 노동운동은 자본주의의 억압과 착취를 줄이고 자율적인 인간들의 평등사회를 지향한다는 의미에서 현대사회의 가장 강력한 사회개혁세력이라고 볼 수 있다. 비인간적인 차별과 배제가 노동사회에 존재하는 한, 노동운동의 종말이나 민주적 사회주의의

종언이라는 말은 몰역사적 개념이다. 만약 노동운동이 체제개혁을
위한 비판을 계속 수행하지 않는다면, 자본주의사회는 시장의 횡포
앞에 무력할 수밖에 없을 것이다. 노동운동의 역사적 소명은 바로
이러한 단선적 결정관계를 수정하고 전환시키는 데 있다.

즉, 자본주의체제하에서 노동운동은 궁극적으로 평등과 사회적
정의를 지향하고 자율적 개인이 자주적인 의사결정을 할 수 있도록
만들어야 한다. 또한 진보정당의 대안적 이념이 민주적 사회주의라
고 한다면, 21세기 진보정당과 노동운동은 서로의 위계와 단절을 극
복하고 사회대개혁을 적극적으로 추진하는 '이성적 연대'관계를 보
다 발전시켜야 한다. 이와 같이 진보정당과 노동조합이 자기혁신과
계층연대에 기반하여 사회적 공동선을 추구한다면 독일과 한국의
노동운동은 반드시 새로운 전기를 마련할 수 있을 것이다.

10장

4차 산업혁명에 대응하는 독일의 노동 4.0 전략[49]

1. 노동은 경제 디지털화에 무력하게 당할 수밖에 없는가?

인공지능, 자율주행차 등 디지털기술의 발전에 따라 생성된 4차 산업혁명의 흐름이 노동과 일자리에 어떤 영향을 미치는가에 대한 관심이 뜨거워지고 있다. 가장 쉽게 확인할 수 있는 사실은 정보통신기술(ICT)이 엄청나게 빠른 속도로 발전하고 있으며, 이러한 기술발전이 사회경제적인 측면에서 큰 변화를 초래하고 있다는 사실이다. 독일에서 흔히 '인더스트리 4.0(Industrie 4.0)'이라고 불리는 이러한 변화를 학계에서는 '디지털 자본주의'라는 새로운 생산체제로 규정하기도 한다.

 이러한 수사학적 표현은 차치하더라도 현재 진행되고 있는 기술

49　이 글은 이상호(2018), "디지털화의 노동과 일자리 효과", 『경상논총』 36(2), 한독경상학회를 수정하고 보완한 것이다.

적 진보의 결과를 예측하기 어려울 뿐만 아니라, 디지털기술의 발전이 그 전과는 질적으로 다른 차원에 도달했다는 것을 부정하는 이들은 없다. 더욱이 다른 기술변화도 마찬가지이지만, 디지털기술이 초래하는 사회경제적 변화는 대단히 복합적이다. 긍정적인 측면에서 볼 때 신산업의 생성과 새로운 부가가치의 창출을 주목할 수 있지만, 다른 한편으로 노동과 일자리에 대한 부정적 영향을 무시하기도 힘들다.

　이러한 문제의식에 따라 이 글은 정보통신기술, 특히 디지털기술의 발달이 제조업의 일자리에 어떤 영향을 미치고 노동은 이에 대해 어떻게 대응해야 하는가를 살펴본다. 이를 위해 먼저 '디지털화'로 대변되는 새로운 기술변화가 일과 고용에 미치는 영향을 살펴볼 것이다. 이어서 이중적 고용효과, 직업능력과 숙련구조의 양극화, 노동유연화와 기업의 탈경계화 등으로 특징지을 수 있는 노동의 디지털화 논쟁을 살펴보고 이에 대한 노동조합의 대응전략을 포용적 노동정책의 관점에서 분석할 것이다. 마지막으로 이러한 사례연구를 통해서 우리가 얻을 수 있는 정책적 시사점을 찾고자 한다.

2. 디지털기술의 발전이 일과 고용에 미친 효과

2.1 불확실한 고용효과

1) 일자리의 단기적 감소

일반적으로 디지털기술의 발전이 일자리 감소를 초래한다는 의견이 우세하다. 과거의 기술발전효과와 달리, 디지털기술로 인한 단기적인 고용손실은 장기적으로 새로운 고용기회로 상쇄되지 않는다. 왜냐하면 기술의 급속한 확산으로 인한 자동화효과와 연쇄적 기술발전이 노동력을 대체하는 반면, 노동자의 대응이나 제도적 변화를 위한 효과적인 사회경제적 적응메커니즘은 상당히 느리게 작동하기 때문이다. 그 대표적 사례가 바로 광범위한 일자리 손실을 유발시키는 로봇기술의 적용과 확대이다. 로봇의 도입이나 기계자동화로 인해, 경험과 자격을 지닌 노동자에 대한 수요가 줄어들고 실직자가 구할 수 있는 일자리가 점차 줄어들고 많은 일자리가 디지털화로 대체되고 있다. 지난 수년간 노동생산성 증가와 고용증가의 간극이 점점 더 벌어지고 있다는 사실이 이를 증명한다(Brynjolfsson & McAfee, 2014: 165).

한편 프레이와 오스본(Frey & Osborne, 2013: 38)은 디지털기술과 대규모 해고 가능성이 연동되어 있다는 사실을 미국 노동시장 분석을 통해 실증적으로 증명하고 있다. 이들의 분석은 디지털화로 인해 어떤 직업들이 자동화될 수 있는지에 분석 초점을 맞추고 있다. 이들은 단순하고 반복적인 활동을 수행하는 직업뿐만 아니라, 복합적 활동을 수행하는 직업도 부분적으로 자동화되고 대체될 수 있다고 주장한다. 이들의 결론은 디지털기술을 통해 현재 존재하는 직업의 절반을 대체할 수 있다는 것이다. 이들의 핵심적인 주장은 향후 10~20년 사이 미국 노동시장에 존재하는 직업의 약 47%가 자동화로 인해 잠재적으로 소멸위기에 처하게 될 것이라고 예측한다.

2) 상쇄되는 일자리 축소 효과

디지털화로 인한 일자리 감소가 예측 수준보다 더 높게 나타날 것이라는 비관적 전망이 일반적이지만, 이러한 판단은 일정하게 상대화시켜야 한다. 신기술에 의한 실직과 해고 가능성은 일반적인 의미의 자동화로 인한 효과와 관련된 것이지만, 이를 디지털화의 직접적인 영향으로 협소화시키기는 힘들다는 주장이 있다. 일반적으로 기술발전으로 인해 직업세계에 변화가 생길 수밖에 없지만, 모든 일자리가 디지털기술이나 자동화기계로 인해 대체되는 것이 아니다. 상당히 많은 경우 이와 관련된 새로운 직업이 생기거나, 기존 일자리가 변형되어 확대되기도 한다.

한편 정보통신기술이 발전하면 이전에 존재하지 않았던 직업이 새롭게 생성되거나, 기존의 활동을 보완하는 파생직업이 생겨난다. 금융업의 직업세계가 대표적인 사례이다. 금융업의 디지털화가 이루어지면서 광범위한 자동화효과로 인한 기존 일자리의 소멸현상이 나타나지만, 다른 한편으로 완전히 새로운 고객지향적인 직업활동이 생겨나고, 이와 간접적으로 연관된 창직과 창업활동도 다양하게 나타날 수 있다(Autor, 2015).

이러한 분석에 따라 보닌 등(Bonin et al., 2015)은 독일의 경우 디지털화로 인한 자동화 위험에 처해 있는 일자리의 비중은 단지 12%에 불과하다고 말한다. 이 경우 취업자의 교육수준이 높으면 높을수록 자동화로 대체될 가능성은 더욱 낮아진다. 하지만 저숙련 노동자의 경우 대체효과가 무려 80%에 육박한다. 이러한 분석결과는 독일의 '인더스트리 4.0' 논의에서 널리 인정되는 주요 명제, 즉 제조업의 단순노동은 지속적인 자동화를 통해 상당히 감소될 수밖에 없다는 주장과 일치한다. 그럼에도 불구하고 중장기적으로 볼 때 신기술의 확산과 파급효과로 인해서 일자리 손실을 상쇄하는 신제품의 개발, 새로운 시장의 개척, 새로운 고용기회가 생겨날 것이라는 전망이 우세하다(Autor, 2015).

이와 같이 실증적인 분석으로 확증하기는 힘들지만, 디지털기술의 장기적인 고용창출효과에 대해 낙관적인 전망이 우세하다. 이러한 이유로 인해 독일의 '인더스트리 4.0' 관련 논의에서 디지털화가 노동시장에 미치는 효과는 장기적으로 상당히 긍정적으로 평가되고 있다. 예를 들어 스패스 등(Spath et al., 2013)에 따르면, 이러한 디지털화 추세로 보면 향후 10년 동안 최대 6%의 고용증가가 제조업 부문에서 나타날 것이다. 그 이유는 제조업의 디지털화로 인해 고숙련노동, 특히 기계공학과 자동차 엔지니어링 분야에서 노동 수요가 상당히 증가할 것으로 보이기 때문이다.

2.2 직업과 숙련의 구조변화

1) 직업능력에 대한 요구 강화

디지털화의 영향으로 직업활동과 그와 관련된 숙련구조가 어떻게 변할 것인가에 대해서도 매우 다양한 견해가 제시되고 있다. 일반적으로 디지털화는 직업능력의 강화를 전제로 하며, 단순미숙련 업무의 자동화로 인해서 나타나는 결과이다. '숙련중심적 기술발전'이라고 불리는 이러한 변화는 디지털기술의 지속적인 사용으로 인해 더 높은 수준의 직업능력을 가지거나, 그에 상응하는 숙련 역량을 소유한 노동자집단에서 발생한다(Zuboff, 1988: 10).

이러한 관점에서 보면 디지털화의 복합성과 활용 증가는 기존 업무와 숙련에 대한 새로운 요구를 증가시킨다. 주보프(Zuboff, 1988: 159)는 현재 이용가능한 정보의 활용에 기반을 둔 '지능적인 기술'이 더 중요해진다고 본다. 그는 이러한 지능적인 기술이 일반적인 숙련수준에 설정되어 있는 기존 일자리를 더 좋은 일자리로 만든다고 주장한다.

한편 디지털화로 인해 나타나는 숙련요구의 강화 추세는 사물인터넷의 정보통신기술적 응용과정에서도 확인된다. 또한 '인더스트리 4.0'에 관한 공공정책이나 혁신정책적 논의에서 디지털화로 인해 직업능력과 숙련요구에 대한 일반적인 평가절상이 이루어진다는 주장이 자주 제기된다. 이 과정에서 노동자들은 기계를 작동시키는 작업자가 아니라, 오히려 기계의 작동 여부의 결정자와 조정자로 그 지위가 격상되며, 이는 다시 개별노동자의 직무와 업무범위를 확장시킨다.

2) 양극화되는 숙련구조

이러한 직업능력의 강화와 숙련요구의 증가 추세와 함께, 디지털화로 인해 직업활동과 숙련자격이 더욱 양극화되고 있다고 주장하는 이들이 존재한다. 이들은 높은 숙련자격 요건이 필요한 직업활동과 낮은 숙련도를 요구하는 단순직무 사이에 격차가 점점 더 벌어지면서 중간 수준의 직업능력을 지닌 노동자집단의 역할과 중요성이 줄어들고 있다고 분석한다. 이러한 양극화 경향은 디지털기술의 사용과 전산화로 인해 중간 숙련수준을 지닌 노동자의 직무가 점점 더 자동화되고 일자리가 줄어들기 때문이다. 그래서 이들은 자동화로 인해 단순 직무가 무조건 사라지는 것이 아니라, 오히려 낮은 숙련을 요구하는 직업활동들이 더 늘어난다고 전망한다. 즉, 자동화와 전산화의 결합은 직업활동 양극화의 원인인 동시에, 중간 수준의 직업능력을 지닌 노동자집단의 몰락으로 이어질 수 있다.

한편 자동화와 전산화를 통해 복합노동과 복잡업무를 요구하는 일자리가 점점 더 탈숙련화되는 모습을 보인다. 구체적으로 조립, 검수와 같이 일정한 숙련이 요구되는 직무뿐만 아니라, 중간 수준의 직업능력이 요구되는 행정·서비스 관련 직업도 이러한 탈숙련화 대상이 될 것으로 보인다.

최근 독일 제조업에서 숙련 전문직에 관한 연구들도 이와 유사한 추세를 확인하고 있다. 이에 따르면, 정보기술의 자동화로 인해 중간 수준의 숙련자격이 요구하는 업무들이 점진적으로 '탈숙련화와 부분대체' 추세를 보인다. 물론 자동화될 수 없는 숙련 노동의 '잔류 범주'가 분명히 존재하지만, 이러한 고유한 인간노동의 비중은 점점 더 줄어들 것으로 보인다.

한편 빈델반트 등(Windelband et al., 2011)은 지능형 네트워크 물류시스템하에서 이루어지는 노동과정 연구를 통해 제조업 분야의 숙련구조 양극화 경향을 실증적으로 분석하고 있다. 그들에 따르면, 한편으로 신기술을 통해 작업과정의 자동화가 이루어지고 그 결과로 인해 기존에 남아 있는 직업활동도 더욱 단순화되고 있다. 다른 한편으로 특정 숙련자격을 지닌 노동자집단의 소멸은 시스템 전반의 조절과 통제 업무를 수행하고 있는 다른 노동자집단이나 숙련 자격 그룹의 위상과 역할을 강화시킨다. 이러한 현상은 나쁜 일자리 와 좋은 일자리의 공존이라고 표현할 수 있는 노동의 양극화를 극명 하게 보여준다.

2.3 조직유연화와 탈경계화

1) 기업구조의 유연화와 분권화

디지털화가 진전되면서 기업구조의 분권화가 급속하게 이루어지는 동시에, 내부 유연화와 노동의 탈경계화도 동시에 진행되고 있다. 정 보통신기술적 측면에서 보면, 이러한 분권화는 위계적으로 구축된 중앙제어시스템에서 탈피하는 것을 의미하며, 노동조직적 차원에서 보면 권한과 책임의 위임을 통해 집행력을 분산하는 변화를 나타낸 다. 따라서 분권화를 통해 만들어지는 작업장과 기업은 노동조직과 인력활용의 중앙집중적인 형태가 분산되고 유연화되는 것을 의미한 다(Spath et al., 2013; Bauernhansel, 2014).

이러한 변화는 복합적인 엔지니어링 업무를 포함하는 전문적 기능 영역에서도 나타나며, 다양한 숙련수준에서 일반적으로 나타 나는 현상이다. 이때 노동조직과 인력활용의 유연성에 호응하는 새 로운 조직모델이 만들어지는데, 이를 통해 '집단지성'이 발휘된다 (Hirsch-Kreinsen, 2014). 이러한 인터넷에 기반한 작업형태를 보여 주는 이러한 노동조직은 동등한 자격을 갖춘 숙련된 직원들의 자유 로운 네트워크 형태를 취하며 조직적 경계가 상당히 이완되고 애매

해지는 것이 특징이다. 여기서 확인되는 숙련자격의 패턴은 개별직원에 대한 엄격한 업무규정을 두지 않고, 오히려 직원들의 분업구조가 유동적으로 변한다. 그래서 작업집단 자체는 상당히 조직적이지만 작업형태는 비공식적인 모습을 취하면서 매우 유연하게 상황에 맞게 활동하는 것이 특징이다.

이러한 유연화 추세로 인해 개별노동자들은 점점 더 공간과 시간에 구속되지 않게 된다. 인터넷 플랫폼같이 디지털화된 계획·관리 시스템을 기반으로 하여 기업조직은 기존에 비해 훨씬 더 시공간적으로 유연해지고, 내부 직원뿐만 아니라, 외부 직원들까지 포함하는 프로젝트 방식의 작업팀이 만들어진다. 이에 따라 노동자들은 팀 형태와 프로젝트 방식으로 다양한 장소에서 매우 상이한 지식 영역을 오가면서 작업하게 된다.

결론적으로 디지털화가 진전되면서 앞으로 프로젝트 기업조직과 네트워크형 작업방식이 기존의 기업구조를 대체할 것으로 보이며, 이에 따라 '시간경영'의 중요성이 더욱 더 부각될 것이다.

2) 기업조직의 네트워크화

디지털화로 인해 증가하고 있는 네트워크형 조직형태는 초기업적 차원에서도 이미 나타나고 있다. 직업활동의 다양화, 기업간 네트워킹, 인터넷 거래로 인해서 초기업적 분업과 아웃소싱이 전면화되고 기존의 기업구조 분권화를 넘어서는 전체 가치사슬구조의 변화와 재구성이 이루어지고 있다.

이러한 재조직화 과정은 모순적인 경향을 내포하고 있다. 한편으로 생산공정의 디지털화는 기존의 복잡한 작업단계를 더 세분화, 구획화, 모듈화하는 분업 형태의 재구성을 추동한다(Leimeister & Zogaj, 2013).

다른 한편으로 생산공정의 디지털화는 이전에 비해 더 광범위한 차별화와 이동성을 촉진시키고, 인터넷을 통해서 외부 행위자들을 가치창출과정에 포함시킨다. 또한 인터넷에 기반한 네트워킹을 통해 생산과정을 보다 효율적이고 유연하게 제어하고 포괄적으로 조정할 수 있다. 특히 이러한 과정에서 발생할 수 있는 기능의 차별화가 추가적인 거래비용을 유발시키지 않고, 의사소통과 조정과정의 디지털화를 통해 거래비용을 더 많이 줄일 수도 있다. 이러한 방식의 재조직화를 흔히 '초전문화'라고 부르고, 경계를 초월하면서 협력형태를 만들어낸다는 의미에서 '크라우드 소싱'이라고 부르기도 한다(Leimeister & Zogaj, 2013).

이상과 같은 초기업적 탈경계화에 대한 평가는 매우 상반되게 나타나고 있다(Kagermann, 2014: 608). 긍정적으로 평가하는 입장에서는 숙련요구의 강화 추세 같은 맥락에서 이러한 탈경계화가 노동의 가치를 질적으로 향상시킨다고 평가한다. 예를 들어 이러한 탈경계화와 유연화가 '일과 여가의 균형', 즉 직장과 가정에서 이루어지는 삶의 질을 향상시킨다는 사실을 강조한다. 다른 한편으로 초기업적 탈경계화가 초래하는 위험요인을 강조하는 이들도 존재한다. 부정적인 효과로 규제의 사각지대, 불명확한 고용형태, 디지털통제의 불예측성 등을 이야기한다. 특히 전통적인 고용형태는 아닌데 노동과정은 표준화되어 있는 테일러주의적 특성을 보이는 특수하고 예

외적인 비정규직 고용관계가 증가하는 사실은 매우 모순적인 현 상
황을 대변한다.

3. 노동의 디지털화를 둘러싼 논란

3.1 기술주도성의 한계와 모순

지금까지 우리가 살펴본 디지털기술의 발전에 따른 노동과 일자리
의 변화 양상에서 나타나는 일반적 통념은 이러한 변화가 '기술주도
적'으로 이루어지고 있다는 사실이다. 하지만 사회과학적 관점에서
보면, 이러한 기술중심적 접근방식은 과도하다. 왜냐하면 사회과학
계의 혁신연구뿐만 아니라 산업사회학의 기술연구를 보면, 신기술
의 발전형태가 상당히 모순적으로 진행되고 있으며, 디지털화의 사
회적 효과 또한 단언하기 힘들기 때문이다.

혁신에 대한 진화론적 접근방식은 혁신행위가 항상 목표지향적
이고 역동적으로 진행되지만, 동시에 그 과정은 변동적이고 그 결
과는 불확실하다는 점을 강조해왔다. 혁신이 순탄하게 진행되고 그
로 인해 촉발되는 구조변화를 가능하게 만들기 위해서는 기술적으
로 가능한 발전 잠재력을 만들어내는 동시에, 다른 한편으로 신기술
의 적용조건과 시장화의 기회를 창출해야 한다. 또한 디지털기술의
도입 같은 새로운 혁신 기회는 역동적인 특성을 가지고 있기 때문에
이로 인해 발생하는 모순적 효과는 이러한 혁신에 이미 내재되어 있

다고 볼 수 있다.

한편 산업사회학의 기술연구에서도 이와 유사한 분석이 존재한다. 적어도 1970년대와 1980년대의 '기술결정론'에 대한 비판적 논쟁 이후, 특정 기술시스템의 실행과 노동에 미치는 영향 사이에는 복합적 관계가 형성되어 있기 때문에 비기술적, 사회적, 노동정치적, 경제적 요인들로부터 상당한 영향을 받는다는 주장이 이미 정설화되어 있다. 따라서 단순한 논리로 기술과 노동 사이에 일면적 관계가 존재한다고 이야기할 수 없다. 일반적인 의미에서 디지털기술의 확산과 현실적 효과 사이에 존재하는 연관성은 선형적이지 않고 결정론적이지도 않다. 오히려 그 연관성은 많은 사회경제적 변수에 의해 영향을 받을 만큼 가변적이고, 기술적으로 주어진 새로운 잠재성을 실제로 어떤 방식으로 활용할 것인가에 따라 그 결과는 달라진다 (Evangelista et al., 2014: 803).

3.2 직업능력과 숙련자격의 역동적 적응

4차 산업혁명시대 경험적 지식이 더욱 더 중요해지고 있다는 사실은 디지털화가 진행되는 상황에서도 노동과 숙련의 위상과 역할이 역동적으로 변하고 있다는 사실을 보여준다. 노동의 성격이 기술에 종속되고 단선적으로 평가절하된다는 논리는 이러한 역동성을 매우 불충분하게 이해하기 때문에 나타나는 현상이다.

실제로 직업활동과 숙련자격의 역동성을 자동화와 전산화의 상호작용에서 확인할 수 있다. 한편으로 특정 직업활동의 일상적인 업무들이 자동화되면서 동일한 직업활동에서 필요한 새로운 업무가 만들어지기도 한다. 이런 추세에 따르면 중간 숙련자격을 지닌 노동 자집단은 결국 사라질 수밖에 없다는 양극화론에 상당한 의문을 제 기할 수 있다. 왜냐하면 일반적으로 중간 수준의 숙련노동자집단의 활동은 매우 다양한 업무에 적용할 수 있기 때문에 일상적 직업활동 들이 자동화되면 보다 복합적인 다른 업무들이 생겨나고 이들은 여 기에 투입될 여지가 크기 때문이다(Autor, 2015: 26).

다른 한편으로 전산화의 영향으로 발생하는 데이터·정보의 가 용성 증가 추세를 고려해야 한다. 전산화 자체가 발생시키는 복잡성 으로 인해 기존 업무에 대해서도 새로운 요구가 발생하고 있다. 따 라서 숙련요구의 증가와 평가절상으로 인해 고숙련·특권적 노동자 집단만이 이득을 보는 게 아니라, 대부분의 직업활동과 숙련수준이 평가절상되는 일반화과정으로 이어질 수도 있다. 최근 몇 년간 독일 제조업에서 나타나고 있는 단순노동의 변화에 관한 새로운 경험조 사 결과에 따르면, 단순노동 형태의 발전양상도 결과적으로 숙련능 력의 지속적인 확장으로 특징지을 수 있다. 이는 컴퓨터기술로 가능 해진 업무의 증가에 따라 작업 요구사항이 지속적으로 증가하기 때 문에 가능하다. 이러한 현상은 주로 문서화작업, 작업계획, 품질보증 같은 추가적인 간접적 업무들과 관련된다(Abel et al., 2014). 따라서 독일의 '인더스트리 4.0' 논의에서 제기되는 명제, 즉 작업공정의 복 잡성이 증대됨에 따라 새롭게 생겨나는 복합 업무를 수행하기 위해 숙련 직원에 대한 수요가 더 증가함으로써 자동화효과가 상쇄될 것 이라는 주장이 제기되는 것이다.

3.3 생산성의 딜레마와 기업구조의 한계

디지털화에 대해 전망하기 위해서는 디지털기술의 확산이 가져올 경제적 역효과와 한계를 고려해야 한다. 실제로 작업공정의 디지털화로 인한 경제성은 달성가능한 합리화효과와 이와 연관된 일자리 손실을 고려할 때 매우 모순적으로 나타날 것으로 예상된다.

먼저 디지털기술의 활용과 적용으로 인해 상당한 경제성장효과가 나타난다는 주장이 존재한다. 독일의 '인더스트리 4.0' 논의에서는 제조업 전체의 생산성이 향후 10년 동안 30% 이상 향상될 것이라는 주장도 있다. 이러한 예상의 근거는 디지털화로 인한 생산의 직간접적 비용절감효과이다. 특히 인건비의 절감이 상당한 규모로 이루어질 것으로 예상하기 때문에 고임금 국가인 독일의 비용경쟁력은 당연히 강화될 것으로 평가한다(Agiplan & Zenit, 2015: 88).

반면 정보통신기술에 대한 투자와 생산성 증가 사이에 실질적인 연관성이 존재하지 않으며, 비용절감에 대한 예측 또한 상당히 과장되고 경제적 현실과 일치하지 않는다는 주장이 존재한다. 이들은 이러한 현상을 현대 정보통신기술의 '생산성 역설'이라고 말한다. 투자 증가와 정보통신기술의 활용 증가가 생산성 증가, 경쟁력 향상, 기업의 수익성 상승으로 직결되지는 않는다는 주장이 핵심이다(Piller, 1998).

한편 기업구조적 요소는 디지털기술이 확산되는 데 있어 결정적인 장애물인 동시에, 한계 요인으로 작용한다. 일반적으로 기업의 규모가 크면 클수록 디지털기술의 확산에 긍정적인 효과를 미친다고 본다. 그 이유는 기업의 규모가 크면 클수록 동원할 수 있는 자원과 역량이 엄청나게 크기 때문이다. 이와 달리 중소기업은 자원과 역량이 부족하기 때문에 장기적인 관점을 가지기 힘들고 디지털기술 도입 또한 과중한 부담이 될 수 있다. 실제로 대부분의 중소기업에서 디지털기술의 도입과 적용에 사용하는 자금은 매우 미미한 실정이다. 추측컨대 앞으로도 이러한 적은 자금투입 추세는 큰 변동 없이 유지되거나 소폭 상승에 그칠 것으로 보인다(Agiplan & Zenit, 2015: 133).

대부분의 기업은 제한적인 기술역량과 노하우 부족, 그리고 시간압박과 경쟁에 종속되는 단기적 성과주의로 인해 신기술의 확산과 이와 연관된 노동의 변화를 지속적으로 추진하기가 쉽지 않다. 이러한 제약조건으로 인해 기업은 장기지향적이고 위험을 감수하는 혁신전략을 추구하기보다 기존의 공정·생산구조를 최소비용으로 최적화하는 데 집중하게 된다. 즉, 경쟁상황에 봉착할 수밖에 없는 기업들은 비용구조와 시장지위를 개선하기 위해서 생산공정과 제품혁신의 압박을 거부하지 못한다. 그래서 디지털기술의 체계적 도입은 예외적인 상황에서만 현실화되는 것이다. 이러한 어려움은 기업 차원뿐만 아니라, 초기업적 차원에서도 마찬가지이다(Leimeister & Zogaj, 2013).

이러한 상황을 전형적으로 보여주는 사례가 바로 기술집약형 독일 제조업이다. 비교적 표준화된 공정을 통해 제품을 생산하지만, 자동화 정도가 제한적인 금속산업이나 식품산업 같은 전통적인 제조업 중소기업에서 이러한 딜레마를 확인할 수 있다(Hirsch-Kreinsen, 2014). 이들 중소기업들은 테일러주의적인 노동조직을 가지고 있으며, 이러한 표준화된 노동형태는 총고용에서 높은 비중(20%)을 차지하고 있다(Abel et al., 2014).

　이와 같이 가까운 시일 내에 중소기업 저숙련 단순노동의 비중
이 급격히 낮아질 가능성은 거의 없다. 오히려 단순노동의 일정비중
유지는 시장경쟁으로 인해 발생하는 예측불가능한 유연성 요구를
흡수하는 완충장치로 기능하는 동시에, 일시적 수요에 대응하기 위
해 생산현장에 투입하는 비정형적 노동형태의 필요성은 더 커지고
있다. 즉, 저숙련 단순 작업이 주를 이루는 제조업 부문에서도 디지
털화에 의한 노동력의 광범위한 대체는 일정한 한계에 봉착하고 있
다고 볼 수 있다.

4. 독일 노동조합의 대응전략, '노동 4.0'

4.1 디지털화의 불확실성과 노동의 포용적 대응

지금까지 살펴본 바와 같이 '4차 산업혁명'의 대표적 현상이라고 할
수 있는 디지털화가 초래하는 합리화효과와 이로 인해 발생하는 노
동에 대한 영향을 단편적으로 규정하기란 쉽지 않다. 일자리 축소가
예상될 수 있지만, 그 범위와 장기적인 상쇄 가능성에 대해서는 논
란의 여지가 있다. 직업활동과 숙련자격에 대한 효과 또한 단정하기
가 어렵다. 일반적으로 직업과 숙련구조의 양극화를 이야기하지만,
전반적으로 숙련자격이 평가절상될 것이라는 주장도 제기된다. 또
한 노동의 유연화 경향과 조직의 탈경계화 추세는 보다 가속화될 것

이라고 많은 이들이 주장한다. 그럼에도 불구하고 이러한 변화의 범위와 깊이를 한마디로 정리하기는 힘들다.

여기서 분명하게 주장할 수 있는 점은 협소한 기술결정론적 가정과 시각으로는 이러한 논의에 대한 의미 있는 내용을 제안하기 힘들고, 신기술의 확산이 초래하는 역설과 파생효과는 이전보다 더 체계적으로 검토되어야 한다.

일반적으로 신기술의 도입은 항상 기술의 활용으로 인해 발생하는 예기치 못한 결과, 즉 한계와 모순을 불러온다. 이러한 결과가 발생하는 이유는 신기술의 확산과정에서 수반되는 사회경제적 역동성 때문이다. 경험적 연구에서 확인할 수 있듯이 신기술의 도입은 생산과 노동체제가 가진 기술적 요소와 비기술적 요소의 상호연관성이 작동하는 복합적 과정으로 이해되어야 한다. 이러한 연관성은 기능적, 구조적으로 다양한 노동과 생산 부문들과 관련되면서 예측하기 힘든 결과를 만들어내기도 한다. 다만 디지털화의 영향을 받는 노동의 변화과정에서 놓칠 수 없는 사실은 서로 다른 부문, 기업, 기능과 연계된 상이한 직업활동과 자격수준 사이에 존재하는 분단구조가 더욱 강화되고 있다는 것이다. 따라서 디지털화가 노동을 완전히 대체하지는 못하지만, 4차 산업혁명으로 대표되는 디지털화 경향은 노동을 점점 더 다양화시키고 차별화시킬 것으로 예상된다.

바로 이러한 점에서 4차 산업혁명의 주요한 흐름이라고 할 수 있는 디지털화가 노동과 일자리에 미치는 영향에 대한 대응정책을 마련하는 것은 기존의 노동시장과 고용 정책패러다임과는 분명히 달라야 한다. 사회경제의 디지털화가 심화될 것으로 예상되는 미래

제3부 21세기 새로운 도전과 일자리혁명을 위한 혁신

의 노동세계에서 기존의 정규직, 노동조합, 노사관계와 노동법 등 관련 규범, 제도와 체계가 원활하게 작동할 것이라고 판단하기 어렵다. '플랫폼 노동', '자영노동자', '노동사업주'와 같이 기업의 요구와 산업의 필요에 따라 생겨나는 새로운 노동형태를 기존의 협소한 임노동관계에 인위적으로 끼워 넣을 수는 없다. 오히려 이러한 새로운 노동자계층의 출현을 인정하고 이들 노동자집단의 이해와 권리를 포용할 수 있는 노동, 고용과 일자리 정책이 반드시 필요하다.

4.2 포용적 노동정책으로서의 독일의 '노동 4.0'

이러한 측면에서 볼 때 독일의 '노동(Arbeit) 4.0'은 디지털화로 인한 노동의 변화에 보다 능동적으로 대처하기 위한 포용적 노동정책의 대표적 사례이다. '인더스트리 4.0'이 제조업에 정보통신기술을 접목시켜서 산업구조의 혁신과 경쟁력 향상을 달성하기 위한 국가전략이라고 한다면, '노동 4.0'은 산업의 네트워크화, 유연화와 디지털화로 인한 기술력, 사회적 가치, 고용관계의 변화에 적극적으로 대응하기 위한 노동친화적인 국가프로젝트이다.

이러한 문제의식을 근거로 하여 독일연방노동사회부는 2015년 4월 「노동 4.0」 녹서를 발간했다. 이 녹서에는 '노동 4.0'의 도입 배경으로 신기술, 사회적 가치, 고용개념의 변화를 꼽고 있다. 먼저 디지털기술, 특히 정보통신기술의 도입으로 인해 사람과 사람, 기계와 기계, 기계와 사람 간 새로운 관계가 만들어지고 있다. 다만 독일의 경우 저숙련과 고숙련 일자리로 노동시장의 이중화 현상은 일정하

*'노동 4.0'은 디지털화로 인한 노동의 변화에 보다 능동적으로 대처하기 위한 포용적 노동정책의 대표사례이다.

게 나타나고 있지만, 이로 인한 임금과 소득의 심각한 양극화 현상은 발견되지 않고 있다. 또한 신기술의 도입과 사회적 가치의 변화에 따라 개인의 삶을 중요시하는 일과 여가의 균형문제가 더욱 중요시되고 있다. 여성·직장맘의 경제활동참가 제고방안, 전일제 근무형태의 한계, 청년층의 자율적 노동 등 새로운 일의 개념이 급속히 확산되고 있다. 결국 무기계약, 전일제근무, 사회보험의 일률적 적용 등을 특징으로 하는 기존의 정형적 고용관계로는 이러한 변화에 적극적으로 대응할 수 없는 게 현실이다(문선우, 2016: 45).

이러한 과정을 거쳐서 2017년 4월 최종적으로 「노동 4.0」 백서가 완성된다. 물론 백서가 완성되기 전까지 독일의 노사정을 비롯한 전문가들은 디지털화로 인해 발생하는 노동시장과 직업세계의 변화를 논의하고, 과거와는 전혀 다른 도전들에 어떻게 대응할 것인가에 대한 충분한 협의과정을 거쳤다(황기돈, 2017a; 2017b).

이들은 4차 산업혁명으로 대표되는 디지털화로 인해 나타나는 노동세계의 변화에 대해 새로운 가능성을 규정하는 동시에, 미래 노동사회에 대한 불안감 또한 심화되고 있다고 진단한다. 특히 기존의 일자리가 사라지고 숙련자격의 유효성이 떨어지면서 산업사회의 고도화로 인한 계급계층의 격차, 사회관계 상실 같은 문제들이 더욱 심화될 것으로 예상했다.

이러한 진단에 기초하여 '노동 4.0'은 4차 산업혁명시대에서 좋은 일자리를 안정적으로 유지하고 만들기 위한 산업사회의 노동정책과제가 무엇인지를 권고하고 있다. 먼저 사용자들이 요구하는 노동유연성 요구와 노동자들의 안정성 요구를 조정할 수 있는 공정한 협상을 제안하고 있다. 특히 임금과 노동조건이라는 기존 의제는 물론, 기술과 사회적 가치, 그리고 개인적 선호가 바뀌고 있는 상황에 적극적으로 대응할 수 있는 직업재교육 및 평생학습과 관련된 단체협약과 사회협약도 필요하다. 둘째, 투명하고 정당한 임금체계의 구축, 가정친화적이고 개인의 취향·필요에 따라 특화된 시간활용을 인정하는 혁신적인 노동시간체계가 구축되어야 한다. 셋째, 인간의 노동에 부담을 줄여주는 신기술의 활용방안은 물론, 좋은 일자리에서 건강한 노동을 실현시키는 새로운 노동법의 제정, 노동자의 실질적 참여와 책임을 고양시킬 수 있는 경영참가제도도 빼놓을 수 없을 것이다. 그리고 디지털시대에 유사 피고용인 성격을 지닐 수밖에 없는 수많은 영세자영업자들을 위한 사회복지제도를 마련하고 특수고용형태에 가까운 비공식경제에서 종사하는 이들을 위한 노동법제를 마련해야 한다. 궁극적으로 다양한 삶의 형태와 급속한 사회변동을 능동적으로 수용하면서 미래를 준비할 수 있는 사회적 시장경제와 사회국가로 나아가기 위한 국가전략을 논의해야 할 것이다.

5. 소결: 4차 산업혁명의 시대적 도전, 한국형 '노동 4.0' 전략으로 대응해야

지금까지 4차 산업혁명의 대명사로 불리는 경제 디지털화가 일자리에 어떤 영향을 미치고 있으며, 이에 대처하기 위해서 필요한 노동의 전략이 무엇인지를 독일의 '노동 4.0' 사례를 통해 살펴보았다.

　한국의 경우 2016년 1월 20일 스위스 다보스포럼에서 클라우스 슈밥 회장이 새로운 산업패러다임으로 독일의 '인더스트리 4.0'을 소개하면서 '4차 산업혁명'이 하나의 유행어가 되었다. 강조점에 따라 약간의 차이가 있지만, 4차 산업혁명 주창자들은 인공지능, 로봇기술, 드론, 사물인터넷 등 새로운 기술이 확산되면서 지금과는 전혀 다른 산업경제 환경이 펼쳐질 것이라는 장밋빛 청사진을 제시하기도 한다. 이러한 이유로 4차 산업혁명의 추진사업과 세부정책이 사실상 박근혜정부 당시 유행했던 '창조경제론'과 큰 차이가 없다는 우려가 제기되기도 한다.

　더욱이 우리의 경우 디지털화로 인한 사회경제적 변화 연구는 초보적 수준에 머물러 있다. 대부분의 연구들은 자동화, 정보화, 디지털화 등 새로운 기술의 발전에 따라 산업구조는 물론, 사회경제체계의 전환이 이루어지고 있다고 평가한다. 이러한 가운데 인간의 노동과 삶의 공간으로서 일자리 역시 지금과는 상당히 다른 모습으로 바뀔 것이라고 전망하고 있다.

하지만 이들 연구 또한 기존 산업사회의 특성과는 전혀 다른 4차 산업혁명의 차별적인 효과를 너무 강조하거나, 산업사회의 패러다임 전환이 노동세계에 미치는 종합적 효과에 대한 분석을 제대로 하지 못한다. 특히 기술·산업패러다임의 변화에 대해 사회적 행위주체로서 노동조합이 어떤 입장을 가지고 어떻게 대응할 것인가에 대한 연구는 거의 없다.

이와 같이 현재 한국에서 진행되고 있는 4차 산업혁명에 대한 이론적, 실천적 논의에 있어 '사람 중심'이라는 구호만 존재할 뿐, 인간 행위의 실체인 노동의 위상과 역할은 사실상 전무하다. 모든 가치창출의 원천이 노동이고 혁신의 주체가 바로 사람임에도 불구하고 노동배제적 자동화와 무인전산화가 4차 산업혁명의 특징을 대표하고 있는 게 현실이다. 이러한 접근방식이 여전히 통용되는 이유는 한국 사회에 뿌리 깊게 박혀 있는 기술결정론적 시각과 노동비용론적 시각 때문이다. 노동은 비용이고 인간을 대상화시키는 과학기술의 '물신주의'가 디지털시대 새로운 노동혁신을 가로막는 주범인 것이다.

이제는 이러한 구시대의 낡은 패러다임을 벗어나야 한다. 가능한 빨리 4차 산업혁명의 구상과 집행과정에 노동이 주요 이해관계자로서 참여할 수 있는 길을 열고 창의적 행위주체로서 노동자의 역할을 제고할 수 있는 방안을 마련해야 할 것이다. 왜냐하면 노동의 참여와 헌신 없이 산업패러다임의 전환은 불가능하기 때문이다. 이를 위해 노동에 대한 사용자와 정부의 인식전환은 물론, 노동자 또한 자신의 타성과 관행을 깨는 자기혁신이 필요하다. 산업패러다임의 진정한 변화는 참여주체들의 협력과 공조를 전제로 할 때 비로소 가능할 것이다.

참고문헌

―1장

Dribbusch, Heiner and Birke, Peter, 2012, *Trade Unions in Germany: Organisation, Environment, Challenges*, FES.

Esser, Josef, 2003, "Funktion und Funktionswandel der Gewerkschaften in Deutschland", in: Schroeder, Wolfgang and Wessels, Bernhard(Hg.), *Die Gewerkschaften in Politik und Gesellschaft der Bundesrepublik Deutschland*, Wiesbaden, pp.65-85.

Keller, Berndt, 2004, *Multibranchengewerkschaft als Erfolgsmodell? Zusammenschlüsse als organisatorisches Novum-das Beispiel Verdi*, VSA-Verlag, Hamburg.

Müller-Jentsch, Walter, 1995, "Auf dem Prüfstand: Das deutsche Modell der Industriellen Beziehungen", *Industrielle Beziehungen* 2(1): 11-24.

Müller-Jentsch, Walter, 1997, *Soziologie der Industriellen Beziehungen*, Campus, 2, Auflage, Frankfurt am Main.

Müller-Jentsch, Walter, 1999, *Konfliktpartnerschaft, Akteure und Institutionen der industriellen Beziehungen*, 3, Auflage, München und Mehring.

Müller-Jentsch, Walter, 2011, *Gewerkschaften und Soziale Marktwirtschaft seit 1945*, Stuttgart: reclam.

Müller-Jentsch, Walter, 2016, "Konfliktpartnerschaft und andere Spielarten industrieller Beziehungen," *Industrielle Beziehungen* 23(4): 518-531.

Naschold, F., Soskice, D., Hanck, B. and Jürgens, U.(Hg.), 1997, *Ökonomische Leistungsfähigkeit und institutionelle Innovation, Das deutsche Produktions-und Politikregime im globalen Wettbewerb*, *WZB-Jahrbuch*, Berlin: edition sigma.

Reutter, Werner and Rütters, Peter, 2003, "Internationale und europäische Gewerkschaftsorganisationen: Geschichte, Struktur und Einfluss", in: Schroeder, Wolfgang and Wessels, Bernhard(Hg.), *Die Gewerkschaften in Politik und Gesellschaft der Bundesrepublik Deutschland*, Wiesbaden, pp. 512-542.

Schmid, Josef, 2003, "Gewerkschaft im Foederalismus: Regionale Strukturen und Kulturen und die Dynamik von politischen Mehrebenensystemen", in: Schroeder, Wolfgang and Wessels, Bernhard(Hg.), *Die Gewerkschaften in Politik und Gesellschaft der BRD*, Westdeutscher Verlag.

Schneider, Michael, 2000, *Kleine Geschichte der Gewerkschaften*, Bundeszentrale für politische Bildung.

Schroeder, Wolfgang and Silvia, Stephan, 2003, "Gewerkschaften und Arbeitgeberverbände" in: Schroeder, Wolfgang and Wessels, Bernhard(Hg.), *Die Gewerkschaften in Politik und Gesellschaft der Bundesrepublik Deutschland*, Wiesbaden, pp. 244-270.

Schroeder, Wolfgang and Wessels, Bernhard, 2003, "Das deutsche Gewerkschaftsmodell im Transformationsprozess: Die neue deutsche Gewerkschaftslandschaft", in: Schroeder, Wolfgang and Wessels, Bernhard(Hg.), *Die Gewerkschaften in Politik und Gesellschaft der Bundesrepublik Deutschland*, Wiesbaden, pp. 11-64.

Streeck, Wolfgang and Hassel, Anke, 2003, "The Crumbling Pillars of Social Partnership", *West European Politics* 26(4): 101-124.

Streeck, Wolfgang, 2016, "Von Konflikt ohne Partnerschaft zu Partnerschaft ohne Konflikt: Industrielle Beziehungen in Deutschland", *Industrielle Beziehungen* 23(1): 47-60.

Turner, Lowell, 1994, "Social Partnership: An Organizing Concept for Industrial Relations Reform", *Workplace Topics* 4(1): 83-97.

Wassermann, Wolfram, 2003, "Gewerkschaftliche Betriebspolitik", in Schroeder, Wolfgang and Wessels, Bernhard(Hg,), *Die Gewerkschaften in Politik und Gesellschaft der Bundesrepublik Deutschland*, Wiesbaden, pp. 405-428.

Wiesenthal, Helmut and Clasen, Ralf, 2003, "Gewerkschaften in Politik und Gesellschaft: Von der Gestaltungsmacht zum Traditionswächter?", in: Schroeder, Wolfgang and Wessels, Bernhard(Hg,), *Die Gewerkschaften in Politik und Gesellschaft der Bundesrepublik Deutschland*, Wiesbaden, pp. 296-322.

Wiesenthal, Helmut, 2004, "German Unification and Model Germany", in: Streeck, Wolfgang and Kitschelt, Herbert(eds.), *Germany: Beyond the stable State*, Frank Cass.

346

http://www.dgb.de/uber-uns/dgb-heute/mitgliedzahlen/2010
http://stats.oecd.org/Index.aspx?DataSetCode=TUD

─2장

박장현, 2006, "독일 금속노조의 조직과 활동", 미발표논문.
이상호, 2004, "독일 공공부문 단체협약준수법의 내용과 시사점", 『비정규노동』 4, 한국비
　　정규노동센터.
이승협, 2006, "독일 자동차산업 단체협약", 『독일 및 미국의 자동차산업 단체협약』, 한국
　　노총 중앙연구원.
이승협, 2008a, "독일 단체교섭체계의 구조와 변화", 『유럽의 산별 단체교섭과 단체협약 연
　　구』, 한국노동연구원.
조성재 외, 2009, 『산별교섭의 이론과 실제: 산업별·국가별 비교를 중심으로』, 한국노동연
　　구원.

Bispinck, Reinhard, 2004, "Kontrollierte Dezentralisierung der Tarifpolitik-eine
　　schwierige Balance", *WSI-Mitteilungen* (5), WSI.

Bispinck, Reinhard and Bahnmüller, Reinhard, 2007, "Abschied vom Flächentarifver-
　　trag?", in: Bispinck, Reinhard(Hg.), *Wohin treibt das Tarifsystem?*, VSA.

Bispinck, Reinhard(Hg.), 2008, *Verteilungskämpfe und Modernisierung*, VSA.

Haipeter, Thomas and Schilling, Gabi, 2006, *Arbeitgeberverbände in der Metall-und
　　Elektroindustrie, Tarifbindung, Organisationsentwicklung und Strategiebil-
　　dung*, Hamburg.

Gesamtmetall, 2018, *Geschäftsbericht* 2016/2017.

IG Metall, 2018, *Daten-Fakten-Informationen*.

Keller, Berndt, 2015, *Kooperation oder Konflikt? Berufsgewerkschaften im deutschen
　　System der Arbeitsbeziehungen*, FES.

Löwisch, Manfred(Hg.), 1992, *Tarifvertragsgesetz: Kommentar*.

Schmidt, Rudi, 2007, "Was leistet und wohin steuert das deutsche Tarifsystem?", in:
　　Bispinck, Reinhard(Hg), *Wohin treibt das Tarifsystem?*, VSA.

Schroeder, Wolfgang und Greef, Samuel, 2014, "Struktur und Entwicklung des deutsches Gewerkschaftsmodells: Herausforderung durch Sparten-und Berufs-gewerkschaften", in: Schroeder, Wolfgang(Hg.), *Handbuch Gewerkschaften in Deutschland*, Springer Fach-Medien Wiesbaden.

Schulten, Thorsten, 2019, *Tarifpolitischer Jahresbericht*, WSI.

Schulten, Thorsten(Hg.), 2018, *Statistisches Taschenbuch Tarifpolitik*, WSI.

WSI, 2008, *Wie flexibel sind Tarifverträge?*

WSI, 2017, *Tarifhandbuch*.

Zohlnhöfer, Reimut and Saalfeld, Thomas, 2018, *Zwischen Stillstand, Politikwan-del und Krisenmanagement: Eine Bilanz der Regierung Merkel 2013-2017*, Springer VS.

https://www.igmetall.de/jahrespressekonferenz-der-ig-metall-2018-26602.htm

http://www.igmetall.de/tarif/besser-mit-tarif/klares-ja-an-allen-standortenz.htm

http://www.dgb.de/uber-uns/dgb-heute/mitgliederzahlen

https://www.tarifvertrag.de

http://www.gesamtmetall.de

─3장

강수돌, 1997, 『경영과 노동: 사회생태적 경영을 위한 밑그림』, 한울.

고양곤·임반석, 1992, 『경제민주주의와 산업민주주의』, 법문사.

고준기, 1990, "근로자의 공동결정에 관한 연구-독일법을 중심으로", 한양대학교 법학과 박사학위 논문.

김영두, 2002, 『경제민주주의와 노동조합운동』, 한국노동사회연구소·프리드리히 에버트 재단.

아다미, W. and J. 슈테판, 1994, 『독일의 공동결정제도』, 한국노사발전연구원.

이상호, 1995, "독일의 공동결정제도의 현실과 그 사회경제적 효과", 연세대학교 대학원 경제학과 석사학위 논문.

이병천 외, 2013, 『사회경제 민주주의의 경제학: 이론과 경험』, 돌베개.

이주희 외, 2005, 『경영참가의 실태와 과제』, 한국노동연구원.

조우현 외, 1995, 『세계의 노동자 경영참가』, 창작과 비평사.

BAG, Beschluss von 13.03.2013, 7 ABR 69/11.

Baums, Theodor, 2003, "Globalisierung und deutsche Gesellschaftsrecht: Der Fall Daimler-Chrysler", *Arbeitspapier* 80. http://www.jura.uni-frankfurt,de/ifawz1/baums/Bilder_und_Daten/Arbeitspapier80.pdf

Briefs, Ulrich, 1984, "Co-determination in the Federal Republic of Germany-an Appraisal of a Secular Experience", in: Szell, Gyrögy (eds.), *The State, Trade Unions and Self-Management-Issues of Competence and Control*, de Gruyter.

FES, 2005, *Mitbestimmung in Zeiten der Globalisierung: Bremsklotz oder Gestaltungskraft?*, Bonn.

Franz, Wolfgang, 2005, "Die deutsche Mitbestimmung auf dem Prüfstand: Bilanz und Vorschälge für eine Neuausrichtung", *ZAF* 2/3: 268-283, http://www.doku.iab.de/zaf/2005/2005_2-3_zaf_franz.pdf

Frick, Bernd and Sadowski, Dieter, 1995, "Works Councils, Unions, and Firm Performance", in: Buttler, Friedrich (Hg.), *Institutional Frameworks and Labor Market Performance, Comparative Views on the U. S. and German Economies*, London/New York: Routledge.

Höpner, Martin, 2004, "Unternehmensmitbestimmung unter Beschluss: Die Mitbestimmungsdebatte im Licht der sozialwissenschaftlichen Forschung", *Discussion Paper* 04/8, Max-Planck-Institute für Gesellschaftsforschung, Köln.

Kaden, Wolfgang, 2002, "Ludwig-Erhard-Preis, Mitbestimmung und Unternehmenskontrolle", *Manager Magazin*, http://www.manager-magazin.de/koepfe/artikel/o.2828.222696.00.html

Kissler, Leo, 1992, *Die Mitbestimmung in der Bundesrepublik Deutschland-Modell und Wirklichkeit*, Schüren.

Kommission Mitbestimmung, 1998, *Mitbestimmung und neue Unternehmenskulturen-Bilanz und Perspektiven*, Bericht der Kommission Mitbestimmung, Verlag Bertelsmann Stiftung.

Müller, Steffen, 2015, "Works Councils and Labour Productivity: Looking beyond the Mean", *British Journal of Industrial Relations* 2/2015.

Müller-Jentsch, Walter, 1999, "Die deutsche Mitbestimmung-Ein Auslaufmodell im globalen Wettbewerb?", in: Nutzinger, Hans G. (Hg.), *Perspektiven der Mitbestimmung, Historische Erfahrungen und moderne Entwicklungen vor europäischem und globalem Hintergrund*, Metropolis Verlag.

Müller-Jentsch, Walter, 2004, "Unternehmensmitbestimmung-eine bewährte Institution der Konsensgesellschaft", *Ifo-Schnelldienst*(22), http://www.dcgn.de/new_papers/Bull2/2004_m%FCller-jentsch_ifo.pdf

Müller-Jentsch, Walter, 2008, *Arbeit und Bürgerstatus, Studien zur sozialen und industriellen Demokratie*, VS für Sozialwissenschaften.

Niedenhoff, Horst-Udo, 1990, *Die Praxis der betrieblichen Mitbestimmung, Zusammenarbeit von Betriebsrat und Arbeitgeber, Kosten des Betriebsverfassungsgesetzes, Betriebsrats-und Sprecherausschusswahlen*, Deutscher Instituts-Verlag.

Niedenhoff, Horst-Udo, 2002, *Mitbestimmung in der Bundesrepublik Deutschland*, Deutscher Instituts-Verlag.

Nutzinger, Hans G., 1989, *Codetermination: a Discussion of Different Approaches*, Springer Verlag.

Oechsler, Walter A., 2004, *Personal und Arbeit, Grundlagen des Human Resource Management und der Arbeitgeber-Arbeitnehmer-Beziehungen*, Oldenbourger Wissenschaftsverlag.

Oerder, Katharina, 2016, *Mitbestimmung 4.0 : Der Wandel der Arbeitswelt als Chance für mehr Beteiligung*, FES.

Pries, Ludger, 2006, "Cost Competition or Innovation Competition: Lessons from the Case of BMW Plant Location in Leibzig Germany", *Transfer: European Review of Labour and Research* 12(2): 1-26, ETUI.

Vitols, Sigurt, 2001, *Unternehmensführung und Arbeitsbeziehungen in deutschen Tochtergesellschaften grosser ausländischer Unternehmen*, Forum Mitbestimmung und Unternehmen, Bertelsmann Stiftung and Hans-Böckler-Stiftung.

Weddigen, Walter, 1962, *Begriff und Produktivität der Mitbestimmung, Zur Theorie und Praxis der Mitbestimmung*, Berlin.

—4장

박명준, 2003, "2003년 독일노동시장개혁", 『국제노동브리프』 1/2월호: 50-55, 한국노동연구원.

스테판 버거 외, 2002, 『유럽의 사회협의제도』, 한국노동연구원.

오승근, 2005, 『독일 경제위기를 어떻게 볼 것인가』, 삼성경제연구소.

이상호, 2005, 『독일노동운동의 자기정체성 모색과 현실적 딜레마』, 한국노동연구원.

이상호, 2014a, "독일 고용체계의 변화와 비정규노동", 국립경상대학교 경제학 박사학위 논문.

이용갑, 2000, 『독일의 사회합의제도』, 경제사회발전노사정위원회.

황기돈, 2014, "독일 Hartz개혁 10년의 성과: 절반의 성공", 『경상논총』 32(2): 41-60.

Bispinck, Reinhard and Schulten, Thorsten, 2000, "Alliance for Jobs —Is Germany Following the Path of Competitive Corporatism?", in: Giuseppe Fajertag and Philippe Pocht(eds.), *Social Pacts in Europe-New Dynamics*, ETUI.

Oschmiansky, F., and Ebach, M., 2009, "Vom AFG 1969 zur Instrumentenreform: Der Wandel des arbeitspolitischen Instrumentariums", in: Bothfeld, S.(Hg.), *Arbeitsmarktpolitik in der sozialen Marktwirtschaft*, VS Verlag, für Sozialwissenschaften, pp. 79-93.

Schneider, Michael, 2000, *Kleine Geschichte der Gewerkschaften*, Bundeszentrale für politische Bildung.

Schroeder, Wolfgang, 2003, "Modell Deutschland und das Bündnis für Arbeit", in: Sven, Jochem and Siegel, Nico(Hg.), *Konzentrierung, Verhandlungsdemokratie und Reformpolitik im Wohlfahrtstaat*, Leske+Budrich.

—5장

이동임 · 김덕기, 2005, 『독일의 자격제도연구』, 한국직업능력개발원.

최영호 외, 1999, 『노동조합의 직업교육훈련 참여방안 연구』, 한국직업능력개발원.

홍선이, 1999, "독일의 직업교육훈련-출장보고서", 한국직업능력개발원.

Arnold, Rolf and Münch, Joachim, 1996, *Fragen und Antworten zum Dualen System der deutschen Berufsausbildung*, Bundesministerium für Bildung, Wissenschaft, Forschung und Technologie.

Bahnmüller, Reinhard, 2002, "Tarifpolitik und Weiterbildung-neue Entwicklungen und alten Fragen", *WSI-Mitteilungen*(1), WSI.

Bahnmüller, R., and Fischbach, S., 2006, *Qualifizierung und Tarifvertrag: Befunde aus der Metallindustrie Baden-Wüttenbergs*, VSA.

Bundesregierung, 2004, *Nationaler Pakt für Ausbildung und Fachkräftenachwuchs in Deutschland* 2004-2006.

Bundesregierung, 2007, *Nationaler Pakt für Ausbildung und Fachkräftenachwuchs in Deutschland* 2007-2010.

Bundesregierung, 2014, *Allianz für Aus-und Weiterbildung* 2015-2018.

Gesamtmetall, 2002, *Aktiv für die Berufsausbildung-Das engagement der M+E-Verbände*.

Gesamtmetall, 2005, *Die neun M+E-Berufe: Information für Ausbilder*.

Heidemann, Winfried, 2001, *Bündnisse für Aus-und Weiterbildung in Deutschland*, HBS.

Kruse, Wilfried, 2003, *Lebenslange Lernen in Deutschland-Finanzierung und Innovation: Kompetenzentwicklung, Bildungsnetz, Unterstützungsstrukturen*, Bundesministerium für Bildung und Forschung.

https://www.bmbf.de/de/allianz-fuer-aus-und-weiterbildung-1071.html

―6장

이상호 외, 2005, 『중소기업의 구조적 문제와 지역산업의 실태』, 진보정치연구소.
이문호 외, 2018, 『광주, 노동을 만나다: 광주형 일자리로 보는 노동의 참여와 협치』, 레이버플러스.

Blöcker, Antje and Lompe, Klaus, 1995, "Ansätze zur Regionalisierung der Wirtschafts-und Strukturpolitik in Niedersachsen", in: Ziegler, Astrid(Hg.), *Regionalisierung der Strukturpolitik*, Schüren.

Dierkes, Klaus, 2002, "Das Projekt AutoVision von Volkswagen und der Stadt Wolfsburg", in: Mückenberger, Ulrich and Menzl, Marcus(Hg.), *Der Global Player und das Territorium*, Leske+budrich.

Haipeter, Thomas, 2000, *Mitbestimmung bei Volkswagen*, Westfälisches Dampfboot.

Kremer, Uwe, 2000, *Regionalwirtschaftliche Kooperation und arbeitsorientierte Strukturpolitik*, Schüren.

Lompe, Klaus, 1996, *Regionalisierung als Innovationsstrategie*, Edition Sigma.

NIW, 2004, *Regionalbericht 2004*.

Prätorius, Gerhard, 2002, "Global Player und regionale Entwicklung: Auflösung-Hegemonie-Partnerschaft", in: Mückenberger, Ulrich and Menzl, Marcus (Hg.), *Der Global Player und das Territorium*, Leske+budrich.

RESON, 2001, *RESON Grundlage*.

Volkswagen AG, 2005, *Geschäftsbericht 2004*.

Wolfsburg AG, 2003, *5 Jahre AutoVision*.

Wolfsburg AG, 2004, *Von der Vision zur Wirklichkeit*.

—7장

이상호, 2009, "독일 자동차산업 고용안정협정의 전략적 함의", 『산업노동연구』 15(2): 289-316.

Becker, Helmut, 2005, *Auf Crashkurs-Automobilindustrie im globalen Veränderungswettbewerb*, Berlin.

Dudenhöffer, F. and Büttner, C., 2006, "Flexibilitaet durch Zeitarbeit als Wettbewerbsfaktor in der Automobilindustrie", *Ifo Schnelldienst* 59(9): 30-36.

Faust, M., Voskamp, U. and Wittke, V., 2004, "Globalization and the Future of National Systems: Exploring Patterns of Industrial Reorganisation and Relocation in an Enlarged Europe", in: Faust, Michael(eds.), *European Industrial Restructuring in a Global Economy: Fragmentation and Relocation of Value Chains*, SOFI.

Haase, Peter and Kuhn, Thomas, 1995, "Neue Arbeitszeitmodelle bei der Volkswagen AG", in: Wunderer, Rolf and Kuhn, T.(Hg.), *Innovatives Personal Management*, Helbing and Lichtenhahn.

Hartz, Peter, 1996, *Das atmende Unternehmen: Jeder Arbeitsplatz hat einen Kunden*, Campus.

Jürgens, Ulrich and Krzywdzinski, Martin, 2006, "Globalisierungsdruck und Beschäftigungssicherung-Standortsicherungsvereinbarungen in der deutschen Automobilindustrie zwischen 1993 und 2006", *Discussion paper* 2006(303), WZB.

Koffhoff, Hermann, 1998, "Works Council and Economic Restructuring", *Paper for Change and Continuity in Industrial Relations*, 11th World Congress of IIRA, Bologna.

Martin, Andrew, 1997, *Wage Bargaining under EMU: Europeanization, Re-Nationalization or Amercanization?*, ETUI.

Müller-Jentsch, Walter, 1998, "Works Councils in Germany: Analytic Arguments and Empirical Evidence", *Paper for Change and Continuity in Industrial Relations*, 11th World Congress of IIRA, Bologna.

Promberger, Markus, 1996, *Beschäftigungssicherung durch Arbeitszeitverkürzung, 4-Tage-Woche bei VW und Freischichten im Bergbau*, Edition sigma.

Rehder, Britta, 2002, "Wettbewerbskoalition oder Beschäftigungsinitiativen?", Seifert, Helmut(Hg.), *Betriebliche Bündnisse für Arbeit*, Edition Sigma.

Rosdücher, Jörg, 1997, *Arbeitsplatzsicherheit durch Tarifvertrag*, Rainer Hampp Verlag.

Seifert, Hartmut, 2002, *Betriebliche Bündnisse für Arbeit*, Edition Sigma.

Seifert, Helmut, 1999, "Betriebsvereinbarungen für Beschäftigungssicherung", *WSI-Mitteilungen* (3), WSI.

Sisson, Keith and Artiles, A. M., 2000, *Handling Restructuring-Collective Agreements on Employment and Competitiveness*, European Foundation for the Improvement of Living and Working Conditions.

Sisson, Keith(eds.), 1999, *Pacts for Employment and Competitiveness-Concepts and Issues*, European Foundation for the Improvement of Living and Working Conditions.

Teague, P., and Grahl, J., 1992, *Industrial Relations and European Integration*, London.

Traxler, Franzese, 1997, "The Logic of Social Pacts", in: Fajertag, G., and Pochet, P.(eds.), *Social Pacts in Europe*, ETUI and OSI.

VDA, 2005, *Geschäftsbericht* 2004.

Windolf, Paul, 1989, "Productivity Coalitions and the Future of European Corporatism", *Industrial Relations* 28(1).

Zagelmeyer, Stefan, 2000, *Innovative Agreements on Employment and Competitiveness*, European Foundation for the Improvement of Living and Working Conditions.

Zagelmeyer, Stefan, 2001, "Brothers in Arms in the European Car Wars: Employment Pacts in EU automobile Industry", *Industrielle Beziehungen* 8(2): 149-179.

─8장

박지순, 2004, "독일의 노동시장 및 노동법개혁", 『노동법학』 18: 291-330.

이규용, 2011, "독일의 소규모 미니고용의 발전동향 및 최근 논의", 『국제노동브리프』 10: 11-30, 한국노동연구원.

이상호, 2014a, "독일 고용체계의 변화와 비정규노동", 국립경상대학교 경제학 박사학위 논문.

이상호, 2014b, "독일 고용체계의 변화가 노동시장에 미친 영향", 『경상논총』 32(4): 99-124.

이상호, 2014c, "독일 파견노동의 탈규제화와 노사관계의 영향", 『산업노동연구』 20(3): 261-296.

이승현, 2013a, "독일의 어젠다 2010 : 10년간의 평가 및 노동시장에 대한 영향과 전망", 『국제노동브리프』 4: 50-65, 한국노동연구원.

이승현, 2013b, "독일의 저임금 고용제도의 개정내용과 전망", 『국제노동브리프』 6: 44-55, 한국노동연구원.

이승협, 2008, "독일 복지국가의 신자유주의적 고용정책 변화에 관한 연구", 『고용과 직업 연구』 2(1): 151-177.

정원호, 2004, "독일 노동시장정책 이념의 전개와 함의", 『사회경제평론』 23: 235-263.

황기돈, 2014, "독일 Hartz 개혁 10년의 성과 : 절반의 성공", 『경상논총』 32(2): 41-60.

Baethge-Kinsky, Volker, 2008, *Arbeitsmarktpolitik: Nachsteurn oder neu orientieren?*, OBS-Arbeitsheft 55.

Bäcker, G, and Neuffer, S., 2012, Von der Sonderregelung zur Beschäftigungsnorm: Minijobs im deutschen Sozialstaat, *WSI-Mitteilungen* (1): 13-21.

Baumgarten, D., and Kvasnicka, M., 2012, *Herausforderung Zeitarbeit*, Rheinisch-Westfälisches Institut für Wirtschaftsforschung, Gütersloh.

Bosch, G., Haipeter, T., Latniak, E., and Lehndorff, S., 2007, "Demontage oder Revitalisierung? Das deutsche Beschäftigungsmodell im Umburch", *Kölner Zeitschrift für Soziologie und Sozialpsychologie* 59(2): 318-339.

Deutscher Bundestag, 2013, *Zwelfter Bericht der Bundesregierung über Erfahrung bei der Anwendung des Arbeitnehmerüberlassungsgesetzes(AÜG)*.

DGB, 2009, *Leiharbeit in Deutschland: Fünf Jahre nach der Deregulation*.

Dustmann, C., Fitzenberger, B., Schönberg, U., and Spitz-Oener, A., 2013, "From Sick Man of Europe to Economic Superstar: Germany's Resurgent Economy", *Journal of Economic Perspectives* 28(1): 167-188.

Ebbinghaus, Bernhard and Eichhorst, W., 2006, "Employment Regulation and Labor Market Policy in Germany: 1991-2005", *Discussion Paper* No. 2505, IZA.

Eichhorst, W., Max, P., and Thode, R., 2010, *Atypische Beschäftigung und Niedriglohnarbeit*, Bertelsmann Stiftung.

Eichhorst, W.(Hg.), Max, P, and Hinz, T., 2012, *Geringfügige Beschäftigung: Situation und Gestaltungsoptionen*, Bertelsmann Stiftung.

Eichhorst, W., and Tobsch, V., 2013, "Has Atypical Work Become Typical in Germany?", *Discussion Papaer* No.7609, IZA.

Hartz Kommission, 2002, *Moderne Dienstleistungen am Arbeitsmarkt. Vorschläge der Kommission zum Abbau der Arbeitslosigkeit und zur Umstrukturierung der Bundesanstalt für Arbeit*, Berlin: BMAS.

Jürgens, U., Krzywdzinski, M., and Teipen, C., 2006, "Changing Work and Employment Relations in German Industries-Breaking Away from the German Model?", *Discussion Paper* 2006-302, WZB.

Keller, Berndt and Seifert, Helmut, 2006, "Atypische Beschäftigungsverhaeltnisse: Flexibilität, soziale Sicherung und Prekarität", *WSI-Mitteilungen* (5): 223-240.

Keller, Berndt and Seifert, Helmut, 2011, "Atypische Beschäftigungsverhältnisse, Stand und Lücken der aktuellen Diskussion", *WSI-Mitteilungen* (3): 138-145.

Lehndorff, S., Bosch, G., Haipeter, T., and Latniak, E., 2009, "From Sick Man to the Overhauled Engine of Europe? Upheaval in the German Model", in: Bosch, G., Lehndorff, S., and Rubery, J.(eds.), *European Employment Models in Flux: A*

Comparison of Institutional Change in Nine European Countries, Palgrave Macmillan.

Lessenich, S., and Nullmeier, F., 2006, *Deutschland-eine gespaltene Gesellschaft*, Frankfurt am Main/New York, Campus.

Reisenbichler, A, and Morgan, K., J., 2012, "From Sick Man to Miracle: Explaining the Robustness of the German Labor Market During and After the Financial Crisis 2008-2009", *Politics and Society* 40(4): 549-579.

Rinne, Ulf and Zimmermann, Klaus F., 2013, Is Germany the North Star of Labor Market Policy?, *Discussion Paper* No.7260, IZA.

Sachverständigenrat, 2013, *Jahresgutachten* 2012/2013.

Sachverständigenrat, 2018, *Jahresgutachten* 2017/2018.

Sinn, Hans-Werner, 2003, *Ist Deutschland noch zu retten?*, Econ Verlag.

Streeck, Wolfgang and Kitschelt, Herbert, 2004, "From Stability to Stagnation: Germany at the Beginning of the Twenty-First Centry", in: Streeck, W., and Kitschelt, H.(eds.), *Germany: Beyond the Stable State*, Frank Cass.

Vitols, Sigurt, 2008, "The evolving European System of Corporate Governance: Implications for Worker Participation", *Transfer: European Review of Labour and Research* 14(1): 27-43, ETUI.

Wagner, Alexandra, 2010, *Atypische Beschäftigung-Eine wissenschaftliche Bilanzierung*, HBS.

─9장

김연홍, 2003, "독일금속노조의 미래선언", 『연대와 실천』, 영남노동운동연구소.

박장현, 1996, 『독일의 노동조합』, 문원.

이상호, 2005, 『독일노동운동의 자기정체성 모색과 현실적 딜레마』, 한국노동연구원.

Fichter, M., Gester, J., and Zeuner, Bodo, 2001, *Zukunft der Gewerkschaften: Externe Herausforderungen-Interne Problemlagen-Zukunftsoptionen: Eine internationale Perspektive*, HBS.

Hyman, Richard, 2001, *Understanding European Trade Unionism: Between Market,*

Class and Society, London.

IG Metall, 2001, *IG Metall-Zukunftsreport : Ergebnisse im Überblick, Zuspitzungen und Diskussionsanreize.*

Keller Berndt, 1996, "Arbeitspolitik in den neuen Bundesländern, Eine Zwischenbilanz der Transformationsprozesse", *Sozialer Fortschritt 4.*

Kurz-Scherf, Ingrid and Zeuner, Bodo, 2001, "Politische Perspektiven der Gewerkschaften zwischen Opposition und Kooperation", *Gewerkschaftliche Monatshefte* (3).

Lang, Klaus, 2003, "Die Agenda 2010 ist das Ergebnis von Mutlosigkeit und Anpassung", *Frankfurter Rundschau* 5/21.

Lang, Klaus and Legrand, Jupp, 2001, *Zukunft@igmetall,de-Hintergrund, Inhalte und Ziele der IG Metall-Zukunftsdebatte.*

Niedenhoff, Horst-Udo, 1997, *Mitbestimmung in der Bundesrepublik Deutschland*, Köln: Deutscher Instituts-Verlag.

Schneider, Michael, 2000, *Kleine Geschichte der Gewerkschaften*, Bundeszentrale für politische Bildung.

Sommer, Michael, 2003, "Alternativkonzept zur Agenda 2010", *Frankfurter Rundschau* 5/09.

SPD, 2003, *Anträge zum ausserordentlichen Parteitag der SPD*, Berlin.

http://bundeskongress.dgb.de/

http://www.dgb.de/einblick/++co++b007db6c-6335-11e8-afd5-52540088cada

―10장

문선우, 2016, "독일의 인더스트리 4.0과 노동 4.0", 『국제노동브리프』 9: 43-53, 한국노동연구원.

이상호, 2018, "디지털화의 노동과 일자리효과", 『경상논총』 35(2): 29-47.

황기돈, 2017a, "디지털화와 노동정책", 『경상논총』 35(3): 37-56.

황기돈, 2017b, "독일의 노동 4.0 백서: 디지털 시대의 '좋은 노동'에 대한 청사진", 『경상논총』 35(4): 85-105.

Abel, J., Hirsch-Kreinsen, H., and Ittermann, P., 2014, *Einfacharbeit in der Industrie, Strukturen, Verbreitung und Perspektiven*, Berlin.

Agiplan, Fraunhofer IML and Zenit, 2015, *Erschließen der Potentiale von Industrie 4.0 im Mittelstand*, Studie im Auftrag des BMWI, Dortmund.

Autor, David, 2015, "Why Are There Still So Many Jobs? The History and Future of Workplace Automation", *Journal of Economic Perspectives* 29(3): 3-30.

Bauernhansel, Thomas, 2014, "Die Vierte Industrielle Revolution-Der Weg in ein wertschaffendes Produktionsparadigma", in: Bauernhansel, T., Michael, H. and Vogel-Heuser, B.(Hg.), *Industrie 4.0 in Produktion, Automatisierung und Logistik*, Wiesbaden: Springer Verlag.

Bundesministerium für Arbeit und Soziales(BMAS), 2015, *Grünbuch Arbeiten 4.0*, Berlin.

Bundesministerium für Arbeit und Soziales(BMAS), 2016a, *Weissbuch Arbeiten 4.0*, Berlin.

Bonin, H., Gregory, T., and Zierahn, U., 2015, *Übertragung der Studie von Frey/Osborne(2013) auf Deutschland*, ZEW, Bonn.

Brynjolfsson, E., and McAfee, A., 2014, *The Second Machine Age: Work, Progress, and Prosperity in a Time of Brilliant Technologies*, Norton.

Evangelista, R., Guerrieri, P., and Meliciani, V., 2014, "The Economic Impact of Digital Technologies in Europe", *Economics of Innovation and New Technology* 23(8): 802-824.

Frey, C., and Osborne, M., 2013, "The Future of Employment: How Susceptible are Jobs to Computerisation?", *Oxford Martin School(OMS) working paper*, Oxford.

Hirsch-Kreinsen, Hartmut, 2014, "Wandel von Produktionsarbeit-Industrie 4.0", *WSI-Mitteilungen* (6): 421-429.

Kagermann, Henning, 2014, Chancen von Industrie 4.0 nutzen, in: Bauernhansl, T., Michael, H. and Vogel-Heuser, B.(Hg.), *Industrie 4.0 in Produktion, Automatisierung und Logistik, Anwendung, Technologien, Migration*, Wiesbaden.

Leimeister, J. M., and Zogaj, S., 2013, "Neue Arbeitsorganisation durch Crowdsourcing, Eine Literaturstudie", *Arbeitspapier der Hans-Böckler-Stiftung: Reihe Arbeit und Soziales* 287: 1-112.

Piller, Thomas F., 1998, "Das Produktivitätsparadoxon der Informationstechnologie",

WIST 27(5): 257-262.

Spath, D.(Hg.), 2013, *Produktionsarbeit der Zukunft-Industrie 4.0*, Stuttgart.

Windelband, L.(Hg.), 2011, "Zukünftige Qualifikationsanforderungen durch das Internet der Dinge in der Logistik", in: FreQueNz(Hg.), *Zukünftige Qualifikationserfordernisse durch das Internet der Dinge in der Logistik, Zusammenfassung der Studienergebnisse*, Bremen.

Zuboff, Soshana, 1988, *In the Age of the Smart Machine, The Future of Work and Power*, New York.